정조와
철인정치의
시대 ①

고즈윈은 좋은책을 읽는 독자를 섬깁니다.
당신을 닮은 좋은책―고즈윈

정조와 철인정치의 시대 1

1판 1쇄 발행 | 2008. 2. 5.
1판 7쇄 발행 | 2014. 8. 20.

사진 ⓒ 권태균
캘리그래피 ⓒ 강병인

발행처 | 고즈윈
발행인 | 고세규
신고번호 | 제313-2004-00095호
신고일자 | 2004. 4. 21.
(121-896) 서울특별시 마포구 동교로13길 34(서교동 474-13)
전화 02)325-5676 팩시밀리 02)333-5980

ISBN 978-89-92975-02-5 (04900)
       978-89-92975-04-9 (전2권)

고즈윈은 항상 책을 읽는 독자의 기쁨을 생각합니다.
고즈윈은 좋은책이 독자에게 행복을 전한다고 믿습니다.

정조와 철인정치의 시대 ①

이덕일 역사서

고즈윈
God'sWin

고통스런 운명에 굴하지 않고

과거가 아닌 미래, 증오가 아닌 사랑을 선택함으로써

새로운 내일을 열고자 했던 우리 역사 속 주인공들에게

●서 문

끝나지 않은 꿈

1.

테베의 왕 오이디푸스와 덴마크 왕자 햄릿은 저주받은 운명에 좌절했던 비극적 영웅으로 널리 알려져 있다. 그리스 신화의 주인공 오이디푸스는 아버지를 죽이고 어머니와 결혼할 것이라는 운명의 신탁(神託)을 받고 이 굴레에서 벗어나기 위해 스스로 길을 떠나지만, 어느 날 자신도 모르는 사이에 이미 신탁이 실현된 사실을 알고 절망한다. 결국 그가 할 수 있었던 선택은 스스로 눈을 찔러 장님이 된 후 테베를 떠나는 것뿐이었다.

우유부단한 성격의 햄릿에게도 현실은 가혹했다. 꿈에 부왕(父王)이 나타나 어머니와 결혼한 숙부가 자신을 독살했다고 알려 주면서 햄릿의 운명은 급격히 비극 속으로 빨려든다. 연인 오필리아의 부친을 신왕(新王) 숙부로 오인해 살해하는 바람에 사랑하는 오필리아는 미쳐 죽고 만다. 수많은 번민 끝에 숙부를 죽여 복수에는 성공하지만, 어머니와 자신까지 죽게 되는 비극이 그가 선택한 운명이었다.

그런데 비극의 질로 따지든 양으로 따지든 정조는 이런 비극의 주인공들에 뒤지지 않는다. 더구나 오이디푸스와 햄릿은 전설상의 인물에 불과하지만 정조는 실존인물이었다. 호메로스는 아들과 결혼한 사실을 알게 된 오이디푸스의 어머니는 목매어 자살하지만, 오이디푸스는 죽을 때까지 테베를 통치했다고 전하고 있다. 오이디푸스가 비극적 영웅으로 탄생하기 위해서는 고대 그리스의 극작가 소포클레스의 각색이 필요했다는 이야기다. 햄릿도

셰익스피어의 각색이 필요했다.

　그러나 정조에게는 소포클레스도, 셰익스피어도 필요 없었다. 그의 생애가 비극 그 자체였기 때문이다. 아버지가 뒤주에 갇히던 날, 열한 살의 어린 세손(世孫)은 할아버지에게 "아비를 살려 주옵소서"라고 빌었으나 냉혹한 정치 현실 속에서 어린 손자의 애원은 아무런 효력도 발휘하지 못했다. 역설적으로 손자가 있었기에 할아버지는 아들을 죽일 수 있었다. 자신이 없었다면 할아버지가 아버지를 죽이지 못했을 것이라는 사실을 깨닫는 순간, 정조는 자신의 저주받은 운명을 깨달았다. 더구나 모친까지도 그 죽음에 관계되어 있었다. 자신의 존재가 있었기에 할아버지 영조는 '삼종(三宗: 효종 · 현종 · 숙종)의 혈맥(血脈)'인 아버지 사도세자를 버릴 수 있었으며, 모친 또한 마찬가지였다. 무더위가 기승을 부리던 음력 윤5월. 좁은 뒤주 속에서 여드레 동안이나 신음하던 아버지가 숨을 거둔 순간, 비극은 고스란히 정조의 운명이 되었다.

2.

　그러나 정조는 비극적 운명이 자신과 사도세자만의 것이 아니란 사실을 깨닫는다. 영조가 사도세자의 죽음을 애도하며 쓴 "피 묻은 적삼이여 피 묻은 적삼이여"라는 '금등지사(金縢之詞)'는 할아버지 영조도 저주받은 신탁의 주인공임을 일러 주고 있었다. 아들을 버린 영조가 손자만은 끝내 보호한 것이 이를 말해 주었다. 그래서 정조는 햄릿처럼 미친 체하지도 않았고, '사느냐 죽느냐'를 고민하지도 않았다. 오이디푸스처럼 왕국 테베를 버리지도 않았다. 그는 자신과 왕실에 내려진 저주스런 신탁에 맞서기로 마음먹었다. 다시는 이 왕국에서 아버지가 아들을 죽이는 비극을 만들지 않겠다고 결심했다.

수많은 어려움을 뚫고 즉위한 정조 앞에는 두 길이 놓여 있었다. 하나는 그가 단 하루도 잊지 않았던 영조 38년(1762) 윤5월 21일, 아버지 사도세자가 뒤주 속에서 신음하다 훙서(薨逝)한 그날로 돌아가는 길이었다. 그것은 대리청정하던 저군(儲君: 세자)을 죽인 세력들을 향한 복수의 길이었다. 그 길에 들어서면 가장 먼저 만나야 하는 사람이 할아버지 영조였다. 그 길에서는 오이디푸스가 죽인 생부 라이어스나, 햄릿이 숙부로 오인해 죽인 연인 오필리아의 부친 폴로니어스 같은 인물도 만나야 했다. 그리고 복수에 성공했으나 그 자신도 죽고 마는 햄릿의 운명을 따르게 될 수도 있었다. 하긴 햄릿을 빌려 올 필요가 있겠는가. 모친 윤씨를 비명에 잃은 연산군이 그랬고, 모친 장씨를 비명에 잃은 경종이 이미 그랬지 않은가.

　정조는 그런 과거의 길을 택하지 않았다. 즉위 일성으로 "과인은 사도세자의 아들"이라고 선포하는 것으로 자신이 저주받은 운명의 주인공이라는 사실을 명백히 밝혔으나, 그 과거로 돌아가지는 않았다. 그는 인간이 지배할 수 있는 공간은 과거가 아니라 현실이며, 현실이 응축된 미래라는 사실을 수없이 탐독했던 역사서 속에서 깨달았다. 현실이 과거에 지배받을 때 미래는 불행해짐을 그가 본 역사서들은 말해 주고 있었다. 그는 고통스런 과거를 가슴에 묻고 또 다른 길, 미래로 나아갔다. 그것은 굴복도 회피도 아니었다. 자신과 왕실, 그리고 조선의 저주받은 운명과 맞서 싸우는 것에 다름 아니었다.

3.

　그러나 미래를 택했다고 하여 어찌 과거가 온전히 잊힐 수 있겠는가. 다른 집안도 아닌 왕가, 그것도 손이 귀한 삼종의 혈맥이 뒤주에 갇혀 죽어야 했던 과거가 어찌 잊힐 수 있겠는가. 병석에서 "두통이 많이 있을 때는 등 쪽에서도 열기가 많이 올라오니 이는 다 가슴의 화기(火氣) 때문이다"라고 토로했던 가슴속 분노는 소멸될 수 없었다. 그 화기는 햄릿에게 나타났던 부친의 유령보다 훨씬 더 강한 목소리로 과거로 돌아가자고 속삭였지만 정조는 거부했다. 그 길은 증오의 길이자 자신은 물론 선조의 혼이 서린 이 나라를 파멸로 몰아가는 길이었기 때문이다.

그래서 정조는 가슴속의 증오와 분노, 화기에 맞서 싸웠다. 가슴속의 갈등을 다스리기 위해 스스로에게 조금의 여유와 틈도 허락하지 않았다. 세손 시절 그는 시강원의 스승인 빈객에게 준 글에서 "나는 천하만사가 모두 하나의 '나(懶: 게으름)' 자로부터 무너진다고 생각합니다"라고 했다. 그렇게 그는 단 한순간의 나태도 용납하지 않으며 자신을 다그쳤다. 그렇게 그는 정심(正心)을 추구했다.

『대학(大學)』의 정심(正心)은 마음에 노(怒)함이 있으면 얻을 수 없는 수양 단계이기 때문에, 그는 매일같이 정심을 되뇌는 것으로 분노와 증오를 다스려야 했다. 그 과정이 그를 철인(哲人)으로 만들었다. 가슴속의 분노와 증오, 그리고 부친의 원수들과 매일같이 머리를 맞대야 하는 고통을 정심으로 극복했던 것이다. 활을 쏘며 그는 "정심을 하지 못하면 과녁을 맞히지 못한다. 아무리 어리석은 사람이라도 과녁을 맞힐 때는 정심이 되는 것이다"라고 말했다. 그에게는 학문과 정사와 활쏘기가 모두 하나였다. 그렇게 그는 철인 정치가가 되어 갔다.

4.

정조는 미래를 향해 고통스런 걸음을 옮겼다. 그릇된 과거와 단절하는 길이 미래의 길이었다. 대리청정하는 저군을 뒤주에 넣어 죽인 증오의 정치, 신하가 임금을 선택하는 택군(擇君)의 정치, 노론(老論)만이 존재하는 일당

전제(專制) 정치는 극복돼야 했다. 또 단절해야 할 커다란 과거는 성리학 신정(神政) 체제였다. 일 년에도 몇 번씩 청나라에 조공 사신을 보내면서도 속으로는 망해 버린 명나라를 섬기는 교리를 제공하는 것이 성리학이었다. 명나라 황제를 임금으로 섬기는 성리학 체제에서 조선은 제후의 나라에 불과했다. 자국 임금을 제후로 만들어 황제께 충성을 다해야 한다고 압박하는 것으로 노론은 권력을 유지했다. 노론에게 성리학은 배타적 권력을 유지하는 최상의 도구였다. 바로 이런 과거와 단절해야 했다.

과거를 버리고 미래로 가는 길에는 많은 사람들이 기다리고 있었다. 이 책은 바로 그 도상에서 정조가 만났던 여러 사람들에 대한 이야기이기도 하다. 정순왕후와 노론은 결코 미래로 갈 수 없다며 정조의 발목을 잡았다. 정순왕후와 노론은 정조 이복동생들의 사형을 끈질기게 요구했다. 사도세자를 죽인 증오의 정치구조로 돌아가자는 것이었다. 송시열의 후손 송덕상과 그를 추대한 사람들도 마찬가지였다. 때로는 홍국영처럼 미래를 가장해 과거를 걷는 사람들도 없지 않았다.

그러나 그 길에 어찌 그런 사람들만 있었겠는가. 그 도상에는 정조가 과거를 선택했다면 만날 수 없었을 많은 사람들이 기다리고 있었다. 천주교를 받아들였던 이가환, 이승훈, 정약용 형제 같은 남인들과 사회의 천시 속에서도 최고의 실력을 쌓았던 이덕무, 박제가, 유득공 같은 서얼들, 그리고 사도세자의 이장(移葬)에 눈물을 흘리던 백성들이 그를 기다리고 있었다.

그런 사람들과 함께 정조는 미래를 향해 걸었다. 그 길의 끝에는 새로운 세상이 있었다. 정조에 의해 발탁된 서얼 출신의 규장각 사검서(四檢書)들이 단번에 조선의 지식계를 평정한 것처럼 조선은 새롭게 바뀌어 갔다. 그들은 새로운 시각으로 서학(西學)을 받아들이고 북학(北學)을 주장했다.

5.

1800년 6월 28일 유시(酉時: 오후 5~7시). 정조는 창경궁(昌慶宮) 영춘헌(迎春軒)에서 세상을 떠났다. 그의 죽음은 자신의 운명과 맞서 싸우며 시대를 고민하던 비극적 영웅의 죽음만이 아니었다. 완성하지 못한 꿈의 죽음이자 미래를 지향하던 조선의 죽음이었다. 역사의 신이 그에게 10년, 아니 5년만 더 살아 있기를 허락했다면, 그래서 그가 초인적 의지로 구축했던 정치체제가 정순왕후의 수렴청정을 받지 않고 계속 이어질 수 있었다면 조선의 운명은 바뀔 수 있었다. 그러나 그의 죽음과 동시에 조선은 미래에서 과거로, 개방에서 폐쇄로, 소통에서 단절로, 사랑에서 증오로 돌아섰다. 그것은 죽음으로 가는 길이었다. 그랬다. 1800년 6월 28일, 그의 죽음과 함께 조선은 죽음의 길로 접어들었다.

이 때문에 정조는 오늘 다시 살아나야 한다. 이 시대가 미래에 대한 통찰력이 있는 지도자를 갈구하기 때문만은 아니다. 그런 갈구는 언제나 크지 않았는가. 보다 중요한 것은 그가 꾸었던 꿈이 우리가 걸어야 할 길이기 때문이다. 과거가 아니라 미래, 증오가 아니라 사랑을 선택함으로써 열려고 했던 그의 미래가 우리의 내일이어야 하기 때문이다. 오이디푸스와 햄릿보다 비극적 운명을 타고났지만 결코 그 운명에 굴종하지 않았던, 끝없는 수양으로 완성된 인격을 추구하며 그것을 바탕으로 한 나라를 새롭게 바꾸려 했던, 그렇게 자신과 역사에 무한한 책임을 지려 했던 한 비극적 영웅의 꿈이 미완인 채로 있을 수만은 없기 때문이다.

2008년 정월

천고(遷固) 이덕일

● 참고문헌

이 책을 쓰는 데 도움 받은 사료들
_1차 사료를 중심으로

정조와 그의 시대에 대한 가장 기본적인 사료는 『정조실록』이다. 그런데 『정조실록』은 정조가 세상을 떠나자마자 그의 모든 치세가 부정되는 분위기 속에서 그의 정적이었던 노론에서 편찬한 사료라는 점에 문제가 있다. 실제로 정약용이 여러 글에서 전한 정조의 육성들은 『정조실록』에서는 전혀 찾아볼 수 없다. 마찬가지로 혜경궁 홍씨가 『한중록』에서 밝힌 갑자년 구상도 『정조실록』에는 전혀 언급되어 있지 않다.

이런 결점 때문에 『일성록(日省錄)』이 주목된다. 『일성록』은 증자(曾子)가 매일 세 가지로 자신을 반성했다는 『논어』의 내용에서 이름을 따 만든 일일 국정 기록이다. 정조 때 편찬된 『일성록』은 영조 36년(1760)부터 시작되고 있는데, 그 모체는 세손 시절 쓴 『존현각일기(尊賢閣日記)』다. 정조는 즉위 후 『존현각일기』와 『승정원일기』, 『계일기사(繫日紀事)』 등을 참고해 『일성록』을 편찬하게 했는데, 실록은 일단 편찬되면 사고(史庫)에 비장(祕藏)되어 국왕도 열람할 수 없었으나, 『일성록』은 국왕이 근처에 두고 자유롭게 열람할 수 있다는 차이가 있었다. 실록과 『승정원일기』에는 없지만 『일성록』에만 있는 내용들이 많기 때문에 『일성록』은 정조 시대의 실체에 보다 가깝게 다가갈 수 있는 장점이 있다.

그러나 『일성록』에도 문제는 있다. 특히 정조 시대의 『일성록』에서 집중적으로 문제가 발견되는데 총 635곳에 이르는 내용이 칼로 오려져 있는 것이다. 도삭(刀削)된 부분은 정조의 이복동생 은언군(恩彥君)과 그 아들 상계군(常溪君)에 관한 내용이 대부분이다.

이 책(『정조와 철인정치의 시대』)의 본문에서 여러 차례 묘사했듯이 정순왕후와 노론은 은언군과 상계군을 죽이기 위해 여러 차례 집중적인 공세를 취했고 그때마다 정조는 곤욕을 치렀다. 정조가 그토록 보호하려고 했던 은언군은 정조가 죽자마자 정순왕후와 노론에 의해 사형당한다. 그런 노론이 은언군의 손자인 강화도령 철종을 국왕으로 추대했던 것은, 노론에게 있어 명분이란 권력 강화를 위한 도구에 불과했다는 사실을 잘 보여 준다. 철종을 국왕으로 선택한 노론은 자신들이 은언군을 죽인 사실을 감추기 위해 『일성록』을 칼로 오려 냈던 것이다.

다른 부분들도 오려졌는데, 이 사실은 철종을 통해 단편적으로 알 수 있다. 철종은 재위 11년(1860) 7월 24일 우연히 『일성록』을 열람하다가 정조가 재위 20년(1796) 증(贈) 승지(承旨) 정백형(鄭百亨)의 자손을 사직단의 제사인 단향(壇享)에 참석시키라고 하교한 사실이 누락된 것을 발견하고, 승정원에 그 이유를 보고하라고 지시했다. 그러나 철종은 경조(京兆: 한성부)에서 기록을 누락한 것으로만 여겼지, 노론의 당파적 음모가 개입되어 있다는 사실은 알지 못했다.

그래서 정조 시대의 실체에 보다 가까이 다가가기 위해서는 정조의 문집인 『홍재전서(弘齋全書)』를 주목해야 한다. 『홍재전서』는 정조 23년(1799) 규장각 직제학 서호수(徐浩修)의 주도로 편찬을 시작했으나, 그해 서호수가 죽자 서영보(徐榮輔)가 뒤를 이어 편찬 작업을 담당했다. 이듬해 정조가 세상을 떠난 후 순조 즉위년(1800)부터 심상규(沈象奎)가 주무를 맡아 순조 14년(1814) 출간했다. 『홍재전서』 역시 정조의 정적이었던 노론에서 편찬을 주도하면서 정조 연간에 편찬된 『홍재전서』에 비해 많은 부분이 삭제되거나 추가되었다. 현존하는 『홍재전서』는 순조 대에 편찬된 것으로 역시 노론에 의해 산삭(刪削)된 부분이 적지 않다. 『홍재전서』는 이런 단점은 있지만 『정조실록』보다 정조의 육성이 많이 담겨 있다는 장점이 있다. 특히 『홍재전서』 내의 『일득록』에는 정조와 가까이에서 지냈던 규장각 각신들이 전하는 정조의 육성이 많이 담겨 있다는 장점이 있다.

정조에 관한 관찬 사서가 모두 일정한 결점을 갖고 있기에 정조 시대를 살았던 사람들의 개인 문집에 주목해야 한다. 채제공의 문집인 『번암집(樊巖集)』이 그중 하나지만 내용이 의외로 소략하다. 정조 23년 채제공이 사망하고 이듬해 정조마저 사망한 후 채제공과 그의 후손들이 노론의 집중 공격 대상이 된 것과 관련이 있을 것이다. 다산 정약용이 남긴 많은 글들이 도움을 주지만 정약용은 실제 조정에서 정조의 근신(近臣)으로 근무한 기간이 얼마 되지 않는다는 한계가 있다.

정조가 서얼들을 다수 등용한 것이 그의 시대를 생생하게 읽는 데 많은 도움을 준다. 규장각 사검서(四檢書)였던 이덕무의 『청장관전서(靑莊館全書)』에는 다른 기록에서 볼 수 없는 정조 시대의 생생한 이야기들이 다수 실려 있다. 박제가의 『정유집(貞蕤集)』과 유득공의 『고운당필기(古芸堂筆記)』 등에도 시대의 편린이 다수 실려 있다. 또한 교황청에서 소유하고 있는 「황사영백서(黃嗣永帛書)」를 포함한 선교사들의 많은 편지에는 정조 시대 천주교 선교에 관련한 여러 내용들이 실려 있다.

이처럼 정조 시대의 진실에 다가서기 위해서는 관찬 사서뿐만 아니라 개인의 문집들과 외국의 기록들까지 망라해야 한다. 집권 세력이 감추고자 했던 역사의 진실에 접근하는 것이 얼마나 험난한지를 보여 준다. 이 책, 『정조와 철인정치의 시대』는 이런 1차 사료를 중심으로 정조 시대를 해석하려는 시도다. 얼마나 성공적인가를 평가하는 것은 독자의 몫이다.

1 장

설치 (雪恥)

장시경 형제와 장현경은 토역군과 함께 인동 관아를 향해 걸었다. 이미 시간이 많이 지체되어 있었다. 친척들의 방해를 받았을 뿐만 아니라 비까지 추적추적 내리는 밤길을 걷기가 쉽지 않았기 때문이다. 그러나 어떤 난관도 이들의 앞길을 막을 수는 없었다.

순조 즉위년(1800) 8월 15일 추석날 밤.

경상도 인동부(仁同府: 현 구미시).

대보름이지만 구름이 잔뜩 끼어 달은 보이지 않았다. 게다가 비까지 내리고 있었다. 그래도 일 년 중 가장 흥성한 날인 추석 기분이 채 사라지지 않아서 여전히 들뜬 기운이 마을을 뒤덮고 있었다. 아무리 궁벽한 산골 살림이지만 '더도 말고 덜도 말고 한가위만 같아라' 하는 말처럼 이날 하루만큼은 풍성하게 마련이었다. 조상들에게 올리는 햇곡식이 가득한 제상(祭床)도 푸짐했다. 다만 아쉬운 것은 구름이 잔뜩 끼어 보름달을 볼 수 없고 비까지 내린다는 점이었다.

온 동네가 흥성거리는 이날. 단 한 집만이 적막에 싸여 있었다. 사대부 장시경(張時景)·현경(玄慶) 부자의 집이었다. 마을 사람들 태반이 장시경의 땅을 부쳐 먹는 전호(佃戶)들이어서 사실상 이 마을은 장씨 일가 마을이라고 해도 과언이 아니었다. 이 마을뿐만 아니라 장씨는 인동의 가장 큰 대성(大姓)이어서 세도가 당당했다. 그런데 가장 흥겨워야 마땅할 장시경의 집 분위기가 착 가라앉아 있었다. 음울한 분위기라기보다는 결전을 앞둔 군영(軍營) 같은 비상한 기운에 덮여 있었다. 제사 때도 장시경은 아무 말도 하지 않은 채 눈을 꼭 감고 무언가를 기원하는 모습이었다. 집안 식구들은 물론 사노(私奴)들도 이런 분위기를 느끼고는 들뜬 추석 기분을 가라앉히고 있었다. 작년에는 이렇지 않았다. 그때는 밤늦도록 술을 마시며 흥겨움을 만끽했다.

집안사람들의 신경은 온통 장시경이 거처하는 사랑채에 가 있었다. 그는 제사를 마치자마자 사랑채에 들어가서는 온종일 꼼짝도 안 하고 무언가를 골똘히 계산하고 있었다. 이미 밤은 깊어 칠흑같이 어두웠다. 그때였다. 사랑채 문이 열리며 장시경이 마침내 모습을 드러냈다.

"영태 있는가?"

장시경은 사노(私奴) 이영태(李永太)를 찾았다. 이영태는 얼른 달려가 대령했다. 진작부터 심상치 않은 기운을 느끼고 있던 터였다.

"가서 동네의 상한(常漢)들을 모두 불러 오너라."

양반 아닌 서민들을 모두 불러들이라는 것이었다. 이영태는 장시경의 비장한 표정을 보고 올 것이 왔다고 생각했다. 장시경은 원래 바깥사람들과 접촉이 거의 없던 선비였다. 집안 모원당(慕遠堂)에 깊숙이 거처하고 있으면서 외인(外人)과 만나지 않고 글만 읽으며 지냈다. 향리(鄕里)에서 그의 별명은 생불(生佛)이었다. 마을의 상한들은 물론 노비에게도 욕 한마디 하는 법이 없었다. 그러면서도 인심은 후한 편이었다. 자연 마을 사람들의 존경을 한 몸에 받았다.

"상전(上典) 댁에서 부르시네."

이영태는 집집마다 돌아다니며 동네 사람들을 모았다. 이영태는 원래 장시경의 삼촌인 장윤종(張胤宗)의 종이었지만 장시경의 행랑채에 살고 있었으므로 '상전 댁'이라면 으레 장시경 · 현경의 집으로 통했다. 김금돌(金金乭) · 정엇삼(鄭旕三) · 은연흥(殷連興) · 박팔십이(朴八十尹) 등 동네 사람들이 차례로 장시경의 집 마당으로 모여들었다. 이제 비는 그쳐 있었다. 모여든 사람들은 영문을 몰라 삼삼오오 서서 웅성거렸다. 그때 장시경 형제가 나타났다.

이영태는 오늘이 그 이상한 조짐들의 실체가 드러나는 날이라고 생각했다. 장시경과 동생 장시욱(張時昱) · 장시호(張時皥)가 장현경과 함께 모이기 시작한 것은 지난 달 20일경부터였다. 이전에도 형제간에 자주 왕래가 있었지만 이번에는 분위기가 달랐다. 사랑채에 모인 그들은 작은 목소리로 소곤대며 무언가를 이야기했고 표정도 더없이 심각했다. 예전에는 이처럼

모의하듯 속삭이지는 않았다. 한여름인데도 문을 닫고 주위를 단속하는 것
도 과거와 달랐다. 인기척이 들리면 즉각 말을 멈추곤 했다.

장시경은 인근에서 유명한 주역(周易)의 대가였다. 그러나 점을 친다거
나 하지는 않았다. 조용한 선비답게 방 안에 앉아 주역을 파고들 뿐이었다.
아들 현경을 빼고는 집안사람들조차 그가 주역에 능통한지 알지 못했다.
친척들이 장시경이 주역에 통달했다고 말하는 것을 들은 후에야 비로소 알
게 되었을 뿐이었다.

지난 달 20일 이후 장시경은 자주 하늘을 우러러보았다. 천상(天象)을
우러르는 것 같기도 하고, 누군가를 우러르는 것 같기도 했다. 이영태는 지
난 달 23일 밤 광경이 눈에 선했다. 그때 장시경은 하늘을 우러러보고는 무
언가 읊조리더니 마치 하늘과 대화라도 하는 것처럼 뭔가를 얘기했다. 장
시경이 아들과 두 형제를 데리고 뒷산등성이에 올라갔다가 저녁이 되어서

구미시 천생산성

야 돌아온 적도 서너 번이나 되었다. 그 모두가 이상한 조짐이었다.

장시경 · 현경 부자의 집 마당에 모인 사람들은 거의 삼십여 명이 되었다. 이영태는 얼마 전에 자신에게 내려온 일들이 이날을 위한 준비였다는 사실을 깨달았다. 지난 7월 그믐께 장시경의 동생 장시호의 아내가 그를 불렀다.

"서방님이 네게 반미(飯米) 30승(升)과 명태(明太) 30마리를 주어 보관하게 하라시는데 그 용도가 무엇인지 아느냐?"

쌀 30승과 명태 30마리면 시골 양반의 부엌살림으로서는 적은 수량이 아니었다. 이영태 역시 아무런 귀띔을 받지 못했으므로 무슨 영문인지 알 수 없었다. 이달 9일에도 같은 일이 있었다. 장시호의 아내가 다시 그를 불러 물었다.

"서방님이 너보고 30명이 마실 정도로 술을 빚게 하라는데, 그 이유를 아느냐?"

이영태가 모르겠다고 답하자 장시호의 아내는 탄식했다.

"나나 너나 모두 그 용처를 모르고 있으니 일이 매우 괴이하다."

하지만 추석날 밤 집 마당에 모인 마을 사람들 숫자가 삼십여 명인 것을 보고 이영태는 비로소 이해가 갔다. 장시경은 치밀하게 준비했던 것이다. 장시경 형제는 이영태에게 막걸리와 명태를 내오게 했다. 막걸리와 명태가 나타나자 마을 사람들은 입이 절로 벌어졌다. 비록 추석이지만 술까지 실컷 먹을 수 있는 집은 별로 없었다. 게다가 산간에서 귀한 명태까지.

"마시라."

한밤중에 느닷없이 불러서 막걸리를 마시라니 '아닌 밤중에 차시루떡'인 격이었다. 마을 사람들은 상 앞으로 달려들었다. 그때 연유를 묻고 나서는 사람이 있었다. 은연홍과 박팔십이었다.

"이 술은 명분이 없습니다. 그 곡절을 안 연후에야 마실 수 있습니다."

장시경이 말했다.

"너희들은 많은 말 할 것이 없이 주는 대로 다 마신 뒤에 나의 분부(分付)를 들으면 된다."

마을 사람들은 굳이 은연홍과 박팔십이의 말을 따를 필요가 없다고 생각했다. 평소에도 장씨 형제는 마을 사람들에게 해되는 일은 하지 않았다. 불러서 일이라도 시키면 꼭 그 이상의 대가를 지불하곤 했다. 그래서 장시경 · 현경 부자의 일이라면 언제라도 달려올 준비가 되어 있었다. 이번에도 무슨 시킬 일이 있는 것이 분명했다.

막걸리는 금세 동이 났다. 장시경 형제는 마을 사람들을 묘항산(猫降山) 아래에 있는 도장(稻場)으로 데려갔다. 집안 소유의 도장이었다. 마을 사람들은 도장에 일이라도 있는 모양이라고 생각했다. 그러나 장시경의 말은 뜻밖이었다.

"지금 국가에서 어약(御藥)을 과도하게 써서 갑자기 하늘이 무너지는 슬픔을 당하게 되었다."

'하늘이 무너지는 슬픔'이란 바로 선왕(先王) 정조의 죽음을 뜻했다. 시골 백성이지만 임금이 승하했다는 사실은 모두 알고 있었다. 장시경 부자 · 형제의 대성통곡을 통해서였다. 두 달 조금 전인 6월 28일 임금이 세상을 떠났다는 소식이 전해지자 장씨 일가는 친부모가 세상을 떠난 것 이상으로 호곡(號哭)했다.

장씨 일가는 비록 조정에서 벼슬하지는 않았지만 영남 일대에서 알아주는 명문가였다. 조선 중기의 대유(大儒) 여헌(旅軒) 장현광(張顯光)을 봉제사(奉祭祀) 하는 집안이기 때문이었다. 장현광은 조정에서 사헌부 대사헌과 정2품 의정부 우참찬까지 제수했으나 모두 거부하고 향리에서 학문에 전념했다. 그러나 인조반정 이후 공신들의 횡포를 비판하는 등 서슴없이 권력 비판에 나서 깊은 존경을 받았던 인물이었다.

정조 사망 소식을 듣고 장씨 일가가 크게 슬퍼하자 '충신'이라는 칭송이 자자했다. 그런데 장시경은 지금 그 임금이 승하한 이유가 '어약을 과도하게 써서'라고 했다. '약을 과도하게 써서 죽었다'는 말은 곧 독살 당했다는 말이었다.

시골 백성들로서는 처음 듣는 말이었다. 설사 들어 본 적이 있다고 해도 자신들과는 관련이 없는 일이었다. 정치는 양반 사대부들이 하는 것이고 자신들은 농사나 열심히 지으면 되었다. 그러나 임금이 '어약을 과도하게 써서' 죽었다는 말을 듣는 순간 백성들의 가슴은 뛰었다. 그 임금이 백성들에게 선정을 베풀었다는 사실은 모두 알고 있었기 때문이다. 6년 전(정조 18년), 임금의 돌아가신 부친과 어머니의 환갑잔치 때는 이 궁벽한 시골 백성들에게도 쌀이 내려졌다. 또한 가뭄이나 흉년이 들 때마다 국왕의 재산인 내탕금과 관곡(官穀)을 풀어 구휼했기 때문에 굶어죽는 백성이 거의 사라졌다는 사실도 알고 있었다.

"어린 세자가 뒤를 잇게 되자 노론(老論)이 득세했고, 남인(南人)은 남김 없이 쫓겨났으며 민생(民生)은 날로 고달프게 되었으니, 이렇게 국세가 외로울 때 나와 너희들이 어떻게 앉아서 보고만 있을 수 있겠는가?"

장시경은 더욱 놀라운 말을 내뱉었다.

"내가 지금 군사를 거느리고 서울로 올라가서 국가의 위급함을 구하려 한다. 일이 만약 성공하게 되면 충신이 되는 것이고 너희들도 의당 사람마다 백금(百金)씩의 상전(賞錢)을 받게 될 것이니 이 어찌 좋은 일이 아니겠는가? 내가 먼저 관가(官家)에 말을 전해서 주쉬(主倅: 수령)가 나의 말을 따르지 않을 경우에는 결박하고 서울로 올라갈 것이다. 선산(善山)·상주 (尙州)로 올라가서도 모두 이렇게 할 것이다."

이영태는 흥분했다. 장씨 일가의 계획이 바로 이것이었던 것이다. 서울로 올라가서 정조를 독살한 역적들을 처단하겠다는 계획이었다. 이영태는 조용하기만 한 장시경의 흉중에 저렇게 엄청난 생각이 자리 잡고 있을 줄은 꿈도 꾸지 못했다.

마을 사람들은 어리둥절했다. '충신', '상전 백금' 등은 당장 귀에 달았지만 시골에서 농사나 짓던 자신들의 것으로 생각되지는 않았다. 그러나 차츰 생각이 달라졌다. 장씨 일가가 지금까지 허언(虛言)한 적은 한 번도 없었다. 인동뿐만 아니라 영남 내에서 명문으로 손꼽히는 장씨 일가가 아무 마련 없이 이런 일을 벌이랴 하는 믿음도 있었다. 만약 장씨 일가의 계획대로 성공한다면 실제 '충신'도 되고 '상전 백금'도 받을 수 있을 것이라는 생각도 들었다.

이때 제지하고 나서는 인물이 있었다. 아까도 반대했던 은연홍이었다.

"토민(土民)으로서 관장(官長)을 결박하는 것 자체가 바로 변괴이니 따를 수 없습니다."

은연홍이 제지하자 마을 사람들은 비로소 정신이 들었다. 맞는 말이었다. 백성이 수령을 결박하는 것 자체가 변괴였다. 잘못하면 죽을 수도 있는 일이었다. 은연홍이 일어나서 가려 하자 분노한 장시경이 위협했다.

"너 같은 놈은 종당에 처치할 방도가 있다."

"처치가 어떤 것인지는 모르겠으나 이런 일은 죽어도 따를 수 없습니다."

은연홍이 뿌리치고 가자 처음 막걸리를 내놓을 때 '명분이 없다'고 반대했던 박팔십이도 뒤따라갔다. 그러나 장시경은 흔들리지 않았다.

"나를 따르라."

장시경은 나머지 사람들을 데리고 각암촌(角巖村)으로 갔다. 각암촌에서 8명의 마을 사람들을 불러 모은 형제는 다시 도토곡(道吐谷)으로 가서

20명을 더 불러 모았다. 신촌(新村)에 있는 박상돌(朴尙乭)의 집에 도착한 장시경 형제와 마을 사람들은 잠시 쉬었다.

다시 비가 내리고 검은 구름 너머로 보름달이 희미하게 빛나고 있었다. 장시경의 아들 장현경이 비를 피하기 위해 죽관(竹冠)을 쓰고 신촌에 도착했다. 장현경은 부친에게 말했다.

인동현 고지도

"이곳은 우리 친족이 살고 있는 동리(洞里)이니 낭저(廊底: 행랑방)에 살고 있는 백성들을 수고롭게 하지 않고도 사람들을 모을 수 있을 것입니다."

장현경은 강경파이자 행동파였다.

"날이 밝으려 하니 곧바로 관부(官府)로 향해야 합니다."

아닌 게 아니라 시간이 꽤 지체되고 있었다. 이러다가 날이 새면 낭패였다. 장시경은 신촌에서도 10여 명의 백성들을 더 얻을 수 있었다. 이제 모두 61명이 되어 일대(一隊)를 이룰 수 있게 되었다. 장시경 부자는 마을 사람들을 10명씩 무리지어 분대를 편성했다. 정조를 독살한 역적을 치는 토역군(討逆軍)인 셈이었다. 토역군이 인동부 관아로 출발하려는데 예기치 못했던 문제가 발생했다. 신촌에 사는 장시경의 사촌 장시하(張時夏) 등 세 사람이 말리고 나섰던 것이다.

"밤중에 군대를 일으켰으니 일이 매우 괴이하다."

장시경이 사촌을 꾸짖었다.

"너는 이 나라의 백성으로서 임금을 섬기는 도리를 생각하지 않는단 말이냐? 대사(大事)가 여기에 이르렀으니 다시 많은 말을 하지 마라."

장시경은 옷소매를 털고 일어섰다.

시간이 많이 지체되었는데 남산촌(南山村) 앞에서 또 시간을 지체시키는 일이 발생했다. 장시경의 육촌 장시려(張時礪) 등이 또 말리고 나섰던 것이다. 장현경은 분개했다.

'독살 당한 선왕의 원수를 갚고 나라를 바로잡으려는 일에 동참하지는 못할망정 방해라니….'

장현경은 몽둥이를 휘둘러 장시려를 몰아냈다. 그러나 장시려와 장시강 등은 쫓겨나면서도 그냥 쫓겨나지 않고 마을 사람들에게 크게 외쳤다.

"너희들이 장차 어디로 가려는가? 이제 만약 따라가면 반드시 주륙(誅戮)을 당하게 될 것이다."

그렇지 않아도 장시경의 사촌들이 만류하는 바람에 불안감이 생긴 마을 사람들이었다. '주륙 당한다'는 고함까지 듣자 몇몇이 놀라 도망가고 말았다. 그러나 장시경 형제와 장현경은 물러서지 않았다. 나머지 군사들을 데리고 인동 관아로 향했다. 손에는 모두 몽둥이를 들고 있었다. 장시경이 두 형제와 아들에게 계획을 말했다.

"이 군정(軍丁)들을 데리고 주쉬(부사)에게 가서 의관(醫官)의 일이 의심스럽다고 말해서 주쉬도 복수할 뜻이 있으면 함께 일을 할 것이다."

무작정 주쉬를 결박하는 것이 아니라 일단 설득하겠다고 나선 데는 까닭이 있었다. 인동 부사 이갑회(李甲會)가 성(姓)이 다른 친척이었던 것이다. 장현경은 설득해서 되겠느냐고 물으려다 그만두었다. 어쨌든 부친의 생각이 있을 것이기 때문이었다. 장현경이 인동 부사 설득에 부정적인 것은 지난달에 일어난 사건 때문이었다.

지난달 부사 이갑회가 이방(吏房)을 보내 부친과 자신을 초청했다. 이갑회 부친의 회갑이라 했다. 군부(君父)나 국모(國母) 승하시 26일 동안 조의를 표하는 공제(公除)도 지나지 않았기에 의아했지만 친척이니 얼굴을 내밀지 않을 수 없어 관아로 갔다. 관아로 가면서도 공제 기간이니 음주가무는 없이 일가친척들과 밥이나 한 끼 먹겠거니 생각했다. 그러나 아니었다. 술은 물론이고 기생까지 불러 한바탕 질펀하게 놀고 있었다. 장시경 부자는 분개했다. 신자로서의 행위가 아니라고 여겼다.

"아직 공제일도 지나지 않았는데, 술 마시고 놀 수 없다."

밖으로 뛰쳐나온 장시경 부자는 이방을 꾸짖었다.

"국휼(國恤: 국상)이 있은 지 얼마 되지 않았는데, 이런 잔치를 베풀고 술을 마시다니 세상 꼴을 보고 하는 짓이구나."

정조가 죽자마자 정조의 정적이었던 노론 벽파가 권력을 장악한 것을 보고 하는 짓이라는 뜻이었다. 장시경 부자는 가슴이 터질 듯 괴로웠다. 군부가 억울하게 승하했는데 명색이 부사라는 이갑회는 경사라도 난 듯 애도 기간 중에 잔치판을 벌이고 있었다.

정조가 독살 당했다는 소문이 퍼지고 있는 상황이었다. 의관(醫官) 심인(沈鏔)과 그를 비호한다는 영의정 심환지(沈煥之)가 의혹의 핵심인물이었다. 정조가 세상을 떠나자 심인이 올린 연훈방(烟熏方: 연기를 쬐는 처방) 때문이라는 여론이 비등했다. 정조 사망 직후부터 대간(臺諫), 사헌부·사간원에서 심인을 처단하라고 계속 주청했으나 조정을 장악한 대왕대비 정순왕후와 원상(院相)인 영의정 심환지는 거부하고 있었다. 그러자 정조 독살에 심환지가 개입되어 있다는 소문이 더욱 퍼져 갔다. 특히 정조와 가까웠던 남인들은 대부분 정조독살설을 사실로 받아들이는 분위기였다. 심지어 장시경은 인동 부사 이갑회의 부친과도 이런 대화를 나눈 적이 있었다.

"현직 정승이 역의(逆醫) 심인을 천거해 독약을 올리게 했다."

연훈방뿐만이 아니었다. 정조의 병에 약을 잘못 썼다는 의구심은 크게 번지고 있었다. 장시경의 사위 김낙교(金樂敎)도 장인을 만났을 때 의관 문제를 언급했다.

"이번 국상은 뜻밖의 일로서 의관이 삼제(蔘劑)를 잘못 쓴 죄를 물어야 합니다."

사헌부·사간원에서 계속 의관 처단을 주장하는 가운데 남인 영수였던 고(故) 채제공의 아들 채홍원(蔡弘遠)도 상소를 올려 의관의 국문을 청했다는 소식이 전해졌다. 그러나 의관 처단 소식은 들리지 않았다.

장시경 부자는 정조 독살을 확신했다. 그들은 군사를 몰고 서울로 올라가 군부 독살의 책임을 묻기로 결심했다. 장시경은 농민들로 구성된 토역군에게 단호하게 선포했다.

"본 고을 주쉬가 복수할 뜻이 없으면 결박하여 군인들 앞에 세울 것이다. 역적을 토죄하겠다고 말하면 어찌 많은 백성들이 따르지 않겠는가. 이어 경상 감영으로 가서 감사에게도 본 고을에서 한 것과 같이 하겠다. 여러 고을 수령도 모두 이렇게 할 것이다. 군기(軍器)를 가져다 쓰고 군량은 관아 창고에서 내어다 쓸 것이다."

장시경 부자는 경상 감영을 접수한 후 서울로 올라갈 계획이었다.

"경상 감영을 접수한 다음 서울로 올라가 의관을 잡아서 정절(情節)을 힐문하여 별도의 역절(逆節)이 있으면 의관을 벨 것이다. 조정 대신들도 의심스런 단서가 많으니 의관에게 물어 배후를 색출한 다음 아울러 벨 것이다."

의관 심인의 이름이 구체적으로 거론되고 그 배후에 현직 정승이 있다고 의심할 정도로 정조독살설은 광범위하게 유포되어 있었다.

장시경 형제와 장현경은 토역군과 함께 인동 관아를 향해 걸었다. 이미 시간이 많이 지체되어 있었다. 친척들의 방해를 받았을 뿐만 아니라 비까지 추적추적 내리는 밤길을 걷기가 쉽지 않았기 때문이다. 그러나 어떤 난관도 이들의 앞길을 막을 수는 없었다. 드디어 저 멀리 인동 관아가 보였다. 이미 닭이 네댓 차례나 운 다음이었다. 장시경은 다시 한 번 심호흡했다.

'이제 군부의 원수를 갚으리라.'

관아 문은 굳게 잠겨 있었다. 관아 동쪽의 인풍루(仁風樓)가 비에 젖어 을씨년스러웠다. 장시경 형제와 장현경 등 4인이 먼저 관문을 두들겼다.

"신촌에 사는 사촌이 구타당해 죽었으므로 관가에 고발하려 하오."

그러나 군졸(軍卒)은 문을 열지 않았다. 새벽에 갑자기 나타난 군중을 보자 덜컥 겁이 난 것이었다. 장시경 형제가 군졸과 씨름하는 사이 장현경은 마을 사람들에게 몽둥이로 문 곁의 담장을 두들기게 했다. 수십 명이 한꺼번에 두들기자 담장의 기와와 흙이 우수수 떨어지더니 한쪽 구석이 무너져 갔다. 그러나 담장이 무너지는 소리에 더 놀란 것은 마을 사람들이었다. 그간 백성들에게 관아는 공포 그 자체였다. 그런 관아의 담을 지금 부수고 있는 것이었다. 도착하자마자 부사를 결박해 앞세우기는커녕 아직 관아 담장 안으로 들어가지도 못한 상황이었다.

관아 안에서 이방이 군졸 10여 명을 데리고 나타났다. 군졸들이 나타나자 겁이 덜컥 난 마을 사람들은 도망가기 시작했다. 한번 흩어지기 시작하자 급조된 토역군은 순식간에 썰물처럼 사라져 버렸다. 장시경 형제와 장현경이 막았으나 토역군은 이미 겁에 질린 보통 백성으로 돌아와 있었다. 기세를 놓칠세라 이방이 군사들을 거느리고 관문을 열고 나와 백성들을 체포하러 다녔다.

장시경 형제들과 아들 장현경 등 주모자 4인도 도주하는 수밖에 없었다. 장현경은 1리쯤 떨어진 옥산(玉山) 부근에서 뒤에 남았다. 장시경 등 삼 형제는 천생산성(天生山城)으로 올라갔다. 천생산성은 4면의 석벽이 깎은 듯이 솟아 있어 붙여진 이름이었는데, 신라 시조 박혁거세가 처음 쌓았다고 전해지며, 임진왜란 때는 홍의장군 곽재우가 일본군을 크게 무찌른 곳이기도 했다.

『주역』에 능통했고 괘(卦)를 만드는 방법에도 능했던 장시경이었다. 천문(天文)도 공부하여 28수(宿)를 살펴보고 분별할 줄 알았던 그가 정한 날

이 오늘이었다. 이렇게 무참하게 실패할 줄은 예상하지 못했다.

　형제 셋은 천생산성의 낙수암(落水巖) 위로 올라갔다. 장시경이 입을 열었다.

　"장차 대사를 도모하려 했는데 일이 어긋나 이 지경에 이르렀으니 일찍이 자처(自處)하는 것이 낫다. 군부의 원수를 갚지 못하고 먼저 죽는 것이 억울하다."

천생산 낙수암

장시경은 천 길 낭떠러지로 몸을 던졌다. 동생 장시욱은 막내 장시호가 차고 있는 칼로 목을 두 번 찌르고 가슴을 한 번 찔렀다. 그래도 죽지 않자 그 역시 낭떠러지로 몸을 던졌다. 장시호도 먼저 간 두 형을 따라 낭떠러지로 몸을 던졌다.

정조가 사망한 해 추석에 벌어진 일이었다. 장시경과 장시욱은 죽었지만 막내 장시호는 낭떠러지에서 떨어졌어도 살아남았다.

인동 부사 이갑회는 곧장 경상 감사 김이영(金履永)에게 변란을 보고했고, 크게 놀란 조정은 형조판서 이서구(李書九)를 영남안핵사(嶺南按覈使)로 임명해 현지에 급파했다. 그런데 조정은 이 사건을 밖으로 드러나지 않도록 쉬쉬하며 처리했다. 9월 23일 영의정 심환지는 영남안핵사 이서구의 보고서를 보고 사건 처리 방침을 섭정 중인 정순왕후에게 보고했다.

"죄인 장시호는 역모에 동참했다는 것으로 결안을 받아 정법(正法: 사형)하고, 죄인 이영태는 역적의 지시와 사주를 받아 사람들을 선동해서 모집하였고 실정을 알고서도 발고(發告)하지 않았으므로 정법에 처하소서. 죄인 장윤혁(張胤赫: 장시경의 부친)은 한 글귀의 말이 비록 매우 음참(陰慘)하지만 몸소 범한 것과는 다르고 또 응당 연좌되게 되어 있으니, 본율(本律)에 의하여 시행하소서."

이 세 명만 사형시키자는 것이었다. 수십 명이 선왕의 복수를 외치며 관아를 침범한 사건에 대한 형벌로는 지나치게 관대한 것이었다. 장윤혁도 사지를 찢는 능지처참이 아니라 목을 베는 참형에 그쳤다. 김금돌·박팔십이 등 8명은 곤장을 친 후 절도로 유배했고, 손둘엄(孫乭嚴) 등 33인은 곤장을 친 후 석방시켰다. 군사까지 일으킨 반란 사건의 처리치고는 이해할 수 없을 정도로 관대했다. 더구나 장시호나 이영태는 서울로 압송해 엄히 국문한 후 공개적으로 형을 집행해야 했으나 심환지는 서울 압송도 반대했다.

"해도(該道: 경상도)에서 법을 적용해도 또한 제흉(諸凶)들의 죄를 드러낼 수 있고 일도(一道)의 분노를 풀게 할 수 있겠습니다."

경상도에서 형을 집행하자는 것이었다. 절벽 위에서 떨어졌다가 살아남은 장시호는 확신범이었다. 그는 이미 목숨을 던진 사람이었다. 그가 서울로 압송되면 '현직 정승', 즉 '영의정 심환지가 역의(逆醫) 심인을 사주해 선왕을 독살했다'고 주장할 것이었다. 그러면 사건은 걷잡을 수 없이 확산될 것이었다. 독살설은 일파만파로 번져 나갈 것이었다. 이를 막기 위해서는 사건을 축소해 조용히 처리해야 했다. 그래서 이 사건은 다른 역모 사건들과는 달리 조용히 처리되었고, 거의 알려지지도 않았다. 하룻밤 꿈처럼 그저 지나고 나니 끝이었다.

그러나 당사자들에게 이 사건은 하룻밤 꿈일 수 없었다. 옥산 부근에서 부친과 떨어져 종적이 묘연해진 장현경의 집에 포졸들이 들이닥쳤다. 장현경의 부인과 13살 난 큰딸, 5살 난 작은딸, 그리고 갓 태어난 한 살짜리 사내애까지 모두 체포되었고 연좌에 의해 신지도 유배형에 처해졌다. 게다가 사내애는 열다섯 살이 되면 사형당할 운명이었다. 자매에게 유일한 희망은 아버지가 살아서 돌아오는 것이었다. 그러나 어머니는 아버지가 살아 돌아와도 희망이 없다는 사실을 알고 있었다. 세상이 모두 뒤바뀌었기 때문이다. 그들 가족에게 이제 희망은 없었다.

2
장

과인은 사도세자의 아들이다

빈전 밖에 대신들이 도열해 있다는 보고를 들은 정조의 가슴은 뛰었다. 갑신년 이후 그동안 속에 간직해 왔던 말을 드디어 토로할 때였다. 장장 13년의 세월이었다. 정조는 빈전 밖으로 나갔다. 그리고 입을 열었다. "오호라, 과인은 사도세자의 아들이다."

과인은 사도세자의 아들이다

왕세손 이산(李祘)은 경희궁 숭정문(崇政門) 앞에 섰다. 감개무량했다. 그 길고도 험난했던 고개를 비로소 넘은 것이었다.

선왕(先王) 영조가 승하한 지 5일 만이었다. 선왕이 승하하면 당일로 보위를 물려받아야 하지만 세손은 굳게 거부했다. 대신과 신하들이 눈물로 청했으나 소용없었다. 세손은 눈물로 거부했다. 영조를 잃은 세손의 슬픔은 극에 달했다. 사관(史官)은 왕세손의 애상(哀喪)에 대해 이렇게 쓰고 있다.

"우리 춘궁 저하가 근심을 머금고 아픔을 품어서 슬피 울부짖고 가슴을 쥐어뜯으며 가슴 치며 통곡하는 것이 신하들을 감동시켜 차마 우러러볼 수 없었으니, 아! 마음 아프다."(『영조실록』 52년 3월 5일)

영조의 나이 여든셋. 왕위에 있은 기간만 52년이었다. 사가(私家)로 치면 호상(好喪)이었다. 나라를 모두 들어도 영조만큼 높은 연세를 찾기 어려웠다. 그럼에도 세손이 이토록 슬퍼하는 것은 보통 조손지간(祖孫之間)이 아

경희궁 숭정문

니었기 때문이다. 영조가 없었다면 오늘의 정조는 없었다. 영조가 아니었다면 세손은 노론 벽파라는 철벽을 넘을 수 없었다. 마찬가지로 영조가 없었다면 사도세자의 비극도 없었을 것이다. 그래서 세손의 감정은 복잡했다.

세손은 대렴(大斂)까지 마치고 상복으로 갈아입는 성복(成服)날에야 비로소 즉위 요청을 받아들였다. 그러나 이때도 조건을 내걸었다.

"뭇 신하들의 심정에 몰리어 장차 왕위에 서기는 하겠지만, 면복(冕服) 차림으로 예식을 거행하기에는 내 마음속에 더욱 두려움을 느끼게 된다."

의장복인 면복 차림이 아니라 상복 차림으로 즉위하겠다는 뜻이었다. 상복 차림으로 즉위한 사례는 개국 이래 한 번도 없었다. 그러나 정조는 학자 군주답게 상복 차림으로 즉위하는 근거를 제시했다.

"상복 차림도 가하다는 예(禮)는 『서경』의 강왕지고(康王之誥)에 보인다. 소식(蘇軾)의 주설(註說)에 '상복 차림 그대로 관례(冠禮: 성인 의식)를 거행해야 한다'고 한 대문을 인용하여 예법이 아니라고 비난해 놓은 것을 채침(蔡沈)이 『서집전(書集傳)』에 수록해 놓았다."

상복 차림으로 관례를 행해도 된다는 구절을 즉위로까지 확대 해석한 것이었다. 한 개인이 어른이 되는 관례와 한 나라의 임금이 되는 즉위를 같은 차원으로 해석할 수는 없었다. 전례도 없었다.

대신과 신하들이 거듭 말리자 할 수 없이 면복을 입는 것으로 물러선 세손은 부축을 받으며 빈전(殯殿: 국왕의 시신을 모신 곳)에 네 번 절하는 사배례(四拜禮)를 거행했다. 영의정 김상철(金尙喆)이 세손에게 왕위를 물려준다는 선왕 영조의 유교(遺敎)를 받들었고, 좌의정 신회(申晦)가 대보(大寶: 옥새)를 받들어 올렸다. 명실상부하게 영조의 후사가 되는 순간이었다. 세손은 눈물을 흘리며 망설이다가 거듭된 재촉에 마지못한 듯 유교와 옥새를 받았다. 이제 비로소 대권을 손에 쥔 것이었다.

세손은 자정문(資政門)으로 나와 승여(乘輿)에 올랐다. 세손을 태운 승여는 숭정문으로 향했다. 이윽고 세손은 승여에서 내려 걸었다. 종친(宗親)과 문무백관이 동서로 나뉘어 도열해 있었고 그 끝에 옥좌가 놓여 있었다.

"어좌에 오르시옵소서."

"어좌에 오르시옵소서."

종친과 문무백관이 간청했다.

"아이고!"

세손은 울부짖을 뿐 선뜻 어좌에 오르지 못했다.

"이는 선왕께서 앉으시던 어좌이다. 어찌 오늘 내가 이 어좌를 마주 대할 줄 생각이나 했겠는가?"

승강이가 거듭되는 사이 해가 이미 기울었다. 종친과 대신들이 어좌에 오를 것을 계속 청하자 세손은 마지못한 듯 드디어 어좌에 올랐다.

1776년 3월 10일!

백관들은 일제히 부복했다. 신왕에게 하는 첫 인사였다. 이렇게 정조 시대의 막이 올랐다. 즉위식을 마친 정조는 곧바로 면복을 벗고 다시 상복으로 갈아입었다. 그리고 "어둑새벽 이전의 잡범 중 사죄(死罪) 이하는 모두 용서하라"는 대사령을 내렸다. 관례에 따른 것이었다.

대개 여기에서 끝이었다. 국장과 겹쳐 있는 즉위 당일은 대사령을 내리는 것으로 마감하는 것이 관례였다. 그러나 정조는 달랐다.

"빈전 밖으로 대신들을 부르라."

날은 이미 어두워져 대궐 여기저기에 횃불이 타오르고 있었다. 빈전 밖으로 대신들을 부른 것은 할 말이 있다는 뜻이었다. 빈전 밖에 도열한 대신들은 긴장했다.

'무슨 말을 할 것인가.'

숭정전 어좌

대신들은 신왕의 첫 육성을 기다렸다. 즉위 일성은 신왕 시대를 재는 척도가 될 것이었다.

빈전 밖에 대신들이 도열해 있다는 보고를 들은 정조의 가슴은 뛰었다. 갑신년(영조 40년) 이후 고통 속에 간직해 왔던 말을 드디어 토로할 때였다. 장장 13년의 세월이었다. 정조는 빈전 밖으로 나갔다. 그리고 입을 열었다.

"오호라! 과인은 사도세자의 아들이다."

즉위 일성이 그 아버지의 아들이란 것이었다.

대신들은 경악했다. 즉위 일성으로 '사도세자의 아들'을 강조하고 나올 줄은 몰랐던 것이다. 비록 국왕이 되었다지만 조정은 아직 그 아버지를 제거한 노론이 장악하고 있었다.

"선대왕께서 종통(宗統)의 중요함을 위하여 나에게 효장세자(孝章世子)를 이어받도록 명하신 것이다."

영조는 사도세자의 3년상을 마친 재위 40년 세손의 호적을 이복(異腹) 백부(伯父) 효장세자에게 입적시켰다. '종통의 중요함을 위해서'였다. 여기에는 이유가 있었다. 사도세자를 죽인 노론 벽파는 '죄인의 아들은 임금이 될 수 없다[罪人之子 不爲君王]'는 '팔자흉언(八字凶言: 여덟 자로 된 흉언)'을 조직적으로 유포시켰다. 영조는 세손을 죄인으로 죽은 사도세자의 아들이 아니라 효장세자의 아들로 입적시켜 '죄인의 아들'이란 허물을 씻어 준 것이었다. 세손은 효장세자의 아들이 되었고, 법적인 어머니도 혜경궁 홍씨에서 효장세자의 부인 조씨로 바뀌었다. 13년 동안 세손은 효장세자의 아들로 살아왔다. 오늘의 즉위도 사도세자의 아들이 아니라 효장세자의 아들로 한 것이었다. 그런 세손의 즉위 일성이 '과인은 사도세자의 아들'이었다.

노론은 경악했다. 15년 전 뒤주 속에서 죽은 사도세자의 모습이 거기 있었던 것이다.

세손은 세 가지를 알 필요가 없다

넉 달 전인 영조 51년(1775) 11월 20일.

영조는 집경당에 나가 대신들을 불렀다. 세손도 배석한 자리였다.

"신기(神氣)가 더욱 피곤하니 한 가지 공사도 제대로 처리하기 어렵다. 이런데도 어찌 만기(萬幾)를 수행하겠느냐? 국사를 생각하느라고 밤에 잠을 이루지 못한 지가 오래 되었다."

좌중이 긴장했다. '어찌 만기를 수행하겠느냐'는 말은 국왕직을 수행할 수 없다는 뜻이기 때문이다. 영조가 신하들에게 물었다.

"어린 세손이 노론 · 소론 · 남인 · 소북을 알겠는가? 국사와 조사(朝事: 조정일)를 알겠는가? 병조판서와 이조판서를 누가 할 만한지 알겠는가? 나는 어린 세손에게 그것들을 알게 하고 싶으며, 나는 그것을 보고 싶다."

'세손에게 국사를 알게 하고 싶고, 그것을 보고 싶다'는 말은 세손에게 왕위를 물려주겠다는 뜻이었다. 이 자리에 모인 대신들은 대부분 노론 벽파였다. 바늘 떨어지는 소리도 들릴 듯한 적막이 이어졌다. 태풍의 눈 같은 고요 속에서 영조가 말을 이었다.

"옛날 황형(皇兄: 경종)께서 '세제(世弟: 영조)가 가(可)한가? 좌우(左右: 신하)가

영조 초상 국립고궁박물관 소장

가한가?'라는 하교를 내리셨는데, 지금은 그때보다 백배나 더하다. '전선(傳禪: 임금 자리를 물려줌)'이란 두 자를 하교하고자 하나 어린 세손의 마음이 상할까 두려우므로 하지 않겠다. 그러나 대리청정은 국조의 고사가 있는데 경 등의 생각은 어떠한가?"

영조의 이복형 경종이 세제 연잉군(영조)에게 왕위를 물려주어서는 안 된다는 소론 강경파들의 주장을 '세제가 가한가? 좌우가 가한가?'라는 말로 물리쳤다는 뜻이다. 만약 경종의 이런 지지가 없었다면 연잉군은 왕위를 물려받기는 커녕 수십 년 전 저세상 사람이 되었을 것이다. '지금은 그때보다 백배나 더하다'는 말은 경종이 세제를 지지했던 백배 이상 영조가 세손을 지지한다는 뜻이다.

영조의 나이 여든둘이었다. 당장 오늘밤을 장담할 수 없는 나이였다. 이런 상황에서 세손 대리청정이 실현되면 영조 유고시 자동으로 즉위하게 되어 있었다. 노론에게 그것은 안 될 말이었다.

총대를 메고 나선 인물이 좌의정 홍인한(洪麟漢)이었다.

"동궁은 노론이나 소론을 알 필요가 없고, 이조판서나 병조판서를 누가 할 수 있는지 알 필요가 없으며, 국사나 조사는 더욱 알 필요가 없습니다."

노론 영수 홍인한은 세손의 모친 혜경궁의 숙부로서 세손의 외숙조부였다. 그러나 그는 조금도 흔들림 없이 세손은 정사를 알 필요가 없다고 반박했다. 세손의 나이 스물넷. 성종이 즉위했을 때보다 열세 살이 많고 영조의 부친 숙종이 즉위했을 때보다 아홉 살이나 많았으며, 사도세자가 대리청정했을 때보다 열 살이나 많은 나이였다.

영돈녕 김양택(金陽澤), 영의정 한익모(韓翼謨), 판부사 이은(李溵) 등 다른 대신들도 모두 홍인한을 거들면서 대리청정을 반대했다. 신하로서는 임금이 대리청정 이야기를 꺼내면 반대하는 것이 원칙이기는 했다. 왕권을 나누는 것이기 때문이다. 그러나 지금은 상황이 달랐다. 반대의 이유가 왕권이 나뉘는 것 때문이 아니라 세손이 사도세자의 아들이라는 데 있었던 것이다. 영조도 이 사실을 알고 있었다. 효장세자의 호적에 골백번 입적시켜도 세손은 사도세자의 아들이었다. 아들을 뒤주 속에 넣어 죽인 업보가 손자를 겨누고 있었다. 영조는 기둥을 두드리며 흐느꼈다.

"경 등은 우선 물러가 있거라."

한참을 진정시킨 영조는 다시 대신들을 불렀다.

"나의 사업을 손자에게 전할 수 없다는 말인가? 나는 쇠약해졌을 뿐 아니라 말이 헛나오고 담이 끓어오르는 특별한 증세도 있다. 마음속에 있는 말을 지금 다시 경 등에게 말할 수가 없다. 차라리 나의 손자로 하여금 나의 심법(心法)을 알게 하겠다."

영조는 더 이상 밀어붙이지 않았다. 51년을 왕위에 있어 온 임금이었다. 밀고 당기기가 정치의 요체라는 사실쯤은 누구보다 잘 알고 있었다.

열흘 후인 11월 30일 아침.

영조는 집경당에 나가 신하들을 만나는 상참(常參)을 행했다. 이날 입자(笠子)를 쓴 영조는 세손에게 기대어 앉아 있었다. 세손에게 의지한다는 의사 표시였다. 워낙 고령이기 때문에 이렇게 해도 무례라고 항의할 신하들이 없었다. 의식 절차를 소리 높여 부르는 노창(臚唱)이 끝나기도 전에 영조는 침상(枕上)에 누웠다. 그런 상태에서 영조가 입을 열었다.

"조사니 국사니 하는 것들이 다 하찮은 말이 되었다. 경 등이 보기에 내 기운이 한 가지 일이나 알 수 있겠는가?"

영조는 더욱 목소리를 높였다.

"지금 이후에도 대신들은 오히려 다투겠는가? 나의 기력이 이와 같으니, 수응(酬應)하기가 더욱 어렵다. 자고로 전례가 있던 일을 나는 지금 생각하고 있다."

'전례가 있던 일'이란 물론 대리청정이었다. 영의정 한익모가 가장 먼저 반대하고 나섰다.

"성교(聖敎)가 비록 이와 같으나 어찌 감히 갑자기 받들 수 있겠습니까?"

좌의정 홍인한은 더욱 강경했다.

"이것이 어찌 신하된 자가 받들 수 있는 일입니까?"

다른 대신들도 모두 반대했다. 이런 반응을 미리 예상한 영조는 더욱 몰아쳤다.

"긴요하지 않은 공사(公事)는 동궁에게 들여보내되, 상소에 대한 비답과 공사 중에 긴급한 것은 내가 왕세손과 상의하여 결정하겠다. 수일 동안 기다려 그 일 처리하는 솜씨가 익숙하게 되는 것을 보아 가며 마땅히 추가하는 하교가 있을 것이다."

'추가하는 하교'란 전위를 뜻하는 것이었다. 더욱 놀란 한익모와 홍인한이 반대하자 영조는 화를 내며 문을 닫아 버렸다.

"오늘날 조정의 일을 어찌 경 등과 처리하겠는가? 길가의 장승에게 묻는 수밖에 없구나."

영조가 쿨럭대며 기침했다. 담후(痰候)가 있었던 것이다. 기침이 조금 멈추자 대신들을 돌아보며 말했다.

"나의 기력이 이와 같다. 나의 병을 스스로 알 수 있다. 예로부터 전례가 있던 일을 오늘 내가 결단하여 행하고자 한다. 내가 전후로 내린 하교가 어떠한 것인데 경 등은 듣고서도 못들은 체 마치 바람이 귓가를 지나가듯이 흘려 버리고 있는가? 경 등은 여든이 된 임금에게 어찌 그리 박절한가?"

여러 대신들이 대답하기 전에 홍인한이 앞으로 나와 엎드려 말했다.

"이 어찌 신자들이 받들 수 있는 하교입니까? 차라리 도끼에 베어져 죽는 한이 있더라도 결코 받들어 행할 수 없습니다."

영조는 승지 이명빈(李命彬)을 불렀다.

"대리청정 전교를 쓰라."

그러자 홍인한이 승지의 앞을 가로막고 앉아서 전교를 쓰지 못하게 방해했다. 문헌 근거를 남기지 않으려는 속셈이었다. 영조가 명령했다.

"써 놓은 전교를 읽어 보라."

홍인한이 소리 높여 외쳤다.

"감히 들을 수 없는 전교를 신하된 자로 어떻게 읽겠습니까?"

세손의 가슴에서 분노가 일었다. 54년 전인 경종 1년(1721) 34세의 경종에게 세제 대리청정을 주장한 당파가 바로 노론이었다. 그때 대리청정의 대상이던 세제 연잉군이 지금의 영조였다. 삼십 초반의 임금에게 대리청정을 강요하던 당파가 여든 노군주의 대리청정은 '도끼에 베어져 죽는 한이 있어도' 받아들일 수 없다고 거부하는 것이었다. 그때의 연잉군은 노론의 택군(擇君: 임금으로 선택함) 대상이었다. 그러나 세손은 택군은커녕 제거 대상이었다. 노론으로서도 사활이 걸린 문제였다. 대리청정하는 저군(儲君: 세자)을 죽인 데 대한 복수에서 비껴나는 유일한 방법이 그 아들의 즉위를 막는 것이었다. 가슴속의 분노를 억누르며 세손이 홍인한에게 제의했다.

"이 일은 내가 간여할 수 있는 일이 아니지만 사세가 급박하게 되었으니 마땅히 상소하여 사양하려 합니다. 그러나 문적(文跡: 문서로 된 글)이 있어야 상소할 수 있으니 두서너 글자라도 전교를 받아 내가 상소할 수 있는 길을 열어 주오."

세손은 영조의 하교를 문서로 남기지 않으려는 홍인한의 속셈을 읽었다. 기회를 보아 다른 인물을 추대하려는 것이었다. 이에 세손은 문헌 근거를 만들어 만약의 사태에 대비하려 했다. 홍인한은 세손의 말에 대답하지 않고 묵묵히 앉아 승지를 바라보며 손을 저어 전교 쓰는 일을 중지하게 하였다. 그리고 다시 영조에게 중지할 것을 요청했다. 영조는 일단 이들을 물리쳤다.

"경 등은 빨리 물러가도록 하라. 오늘날 조정의 일을 경 등과 함께 의논하겠는가? 경 등은 왜 나를 이렇게 피곤하게 하는가? 말해 보아도 도움이 되지 않는다. 나의 기력도 더욱 피로할 뿐이다."

대신들을 물리친 영조는 동궁에게 순감군(巡監軍)을 수점(受點)하도록 명했다. 뿐만 아니라 문관 임용자 명단인 이비(吏批)와 무관 임용자 명단인 병비(兵批)도 내관이 먼저 영조에게 보고한 후에는 동궁에서 수점하라고 명했다. 궁중의 군사 지휘권과 문·무관 인사권까지 준 것이다.

이 소식에 놀란 대신들은 영조에게 청대해 하교를 거두어 달라고 요청했다. 영조의 뜻이 완강하자 약방 제조 이휘지(李徽之)는 타협안을 제시했다.

"전하께서 편하시려면 동궁께서 늘 시좌하여 곁에서 수고를 대신하면 좋지 않겠습니까?"

대리청정을 시키지 말고 곁에 두고 정사를 처리하라는 뜻이었다.

"할아비와 손자가 오랜 시간을 늘 같이 있으라는 말이냐? 제조가 그르다. 파직하라. 순감군을 할아비와 손자가 손수 점하(點下)하는 것이 옳겠는가?"

이휘지를 파직시킨 영조는 임금의 경호부대인 상군(廂軍)과 협련군(挾輦軍)을 불러들였다. 경호부대까지 동원하자 놀란 대신들은 세손의 순감군 점하를 받아들였다. 대신들은 세손이 순감군만 점하하는 것으로 알고 있었다. 그러나 홍인한은 달랐다. 그는 영조가 순감군 점하뿐만이 아니라 대리청정까지 명한 것이라는 사실을 알고 있었다. 『영조실록』 51년 11월 30일조는, "여러 신하들은 다만 순감군만 궐내에서 점하(點下)하는 줄로 알고 있었는데, 홍인한은 언찰(諺札: 한글 편지)로 인하여 임금의 뜻을 알고 있었다"고 전한다. '언찰'이란 세손의 대리청정을 방해하지 말라는 혜경궁 홍씨의 언문 서찰이었다. 그러나 홍인한은 조카의 언찰을 무시했다.

세손과 홍인한 모두 물러설 수 없는 싸움이었다. 타협점은 있을 수 없었다. 세손은 사도세자의 아들이기 때문이었다. 홍인한 측은 13년 전 사도세자를 제거하기 위해 썼던 방법들을 다시 사용했다. 화완옹주의 양자 정후겸(鄭厚謙), 숙의 문씨의 오빠 문성국(文聖國)과 결탁하여, 세손이 몰래 미행(微行)하며 금주령 중인데도 술을 마셨다는 소문을 퍼뜨렸다. 정순왕후와 그 오라비 김귀주도 다시 나섰다.

세손은 극도로 긴장했다. 왕위를 둘러싼 싸움이자 목숨을 건 싸움이었다. 즉위에 실패하면 곧 죽음이었다. 대신들은 모두 세손의 반대편인 데 반해 세손을 지지하는 세력은 세손궁의 사서(司書) 홍국영(洪國榮)과 정민시(鄭民始) 등 극히 일부뿐이었다. 세손이 절대적으로 불리했다. 이 불리한 난국을 돌파해야만 했다.

세손은 자신이 직접 상소를 올려 홍인한을 공격하는 방안도 생각했지만 위험부담이 너무 컸다. 누가 대신 나서 줘야 했지만 적임자를 찾기 어려웠다.

그때 책략가 홍국영이 한 인물을 물색했다. 소론 출신의 행 부사직 서명선(徐命善)이었다. 서명선은 목숨을 걸고 상소를 올리겠다고 나섰다. 12월 3일 드디어 세손을 대신한 상소가 들어갔다.

"신이 듣건대, 지난달 20일 좌의정 홍인한이 감히 '동궁은 알 필요가 없다'는 말을 함부로 진달하였다고 합니다. 저군(儲君: 세자)이 알지 못한다면 어떤 사람이 알아야 하겠습니까? 그 무엄하고 방자함이 아주 심한 것이었습니다. 또한 전 영상 한익모가 '좌우(左右: 신하들)는 걱정할 것이 없다'고 했다는 것은 또 무슨 망발입니까? 수상의 몸으로 엄수(閹竪: 내시)들이나 할 맹세를 한 것이니, 옛날 대신 중에도 이런 일이 있었습니까?"

영조는 서명선을 불러들였다. 서명선은 호구(虎口)에 들어가는 심정으로 입궐했다.

"상소문을 직접 읽으라."

서명선은 떨리는 가슴을 진정시키며 상소문을 읽었다. '동궁은 알 필요가 없다'는 구절이 나오자 영조는 "무슨 뜻인가?" 하고 물었다. 서명선이 상황을 설명한 후 되물었다.

"'동궁이 알 필요가 없다'고 한 것이 과연 말이나 되며 아랫사람으로서 감히 할 수 있는 말입니까?"

"옳다. 내가 들을 때도 역시 어떨까 생각했었다."

영상 한익모를 비판한 부분에 대해서도 영조는 "바르다"고 맞장구쳤다. 영조의 호응을 들으며 서명선은 비로소 호구(虎口)에서 벗어났음을 알았다. 그러자 저절로 눈물이 나왔다. 서명선은 일어났다가 다시 엎드려 말했다.

"신은 타고난 성품이 유약해서 삼사(三司)에 있을 때도 한 사람도 탄핵하지 못했는데, 관직이 없는 이때 이렇게 했겠습니까? 이 일은 관계된 바가 가볍지 않은데 만약 신이 말하지 않는다면 이 세상 사람 가운데 그 누가 거실(巨室: 명문대가)의 미움을 받으면서 솔선하여 진달하겠습니까? 신이 이러한 줄을 알면서도 앞뒤로 눈치를 보고 머뭇거리면서 곧바로 진달하지 않는다면, 이는 전하와 동궁을 저버리는 것이 됩니다. 전하와 동궁을 저버리고서 어떻게 죽어서 신의 아비를 뵐 수 있겠습니까? 일신의 이해를 돌보지 않고서 지위를 벗어나 진달한 것은 실로 어리석은 충심이 격발된 것인데, 특별히 사대(賜對: 임금을 만나는 은혜)를 입어 남은 생각을 다 진달하게 하시니 비록 물러가 골짜기에 빠져 죽더라도 더는 여한이 없게 되었습니다."

서명선의 오열을 들으며 영조가 말했다.

"우는 소리를 들으니 강개함이 마음속에 맺혀 있음을 알 수 있다. 내가 그 위인이 부드럽고 선함은 알고 있었으나 오늘날 이렇게 자기 뜻을 세울 줄은 몰랐으니 어질다 하겠다."

서명선 초상

서명선은 탄핵하는 것이 임무인 삼사(三司: 사헌부·사간원·홍문관)에 있을 때도 한 번도 제대로 탄핵하지 못했다. 그래서 영조는 그 사람이 유약한 줄 알았는데 이런 급박한 상황에서 자기 뜻을 세울 줄 몰랐다고 말한 것이다.

이 소식을 들은 노론에서는 부사직 심상운(沈翔雲)을 시켜 맞상소를 올리게 했다. 심상운의 상소 요지는 동궁 관료들을 다른 인물들로 바꾸라는 것이었다. 홍국영과 정민시 등 세손을 지지하는 관료들을 노론 벽파로 갈아 치워 세손의 손발을 묶으려는 계획이었다. 이 주장에 대해 세손은 분개했다.

"그 마음의 소재는 길 가는 사람도 알 것이다."

홍국영은 다시 한 번 세손을 지킬 것을 맹세했다.

"세도(世道)가 이렇게 위험하지만 신들이 성의를 다하여 도울 것입니다."

양측 대결의 승패는 영조의 결심에 따라 결정나게 되어 있었다. 영조의 마음은 흔들림이 없었다. 영조는 재위 51년 12월 8일 왕세손의 대리청정 절목(節目)을 마련해 정식으로 세손 대리청정을 강행했다. 숙종 43년 (1717) 숙종이 세자(경종)에게 대리청정 시킨 고사를 근거로 삼았는데, 경현당(景賢堂)이 대리청정 장소였다. 영조는 경현당에 백관을 모아 놓고 직접 대리청정 의식을 주관했다. 비로소 큰 고개를 넘은 셈이었다. 그러나 아직 안심할 수는 없었다. 세손에 대한 노론의 거부는 계속되고 있었다. 그해 12월 22일 세손은 이렇게 토로한다.

영조 옥새 국립고궁박물관 소장

"양사(兩司)의 여러 신하들 중 대리청정 조참(朝參)에 참여한 자가 한 사람도 없다."

노론의 정예들이 모여 있는 양사는 세손의 대리청정을 인정하지 않고 있었다. 아직 마지막 고개가 남아 있었던 것이다. 그리고 그것이 가장 험난한 고개, 즉 보위(寶位)였다. 보위에 오르기 전까지 안심할 수 없었다. 외숙조부 홍인한까지 저쪽에 가담했으니 믿을 세력이 아무도 없었다. 이런 상황에서 영조의 병세는 점점 심각해지고 있었다.

세손은 정성을 다해 영조를 간호했다. 그러나 차도가 없었다. 직접 감귤차와 계귤차를 올렸으나 효과가 없었다. 의관은 이미 맥도(脈度)가 가망이 없어졌다고 진단했다. 세손이 미음을 떠서 올렸으나 영조는 받아먹지 못했다.

도승지이자 약방 부제조인 서유린(徐有隣)이 세손에게 청했다.

"궁성을 호위해야 합니다."

세손은 울면서 답하지 않았다. 서유린은 어탑(御榻) 앞에 나가 영조에게 마지막 유교를 쓸 것을 청했다.

"전교한다. 대보(大寶: 옥새)를 왕세손에게 전하라."

재위 52년 3월 3일. 영의정 김상철이 임금의 코 밑에 솜을 대어 보자고 청했다. 속광(屬纊)이었다. 숨이 움직이지 않으면 숨이 끊어진 것으로 판단했다. 그러나 세손은 서두르지 않았다.

"조금 더 기다리라."

아직 날이 밝기 전이었다. 대신들이 또 속광을 청했다. 통곡 속에서 세손이 말했다.

"그리 하라."

숨은 미세한 움직임도 없었다. 영조는 이렇게 세상을 떠났다. 춘추 여든 셋. 왕위에 있은 기간만 무려 52년이었다. 그 누구보다 눈물이 많았고, 그 누구보다 인자했으나 때로는 그 누구보다 냉혹했던 그런 임금이었다. 그가 아니었다면 세손은 왕이 될 수 없었을 것이다. 또한 그가 아니었다면 사도세자의 비극도 없었을 것이다.

이렇게 한 시대가 가고 새로운 시대가 열렸다. 열한 살 때 아버지의 죽음을 목도한 그 소년이 새로운 시대의 주역이었다. 결코 많다고 할 수 없는 스물다섯의 나이였으나 그 25년 동안 그가 감내했던 고통과 사색과 번민의 무게는 동시대의 누구와도 견줄 수 없는 것이었다.

영조 원릉 경기도 구리시 동구릉에 있다.

홍인한의 우익들

삼사는 홍인한을 절도에 안치해야 한다고 주장했다. 정상적인 상황이라면 삼사는 국왕의 즉위를 방해한 홍인한에 대해 극률을 요청해야 했다. 그러나 아무도 홍인한의 사형을 요청하지 않았다. 정조는 깊은 분노를 느꼈다. 이들은 자신의 신하가 아니라 홍인한의 신하였다.

홍봉한 공격받다

조정에는 팽팽한 긴장이 흘렀다. 정조나 노론이나 외줄타기를 하는 듯한 기분은 마찬가지였다. '사도세자의 아들'이 왕위에 올랐지만 사도세자를 죽인 노론이 왕을 포위하고 있는 형국이었다. 모두에게 초미의 관심사는 두 가지였다. 정조가 사도세자의 복수를 단행할 것인가와 즉위를 방해한 인물들을 어떻게 처리할 것인가 하는 문제였다. 사실 이 두 문제는 같은 것이었다. 사도세자를 죽인 세력이 정조의 즉위를 방해했기 때문이다. 노론은 내심 인조반정 같은 쿠데타를 결심하고 있었다.

정조는 즉위 9일째인 3월 19일 법적인 부친 효장세자를 진종(眞宗)으로, 모친 조씨를 효순(孝純)왕후로 추숭했다. 아들이 국왕이 되었으니 당연히 행할 일이었다. 이는 영조의 유훈에 따른 것이기도 했다.

문제는 생부 사도세자였다. 정조는 같은 날 사도세자의 묘소인 수은묘(垂恩墓)를 지키는 수봉관(守奉官)을 두었다. 그리고 다음 날 사도세자의 존호를 '장헌(莊獻)', 수은묘의 봉호(封號)를 '영우원(永祐園)', 사당 이름을 '경모궁(景慕宮)'으로 지어 올렸다. 이때 정조는 시호를 의논한 여러 신하들을 소견하고 말했다.

"선조(先朝: 영조)께서 '사도'라는 시호를 내리신 것은 성스러운 뜻이 있으신 것인데, 지금 나는 오직 종천(終天)의 슬프고 사모하는 마음을 나타내려고 한 것일 뿐, 옛적부터 제왕들이 시법(諡法)을 간여하려 한 것을 일찍이 그르다고 여겨 왔다."

생부에 대한 슬픈 마음을 나타내려 한 것일 뿐 장헌세자라는 존호를 올린 것으로 더 이상 추숭 사업을 하지 않겠다는 뜻이었다.

노론은 일단 안심했다. 사도세자의 죽음에 대한 복수를 단행하지 않겠다는 뜻이었기 때문이다. 이후 정조는 이 문제에 대해 침묵했다. 그러나 정조가 거론하지 않는다고 해서 없어질 문제가 아니었다. 사도세자 살해와 정조 즉위 방해는 별개의 사건이 아니었다. 앞면에는 사도세자가 있고, 뒷면에는 정조가 있는 동전의 양면이었다. 두 사건 모두 현재진행형이었다. 국

『경모궁의궤』 사도세자의 사당을 만드는 과정을 기록한 의궤이다.

왕의 즉위를 방해한 사건은 그 자체로서 대역(大逆)이었다. 그러나 조정의 누구 한 사람 이 문제를 거론하지 않았고, 정조 또한 침묵하고 있었다.

정조의 침묵은 무거운 구름이 되어 조정을 뒤덮고 있었다. 정조의 침묵에 가장 큰 부담을 느끼는 기관은 삼사(三司)일 수밖에 없었다. 사헌부·사간원·홍문관을 뜻하는 삼사는 백관에 대한 탄핵권을 갖고 있었다. 백관의 자그마한 잘못도 지체 없이 탄핵해야 하는 삼사에서 국왕의 즉위를 방해한 대역을 모르는 체 넘어갈 수는 없었다. 그러나 삼사는 침묵을 이어 갔고, 정조도 마찬가지였다.

즉위 보름째인 3월 25일, 사헌부 대사헌 이계(李溎)가 청대(請對)를 요청하는 것으로 침묵을 깨고 나왔다. 정조는 자신이 머무는 천막인 여차(廬次)에서 이계를 만났다.

"세도가 어지럽게 무너지고 국세가 위태롭게 되고 인심이 의구심에 빠지게 된 것은 첫째도 정후겸(鄭厚謙) 때문이고 둘째도 정후겸 때문입니다."

나라가 잘못된 근본 원인이 화완옹주의 양자인 정후겸에 있다는 주장이

었다. 정후겸은 화완옹주의 사주를 받아 사도세자를 모함했고 정조의 즉위도 막으려 한 인물이었다. 고모의 아들로서 사촌간이지만 정조의 자리에서는 죽여도 아까울 것이 없는 인물이었다. 정조는 요청을 받아들여 정후겸을 멀리 함경도 경원부(慶源府)로 귀양 보냈다. 그러자 같은 날 삼사가 다시 공격에 나섰다. 이번에는 정후겸과 그 모친까지 함께 공격했다.

"정후겸 모자의 죄를 시급히 바로잡아, 위에 고하고 아래에 반포하여 백성들의 분노를 씻어 주소서."

화완옹주까지 처벌하자는 상소였다. 정조는 화완옹주 처벌은 거부했다. 대신 다음 날 남인 채제공(蔡濟恭)을 형조판서로 삼았다. 조정 내에 남은 유일한 남인이었다. 노론에서 적당(敵黨)으로 여기던 채제공이 판서가 되었으니 삼사에서 격렬하게 반발할 만했으나 이들은 조용했다. 발등의 불이 홍인한을 보호하는 것이었기 때문이다. 홍인한만 보호할 수 있다면 채제공이 판서가 된 것도 눈감아 줄 수 있다는 뜻이었다. 그렇게 노론은 정조와 거래를 시도했다. 그러나 이는 정조의 뜻과 달랐다.

정조가 드디어 침묵을 깨뜨렸다. 다음 날인 3월 27일 정조는 대사헌 이계를 포함한 삼사 전원을 문외출송(門外出送: 관작을 빼앗고 서울 밖으로 내쫓음)하였다. 정조는 이날 『논어(論語)』 헌문(憲問)에 나오는 공자(孔子)의 예를 들어 삼사를 꾸짖었다. 진성자(陳成子)가 제(齊)나라 간공(簡公)을 시해하자 공자가 목욕재계하고 노(魯)나라 애공(哀公)에게 토벌해 죽이라고 요청했다는 고사이다.

"하찮은 정후겸에 대해서는 강도나 절도가 눈앞에서 발생한 것처럼 시급하게 토죄하면서 기세가 하늘에 닿아 있는 사람에 대해서는 감히 나서는 자가 없어 내가 귀를 기울이고 들으려고 한 지 여러 날인데도 머뭇거리고 두려워하며 쭈그러들고 있다. … 삼사의 여러 신하들이 이해관계가 있는 곳만 보고 있고 임금과 신하 사이의 의리가 중요한 줄은 알지 못하니 진실로 한심스럽다."

'기세가 하늘에 닿아 있는' 자는 바로 홍인한을 뜻했다. 모두가 임금보다 홍인한의 눈치를 더 살핀다는 비판이었다. 정조가 홍인한을 용서할 뜻이 없음은 이로써 분명해졌다. 노론은 궁지에 몰렸다. 홍인한을 공격할 수도, 가만히 있을 수도 없는 상황이었다. 그러나 노론은 노련했다. 동부승지 정이환(鄭履煥)이 올린 상소가 진퇴양난의 정국을 전혀 다른 방향으로 이끈 것이었다.

처음에 정조는 이를 홍인한을 공격하는 상소일 것이라 예상했다. 정이환은 정조가 닷새 전에 홍문관 부제학으로 발탁하고 동부승지까지 맡길 정도로 중임한 인물이었다. 당연히 홍인한을 탄핵했을 것이라 짐작했고, 이제야 본격적인 천토(天討: 하늘의 토벌)가 시작되는 것이라고 생각했다. 그러나 상소문 첫 구절에는 정조의 예상과는 전혀 다른 내용이 담겨 있었다.

"지난 번 대사헌이 차자를 올려 정후겸의 죄상을 극력 논박했습니다만 죄가 이보다도 크고 악이 이보다도 극도에 달해 전하께서 반드시 보복해야 할 원수이면서 동시에 온 나라가 반드시 주토(誅討: 베어 죽임)해야 할 원수가 있습니다."

이런 인물은 바로 홍인한이었다. 그러나 막상 정이환이 거론한 온 나라의 역적은 다른 인물이었다.

"바로 홍봉한이 천만 가지 죄악을 다 갖춘 그 자입니다."

홍인한이 아니라 그 형 홍봉한을 공격하는 상소였다. 정조의 예상은 완전히 빗나갔다. 정조가 놀란 가슴을 진정시키기도 전에 더 충격적인 내용이 이어졌다.

"그중에 가장 크고 가장 극악한 것을 말하면 곧 임오년(사도세자가 죽은

해)에 범한 죄인데, 전 참판 김귀주(金龜柱)가 상소에서 말한 일이 바로 그 것입니다. 오호라! 임오년에 선대왕께서 내리신 처분은 성인께서 변고를 맞아 권도(權道: 원칙이 아닌 임시방편)로 통달한 것이니, 신자(臣子)로서는 오직 애통하고 피눈물을 흘리며 공손하게 임금이 하시는 대로 따라야 할 뿐이었습니다."

시대의 금기였던 사도세자 문제를 꺼낸 것이다. 더 놀라운 것은 과거 김귀주의 행위를 옳은 것처럼 말한 것이었다. 김귀주는 대비 정순왕후 김씨의 오라비로서 영조 때에도 여러 차례 홍봉한을 공격했던 인물이었다. 정이환의 상소는 문제의 '일물(一物)'로 이어졌다.

"이른바 '일물'에 이르러서는 이전의 역사서에서도 들어 보지 못하던 것인데 홍봉한이 창졸간에 멋대로 올렸습니다. 그렇지 않았다면 선대왕께서 어떻게 그 '일물'이 어느 곳에 있는지를 아셨겠습니까? 홍봉한은 임오년의 역적이고 전하의 역적입니다. … 이는 충신과 의사(義士)들이 팔을 걷어붙이며 이를 가는 일입니다."

'일물'은 사도세자가 갇혀 죽은 뒤주를 뜻했다. 세자가 자결을 거부하자 홍봉한이 뒤주에 넣어 죽이라며 영조에게 뒤주를 바쳤다는 주장이었다. 사도세자에 대한 처분은 영조에게 전적으로 맡기는 것이 신하의 도리인데 홍봉한은 뒤주에 넣어 죽이라는 꾀를 제시한 '임오년의 역적'이고 '정조의 역적'이란 뜻이었다.

'임오년'이란 글자를 보자 정조의 가슴이 급격하게 뛰었다. 그 사건만 생각하면 항상 가슴이 뛰었다. 정조가 놀란 가슴을 진정시키기도 전에 정이환은 또 다른 사건으로 홍봉한을 공격했다.

"병술년(영조 42년) 인삼의 일도 홍봉한이 제거(提擧: 약방 책임자)를 조종하고 의관들을 위협하고 공갈하여, 나삼(羅蔘)만을 쓰지 못하도록 한 것

이니 그의 마음속을 따져 보면 길 가
는 사람들도 알 수 있는 일입니다."

병술년 영조가 병석에 누웠을 때 홍
봉한이 좋은 나삼을 쓰지 못하게 방
해했다는 주장이었다. 김귀주와 정순
왕후의 부친인 김한구가 좋은 나삼
을 올리자고 주장했으나 홍봉한이 약
방 책임자인 제거를 조종하고 의관들
을 협박해서 좋지 않은 미삼만 올리게
했다는 것이다. 이 나삼 사건에 대한
언급은 이번이 처음이 아니었다. 영조
48년 김귀주가 홍봉한을 공격하면서

홍봉한 초상

이미 사용했던 내용이었다. 정이환의 상소는 김귀주의 것과 맥이 닿아 있었
다. '뒤주'와 '나삼'으로 홍봉한을 성토한 정이환은 마지못한 듯 홍인한을
끼워 넣었다.

"홍인한이 전하의 대리청정을 방해했던 것 또한 형제가 함께 죄악을 저
지른 것인데 지금 그대로 도성에 살면서 사당(死黨)을 배치해 놓았으므로
백성들의 마음이 의심하게 되고 세도가 무너지게 되었습니다."

홍인한이 대리청정을 방해한 것도 형제의 합작이란 공격이었다. 홍봉한
이 형이니 그가 사주했다는 뜻이 된다. 정이환의 상소는 처음부터 끝까지
홍봉한에게 목적이 있는 것이었다.

"홍봉한은 곧 임오년의 역적이고 전하의 역적입니다. 어찌 척속(戚屬)의
정의(情誼)에 얽매어 삼척(三尺)의 형률을 시행하지 않을 수 있겠습니까?
바라건대 유사(有司)에게 명하여 시급히 홍봉한의 죄를 바로잡게 하소서."

홍인한은 형식적으로 거론한 것이고 정작 형벌을 받아야 한다고 청한 대상은 홍봉한이었다.

진퇴양난

정이환의 상소는 정조의 허를 찔렀다. 진퇴양난에 빠진 것은 노론이 아니라 정조였다. 홍인한 탄핵 정국으로 끌고 가려던 정조의 의도는 전혀 생각지 못했던 방향으로 흘러가고 있었다.

"윗 대목의 일(사도세자 사건)은 오늘날 임금과 신하 상하가 어찌 차마 제기할 수 있는 것이겠는가? 신묘년(영조 47년) 2월 7일에 선대왕께서 우시면서 나에게, '만일 앞으로 조정의 신하 가운데 〈일물〉이라는 두 글자를 들어 너에게 진달하는 사람은 단지 나에게만 충성스럽지 못한 것이 아니라 또한 너의 순정(純正)한 신하도 아닐 것이다. … 바깥의 알지 못하는 자들은 홍봉한이 나를 도운 것으로 여기겠지만 사실은 그렇지 않았다'고 말씀하셨다."

사도세자를 죽이는 일을 홍봉한이 돕지 않았다고 영조가 말했다는 것이다. 그러나 홍봉한이 사도세자 사건에 책임이 있다는 사실은 정조도 알고 있었다. 문제는 그가 혜경궁의 부친이란 점이었다.

"아! 내가 어려서 부모를 잃은 사람으로 생명을 이어갈 수 있는 것은 자전(慈殿: 대비 정순왕후)과 자궁(慈宮: 혜경궁 홍씨) 때문이다. 비록 봉조하(奉朝賀: 홍봉한)의 죄가 용서할 수 없는 것이라 하더라도 봉조하는 곧 자궁의 어버이고 나는 곧 자궁의 아들이다."

홍봉한은 정조가 처한 모순을 극명하게 보여 주었다. 정조는 홍봉한 처벌을 거부할 수밖에 없었다. 그러자 다음 날 정이환이 다시 상소를 올렸고, 부교리 송환억(宋煥億)과 전 현감 민창렬(閔昌烈)이 가세했다. 이들은 모두 홍봉한을 공격했다. 송환억은 "오늘날의 조정은 전하의 조정이 아니라 홍봉한의 조정"이라고 했고, 민창렬은 "온 나라 사람들이 홍봉한을 죽여야 한다고 말하고 있고, 심지어는 '망국동(亡國洞)에 망정승(亡政丞)'이라는 노래까지 있다"고 덧붙였다. 홍봉한이 안국동에 사는 것을 빗대 어린아이들이 '망국동에 망정승'이라는 동요까지 부르고 있다는 주장이었다.

홍인한과 홍봉한이 같이 묶이자 정조는 손발이 묶였다. 이렇게 3월 29일이 지나갔다. 정조는 현안을 다른 쪽으로 돌렸다. 30일 이미 사망한 영의정 김상로(金尙魯)의 관작을 추탈했던 것이다.

"아! 김상로의 죄악을 이루 주벌할 수 있겠는가? … 선왕께서 나에게, '김상로는 너의 원수이다. 임오년 5년 전에 임오년의 조짐을 양성한 것은 하나의 김상로일 뿐이었다'고 하교하셔서 삼가 머리를 숙여 명을 듣고 가슴속에 명심했었다."

사도세자를 죽음으로 몬 주범은 김상로라는 것이었다. 홍봉한은 죄가 없다고 하지 않았지만 비록 있다 해도 종범에 지나지 않는다는 뜻이 함축되어 있는 조치였다.

"그 뒤에 김상로가 계속 수상(首相: 영의정)으로 있으면서 대조(大朝: 영조)의 일은 소조(小朝: 사도세자)에게 고하고 소조의 일은 대조에게 고하여 이리저리 속이고 가리며 끝없이 참소하고 모함했다."

정조는 김상로가 사도세자를 죽인 주범이라면서 '같은 하늘 아래 함께 살 수 없는 원수'라고 규정지었다. 같은 날 정조는 영조의 후궁으로서 역시 사도세자를 모함했던 숙의 문씨를 공격했다.

"내가 마음에 새기며 뼈를 썩혀 온 것이 단지 하나의 김상로만이 아니고 또한 문성국이 있다."

정조는 숙의 문씨의 작호를 삭탈해 사제(私第)에 안치하고, 조카 문성국(文聖國)을 사형시켰다. 그리고 그 어미는 제주도의 여종으로 삼았다. 같은 날 홍문관 부수찬 윤동만(尹東晩)이 상소하여 홍봉한·홍인한·정후겸을 논박하자 정조는 이렇게 답했다.

"만일 봉조하에게 극률(極律: 사형)을 내리게 되면 자궁(慈宮: 혜경궁 홍씨)께서 불안해하시고, 자궁께서 불안해하시면 나도 또한 불안하다."

정조는 홍봉한 처벌이 곤란하다는 뜻을 분명히 했다. 이런저런 일들이 뒤섞이면서 조정은 혼란스러워졌다. 4월 3일 영의정 김양택(金陽澤) 등이 백관을 거느리고 김상로와 숙의 문씨, 정후겸 모자와 홍인한을 토죄(討罪)할 것을 요청했다. 정조는 이들을 꾸짖었다.

"죄에는 대소가 있고 일에는 합당 여부가 있는 것이다. 일을 아뢰는 체통을 이루지 못하였으니 경들을 위해 개탄스럽게 여긴다."

죄에는 경중이 있는데도 모두 뒤섞어서 토죄를 요청했다는 꾸짖음이었다. 영의정이 이를 몰라서 뒤섞은 것이 아니었다. 여럿을 얘기하면서 홍인한을 제일 뒤에 거론한 것은 그를 보호하려는 의도가 담긴 것이었다. 그러나 일단 홍봉한이 빠지고 홍인한이 김상로, 문씨 등과 함께 토죄 요청 대상에 들어갔다는 효과는 있었다. 이 여세를 몰아 정조는 4월 7일 홍인한을 여산부(礪山府)로 귀양 보냈다.

"홍인한은 성질이 본시 어리석고 외람되며 학식은 '제(帝)' 자와 '호(虎)' 자를 분간하지 못한다. 그 형의 아우이기에 선왕의 은덕으로 삼사(三事: 정승)의 지위에 이르렀으니, 진실로 힘을 다해 보답하기에 힘썼어야 할 것인데 … 심지어 '알 필요가 없다'고 자기 입으로 말하고도 두려워할 줄 모르고 서명선의 상소에 대해서도 대항하여 반박할 생각만 하고 뉘우치거나 두려워할 도리는 생각하지 않았다."

그러자 삼사는 홍인한을 절도에 안치해야 한다고 주장했다. 정상적인 상황이라면 삼사는 국왕의 즉위를 방해한 홍인한에 대해 극률(極律: 사형)을 요청해야 했다. 그러나 아무도 홍인한의 사형을 요청하지 않았다. 정조는 깊은 분노를 느꼈다. 이들은 자신의 신하가 아니라 홍인한의 신하였다. 그만큼 홍인한의 권력 기반은 강고했다.

홍인한의 반격

이런 와중에 6월 23일 홍문관 수찬 윤약연(尹若淵)의 상소가 정국을 강타했다.

"정후겸 모자의 죄악이 그득하게 되었으므로 만 번 죽이더라도 오히려 죄가 남을 것인데, 전하께서 완곡하게 용서해 주시기를, 한 가지는 '차마 못하겠다'고 하신 것이고, 한 가지는 '다스릴 것 없다'고 하신 것이었습니다. 정후겸 모자가 지금까지 천지 사이에 버젓이 살고 있는 것은 어찌 우리 종국(宗國)이 위태로워지게 될 근심거리가 아니겠습니까?"

윤약연의 상소는 속뜻을 간파하기가 어려웠다. 표면상 정후겸 모자를 공격한 것 같지만 실제 속내는 아리송했다.

"(정후겸 모자와) 기미(氣味)가 서로 부합되는 가까운 족류(族類)들은 말하지 않아도 알 수 있겠지만 (정후겸 모자와) 추향(趨向)이 같지 아니한 명색이 국가 쪽의 사람들[國邊人]도 이익만 생각하고 의리는 잊어버리고 바람에 쓸리듯 그쪽으로 향하고 있습니다."

정후겸 모자를 사형시키지 않았기에 그들과 추향이 다른 '국가 쪽의 사람들'도 흔들리고 있다는 것이었다. 윤약연은 홍인한에 대해서도 "패리(悖理)한 말을 가지고 반석과 같은 지극한 계책을 저해했다"고 언급했다. 그러나 막상 처벌을 요청하는 수위는 달랐다.

"정후겸 모자의 죄상을 위에 고하고 아래에 포고하고서 시급히 정법(正法: 사형)하시고, 홍인한을 섬으로 유배 보내소서."

정후겸 모자는 사형시키라고 요구한 반면 홍인한은 섬으로 유배 보내라는 청이었다. 홍인한은 일종의 요식행위로 끼워 넣은 것이었다. 게다가 지금까지의 상소는 그가 하려던 말이 아니었다. 윤약연 상소의 본심은 그 뒤에 있었다.

"대리청정하신 지 몇 달이 되었습니다만 조정 안의 뛰어난 인사가 성상의 간택을 받아 아래의 여론이 만족했다는 말을 듣지 못했고, 또한 산림에 있는 현자가 마음을 돌려 초빙에 응했다는 말도 듣지 못했습니다."

즉위한 지 석 달 된 임금에게 인재를 발탁한 적이 없다며 비판하는 것이었다. 이는 정조의 치세를 부정하는 것이나 마찬가지였다.

정조는 윤약연을 불렀다. 다른 사람은 몰라도 정조는 이 상소의 문맥을 정확히 파악하고 있었다. 정조가 주목한 것은 '국변인(國邊人)'이란 표현이었다. '국가 쪽의 사람'이란 뜻의 국변인은 충신을 뜻하는 것이기 때문이다. 즉위 석 달 된 임금에게 인재를 발탁하지 않았다고 비판하는 사람이 보는 충신이 누구인지가 정조는 궁금했다.

"국변인이란 누구를 가리킨 것인가?"

정조가 정확하게 핵심을 지적하자 윤약연은 가슴이 뜨끔했다.

"홍인한은 대리청정을 저해할 마음이 없었을 것이기에 '국변인'이라고 한 것입니다."

정조는 경악했다. 충신을 뜻하는 국변인이 설마 홍인한을 가리킬 것이라고는 생각하지 못했던 것이다. 그러나 사실이었다. 정조는 분노를 가라앉히며 다시 물었다.

"홍인한을 섬으로 유배하는 것에서 그치는 것으로 말한 것은 무슨 까닭인가?"

"정후겸은 거대한 괴수이지만 홍인한은 '국변인'이기 때문에, 신은 그의 죄를 가볍게 여긴 것입니다."

계속 홍인한이 충신이라는 주장이었다. 윤약연 역시 정조의 신하가 아니라 홍인한의 신하였다. 이런 신하들이 주위에 가득 찼기 때문에 홍인한은 '세손은 세 가지를 알 필요가 없다'고 주장한 것인지도 몰랐다.

"홍인한이 감히 대책(大策: 국왕의 즉위)을 저해하는 짓을 했으니 그의 죄가 어떠한 것이겠는가? 그런데 정후겸보다 가볍다고 하니 무슨 뜻인가?"

"홍인한은 망발한 것에 지나지 않으므로 반드시 깊게 주벌(誅伐: 사형)할 것이 없습니다."

"그렇다면 홍인한을 단지 섬으로 유배 보내는 데 그쳐야 하는가?"

정조가 계속 추궁하자 윤약연의 대답은 애매하게 돌아섰다.

"신은 홍인한이 저지른 죄를 알지 못합니다. 전하께서 반드시 죄에 처하고 싶으시면, 인산(因山: 영조의 장례식) 뒤까지 기다렸다가 사세를 보아 어떻게 하시더라도 무방할 것입니다."

끝까지 홍인한의 죄를 모른다는 주장이었다. 홍인한은 죄가 없지만 임금이 꼭 죽이고 싶으면 죽이라는 뜻이기도 했다. 그러면 정조는 죄 없는 중신을 죽인 폭군이 되는 것이었다.

"역적을 비호하는 것도 역적으로 보는 것이 『춘추(春秋)』의 의리이다. 윤약연은 외모만 심상운과 다를 뿐 같은 사람으로서 이미 경연 중에 한 말에도 역절이 드러났다."

서명선의 상소에 반대 상소를 올린 심상운과 외모는 다르지만 같은 마음을 가진 역적이라는 힐난이었다.

　"윤약연을 마땅히 친국(親鞫: 국왕이 직접 국문함)하겠으니, 왕부(王府: 의금부)로 하여금 잡아 가두게 하라."

　정조는 윤약연이 올린 상소가 단독으로 작성한 것이 아니라고 보았다. 작년 말 대리청정을 둘러싼 사건의 경위에 대해서는 모두 알고 있었다. 그때 대리청정에 성공하지 못했으면 정조의 즉위는 없었다. 즉위는커녕 왕위를 넘봤다는 이유로 먼 섬에 유배되었다가 사형 당했을 것이다. 지금은 정조도 옳고 홍인한도 옳을 수는 없는 상황이었다. 이쪽이 옳으면 저쪽이 그른 것이고, 저쪽이 승리하면 이쪽이 죽어야 하는 제로섬게임이었다. 이런 제로섬게임에서 지금 윤약연은 저쪽에 속한 인물이었다. 국문장인 금상문(金商門)으로 직접 나간 정조가 물었다.

　"홍인한은 비록 의친(議親)으로서 차마 곧바로 단죄할 수 없기는 하지만, 법을 집행하는 사람이 용서하자는 논의를 주장할 수 있는 일이겠는가? '인산 뒤에 사세를 보아서 한다'는 말까지 했으니 너의 당역(黨逆)을 숨길 수 있겠는가?"

　'의친'이란 왕실의 친척으로서 범죄시 감면 받는 대상자를 뜻하는데, 홍인한은 정조 모친의 숙부이므로 의친에 해당했다. '너의 당역'이란 말은 윤약연 단독 소행이 아니라 당파적 차원의 소행이란 뜻이었다.

　"홍인한과 정후겸이 지은 죄의 경중을 알지 못하기 때문에 구별하여 아뢴 것입니다."

　"반드시 지휘한 자와 참견한 자와 상의한 자가 있을 것이니 바른대로 고하라."

　정조는 배후에서 조종한 자를 대라고 거듭 다그쳤다. 윤약연이 이명식

(李命植) 등 세 명의 이름을 댔지만 정조는 무시했다. 이 정도 인물들이 배후일 수는 없다고 판단한 것이다. 다시 문자 몇 명의 이름을 더 댔는데 거기에 비로소 배후라고 인정할 만한 이름이 들어 있었다.

"전부터 절친했던 인물은 홍상간(洪相簡)입니다."

정조는 드디어 거대한 배후의 실체가 드러나고 있다고 판단했다. 홍상간은 홍지해(洪趾海)의 아들이었다(다른 자료는 홍술해의 아들이라고도 한다). 홍지해는 홍계희(洪啓禧)의 아들이므로 홍상간은 홍계희의 손자였다.

홍계희는 영조 47년(1771) 사망했지만 사도세자를 죽인 주범 중의 한 명이었다. 사도세자 사건의 전말을 담은 조선 후기의 야사 『현고기(玄皐記)』는 영조의 계비 정순왕후 김씨와 그 친정아버지 김한구, 숙의 문씨, 그리고 홍계희 등이 윤급(尹汲)의 종 나경언(羅景彦)을 시켜 사도세자를 대역(大逆)으로 고변하게 했다고 전하고 있다. 윤약연의 상소도 그 뿌리를 캐 보면 사도세자의 비극에 닿아 있었다. 나경언이 사도세자를 대역으로 고변하던 영조 38년 5월 22일 『영조실록』은 의미심장한 구절을 전한다.

"경기감사 홍계희가 때마침 입시하고 있다가 임금에게 호위하게 할 것을 권하니, 임금이 이에 성문 및 하궐(下闕)의 여러 문을 닫으라고 명했다."

홍계희는 우연히 '때마침' 입시한 것이 아니었다. 사도세자가 모반하려 한다며 호위를 강화할 것을 권해 계획적으로 영조의 공포감을 극대화시킨 인물이었다. 홍계희의 아들 홍지해는 영조 때 대사헌과 형조판서를 역임한 노론 중진이었다.

"홍상간이 무엇이라고 말했는가?"

"홍상간이 시사에 대해 말할 때 '(정조는) 사람을 임용할 때 눈에 드는 사람은 임용하고 눈에 들지 않는 사람은 쓰지 않는다'고 말했습니다."

"임용한 사람이란 누구를 말하는 것인가?"

"홍국영(洪國榮) 등을 뜻하는 것입니다."

윤약연은 홍상간이 홍국영을 여러 차례 비방했다고 말하면서 드디어 자신의 잘못을 실토했다.

"홍인한에게 사사로운 정이 있었으므로, 지만(遲晚)하게 되었습니다."

지만이란 국문 때 '너무 오래 속여서 미안하다'는 뜻으로 사용하는 용어였다. 윤약연은 홍인한의 추천으로 옥당(玉堂: 홍문관)에 들어갔기 때문에 사사로운 정이 생겼다는 뜻이었다.

홍상간은 영조 때 승지 등을 역임한 노론 실세였다. 정조는 홍상간을 체포해 국문하게 했다. 홍상간도 홍국영을 제거하려고 논의했음을 시인했다. 그런데 홍상간의 가택 수색 도중 새로운 사실이 밝혀졌다. 홍상간의 부친 홍지해가 영조 때의 승지 이상로(李商輅)와 편지를 주고받았는데, 그 내용에 세손의 대리청정을 비판하는 구절이 있었던 것이다.

"기관(機關)이 음비(陰秘)하다."

'기관'이란 남을 해치려고 교사하는 기심(機心)과 같은 뜻이었다. 그런 마음이 음비하다는 비판이었다. 이 역시 대리청정을 부인하는 말로서 홍인한의 '세손은 세 가지를 알 필요가 없다'는 말과 같은 맥락이었다. 윤약연·홍상간·홍지해·이상로는 모두 홍인한과 같은 마음이었음이 분명해졌다.

서찰에는 이런 용어가 하나뿐이 아니었다. '기관이 음비하다'는 것 외에

옥당 홍문관의 별칭이다. 숙종 때 문신 김진규의 글씨라 전한다. 국립고궁박물관 소장

세손의 대리청정을 '경색(景色)이 위구(危懼)스럽다'고 표현한 사실도 드러났다. 대리청정이 위태하고 의심스럽다는 뜻이었다. 정조가 즉위한 이후의 일에 대해서는 더 공격적인 표현이 사용되어 있었다.

"풍색(風色)이 아름답지 못하기 때문에 비위(脾胃)를 안정시킬 수 없다."

정조의 정사가 아름답지 못할 뿐만 아니라 '비위에 거슬린다'는 표현이었다. 한마디로 속이 뒤틀린다는 뜻이었다. 임금의 정사를 이런 식으로 표현하는 이들에게 정조는 임금이 아니었다. 정조가 글의 뜻을 묻자 이상로는 대답했다.

"신이 무엇하려고 이런 서찰을 지었었는지 알지 못하겠습니다. 만 번 죽게 되더라도 애석하게 여길 것이 없게 되었습니다."

정조가 다시 물었다.

"그때의 대리청정을 '기관이 음비하다'고 쓴 것은 너희 도당들이 항다반(恒茶飯)으로 말해 온 것이기 때문에 조금도 기탄없이 서찰에 쓴 것이다."

"하늘이 넋을 빼 버려 그런 서찰을 쓰게 된 것입니다. 오직 빨리 죽고 싶을 뿐입니다."

"어느 일이 '기관'이 되고, 어느 일이 '음비'가 되는 것인가?"

"신이 이미 그런 네 글자를 썼으니 의당 범상(犯上: 임금을 범함)한 것으로서, 지만하게 되었습니다."

홍지해는 이상로하고만 편지를 주고받은 것이 아니었다. 홍인한과 주고받은 편지도 발견되었다. 정조가 홍인한과 주고받은 편지에 대해서 묻자 홍지해가 답했다.

"그 서찰을 보고 난 후 버리려다가 미처 못 버렸습니다."

정조가 다시 홍지해에게 물었다.

"대리청정한 뒤에도 네가 이상로에게 보낸 서찰에 '풍파가 그칠 때가 없게 되었다'라고 썼는데 어떤 풍파를 말하는 것인가?"

"조정의 풍파를 말한 것입니다."

"청정은 국가의 큰 경사인데 감히 그런 말을 할 수 있는가?"

정조는 홍지해를 꾸짖었다.

"홍인한은 가슴속으로 너를 제일로 여겨 정승으로 삼으려고 하고, 너는 서명선 무리를 일망타진하려고 했던 것인데, 선대왕께서 통촉하고 계셨기에 흉계를 써먹지 못하게 된 것이니, 그 죄가 홍인한과 같다. 또 이상로와 주고받은 음흉하고 참혹한 서찰은 이상로가 네 마음을 알고 있기 때문인데, 네가 그만 심상한 것처럼 보았으니, 이상로는 단지 졸도(卒徒)이고 네가 곧 괴수인 것이다."

관련자들에 대한 국문을 끝낸 정조는 해당 형벌을 내렸다. 사건을 촉발시킨 상소자 윤약연에 대해 정조는 뜻밖에도 사형을 명하지 않았다.

"윤약연의 공초(供招: 자백)가 없었다면 이런 흉악한 역적들을 어떻게 일찍 다스려 없애 버릴 수 있었겠는가? 이미 6차례나 형벌을 했으니, 윤약연을 사형을 감하여 절도에 정배(定配)하라."

홍지해도 마찬가지였다. 벼슬이 정경(正卿)까지 올라간 몸으로 이런 음모에 가담했으니 마땅히 사형시켜야겠지만 그 아들 홍상간이 주범이기 때문에 '유경지전(惟輕之典)'으로 유배형에 처한다고 하였다. '유경지전'이란 되도록이면 가벼운 형벌을 사용하는 특전을 뜻한다.

홍상간과 이상로는 국문 받던 중 물고(物故)되고

말았다. 윤약연은 금갑도(金甲島), 홍지해는 온성부(穩城府), 그의 동생 홍찬해는 흑산도에 유배되었다.

홍계희의 또 다른 아들로는 홍술해(洪述海)가 있었다. 홍술해는 황해도 관찰사로 있던 지난 5월 백성의 재산 4만 냥과 곡식 2천5백 석을 착취한 혐의로 의금부로부터 참형(斬刑)에 해당한다는 판정을 받았다가 정조의 감형으로 흑산도에 유배된 인물이었다. 참형에서 유배형으로 낮춰졌음에도 홍술해는 정조에게 깊은 원한을 품었다. 흑산도에서 그는 무슨 일이 있어도 정조를 제거하리라고 벼르고 있었다.

윤약연 상소 사건은 멀리는 사도세자 사건에 관련되어 있었지만 직접적

눈 내리는 창덕궁

으로는 세손 대리청정 방해 사건에 그 뿌리가 있었다. 삼사도 이제 더 이상 홍인한에 대한 사형 요구를 모르는 체할 수 없었다.

"정후겸은 물론 홍인한도 사형시키소서."

정조는 홍인한을 고금도(古今島)로 이배시켜 천극(栫棘: 가시 울타리를 치는 것)하라고 명하고 정후겸도 경원에 천극시켰다. 이제 대신들도 모르는 체할 수 없었다. 시·원임 대신들과 2품 이상 여러 신하들은 비로소 홍인한과 정후겸의 사형을 거듭 주청했다.

그러나 정조는 허락하지 않았다. 혜경궁 홍씨 때문이었다. 하지만 윤약연 상소 사건을 계기로 백관들이 모두 홍인한의 사형을 주청하는 바람에 혜경궁 홍씨도 더 이상 고집을 피울 수만은 없었다. 즉위년 7월 5일이 바로 그날이었다. 그날 낮 홍인한·정후겸의 사형을 거부한 정조는 모친 혜경궁 홍씨를 만나러 갔다. 그리고 한밤중에 세 정승을 인견했다.

"내가 홍인한을 매양 처분하려고 하면서도 자궁(慈宮)께서 불안해하실까 싶어서 실행하지 못했다. 오늘 민망스럽게 생각한다는 뜻으로 앙품(仰稟)했더니 자궁께서, '비록 사사로운 은정이 앞서기는 하지만 … 어찌 꼭 내가 불안할 것만 고려하여 국가의 사체를 손상하겠는가?'라고 하시었다. 이러하신 덕음을 받들고서 나의 뜻이 정해졌으니 이제는 마땅히 처분을 내리겠다."

정조가 하교했다.

"고금도의 죄인 홍인한과 경원부의 죄인 정후겸을 사사(賜死: 사약을 내려 죽임)하라."

영의정 김양택이 문제를 제기했다.

"홍인한의 죄악에 있어서 사사는 너무 가볍습니다."

"홍인한이 비록 흉악한 역적이기는 하지만 명색이 대관(大官)인데, 사사하는 이외에 다시 무슨 율로 감처(勘處)하겠는가?"

그러자 김양택은 정후겸에 대해서 문제를 제기했다.

"정후겸은 대관도 아니니 사사는 더욱 실형(失刑)하는 것입니다."

"결안(結案: 죄를 시인함)을 받아 내지 않았기 때문에 단지 사사하는 율을 시행하는 것이다. 그전에도 이렇게 한 예가 있었다."

홍인한과 정후겸은 이렇게 사약을 마시고 세상을 떠났다. 겉으로는 즉위 방해 사건을 단죄한 것이었다. 그러나 내용으로는 사도세자를 죽음으로 몬 데 대한 단죄였다. 정조는 사도세자란 말을 한 마디도 입에 담지 않고 이 사건에 대한 주모자들을 이렇게 처벌했다. 이로써 정조는 과거사 정리가 일단 끝났다고 생각했다. 그러나 이는 새로운 시작에 불과했다.

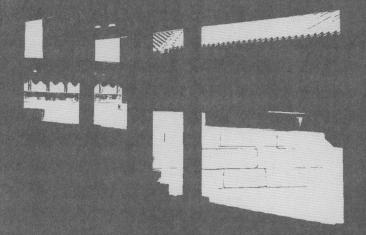

4 장

외척 전쟁

김귀주와 그 일당 정이환까지 제거함으로써 두 외척 제거라는 정조의 오랜 꿈은 즉위 반 년 만에 달성된 셈이었다. 영조 38년 사도세자를 살해한 후 극도로 비대해진 외척 세력이 이렇게 일단 정리되는 듯 보였다. 그러나 이 역시 시작에 불과했다. 조선의 외척은 한 번의 공격으로 발본색원되기에는 그 뿌리가 너무 깊었다.

김귀주의 홍봉한 공격

1759년(영조 35년) 6월 22일 오시(吾時: 11~1시).

예순여섯의 영조는 어의궁(於義宮)으로 향했다. 새로 신부를 맞이하는 친영례(親迎禮)를 행하기 위해서였다. 2년 전 사망한 정성왕후 서씨의 뒤를 이을 한 소녀가 어의궁에서 영조를 기다리고 있었다. 삼간택 끝에 뽑힌 김한구(金漢耉)의 딸로 불과 열다섯 살짜리 소녀였다. 며느리 혜경궁 홍씨보다 무려 열 살이나 어렸다.

영조는 어의궁에서 수줍게 자신을 기다리고 있는 이 소녀가 훗날 이 나라에 가져올 파란을 전혀 예상하지 못했다. 이 소녀가 자신의 아들을 죽이고, 손자를 죽이고, 손자며느리는 물론 증손며느리의 피까지 손에 묻힐 줄은 꿈에도 생각하지 못했다. 서운관(書雲觀)에서 길일(吉日)에 길시(吉時)라고 점쳐 택일한 날에 거행하는 대혼(大婚)이 축복이 아니라 왕가의 피로 점철될 저주일 줄 누가 알았겠는가. 더구나 조선의 운명까지 돌이킬 수 없는 지경으로 만들 줄을.

대혼날까지 그 아버지 김한구는 벼슬하지 못한 유학(幼學) 신세였다. 그러나 이날부터 그는 또 한 명의 척신(戚臣)으로 등장했다. 자신보다 서른 살이나 많은 사위를 둔 새로운 국구(國舅: 왕의 장인)의 등장이었다. 딸이 왕비가 되면서 오흥부원군(鰲興府院君)에 봉해진 김한구는 돈녕부도정(敦寧府都正)이 되고, 금위대장이 되어 궁중의 실세가 되어 갔다. 정순왕후의 오라비 김귀주도 마찬가지였다. 정순왕후보다 다섯 살 위인 그 역시 과거에 급제하지 못한 백두(白頭)였으나 동생이 왕비가 되면서 음보로 벼슬에 올랐다.

이렇게 딸과 여동생 덕분에 정계에 등장할 수 있었던 김한구·귀주 부자

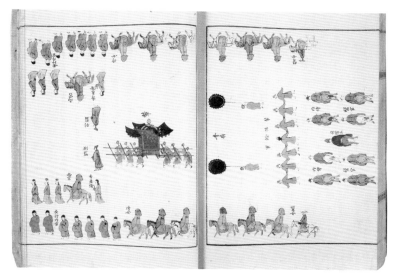
『정순왕후가례도감의궤』 영조와 국혼을 올리는 과정을 기록하였다.

는 홍봉한·인한 형제 못지않게 권력욕이 많았다. 기묘하게도 두 외척은 사도세자 제거에는 뜻을 같이했다. 사도세자는 김상로·홍계희 등 노론 중진들과 두 외척의 협공을 받아 영조 38년 살해되고 말았다. 궁중의 두 여인, 정순왕후와 혜경궁 홍씨는 모두 안에서 호응했다.

그러나 세자를 제거한 후 두 외척의 자세는 달라졌다. 공동의 적이었던 사도세자가 사라지자 외척 가문 사이에 노론의 주도권을 놓고 다툼이 벌어졌던 것이다. 김한구·귀주 부자는 사도세자의 죽음을 당연시하는 노론 벽파의 맹장이 되었고, 홍봉한은 사도세자의 죽음을 동정하는 노론 시파의 영수가 되었다. 같은 노론 내에서 파벌이 갈린 것이었다.

사도세자가 살해되고 10년이 지난 영조 48년(1772) 7월 21일, 두 외척은 드디어 정면충돌했다. 영조가 재위 42년 병석에 누웠을 때 홍봉한이 영조의 간호에 정성을 다하지 않았다고 공조참판 김귀주가 공격하고 나선 것이다. 앞서 정이환이 상소에서 말한 '나삼(羅蔘) 사건'이 바로 이것이었다.

"연전에 재상 홍봉한이 외방의 삼(蔘)을 제외시키고 서울에서 바치는 경공(京貢)으로 바꾸었는데, 공인(貢人) 무리들이 실처럼 가는 미삼(尾蔘)을 모아 이겨서 풀로 붙여 삼이라는 이름으로 내국(內局: 내의원)에 바치고 있었습니다. 내국에서 혹 퇴짜를 놓으려고 하면 홍봉한이 큰 소리로, '이는 나를 죽이려는 것이다'라고 꾸짖기 때문에 위로는 제거(提擧: 제조)에서부터 아래로 의관까지 마음속으로는 잘못인 줄을 알면서도 입으로 감히 말을 하지 못했습니다."

홍봉한이 좋은 인삼이 아니라 서울의 공인들로부터 싸구려 인삼을 납품받아 영조에게 진어하고 폭리를 취한다는 주장이었다. 김귀주는 그 근거로 3년 전(영조 45년)에 이미 사망한 부친 김한구의 증언을 댔다. 생전의 김한구가 약원(藥院: 내의원) 제조 김치인에게 "성상의 환후가 위독하실 때 왜 좋은 나삼을 쓰지 않고 미삼을 쓰느냐?"고 물었더니 김치인이 "내 뜻 역시 그러하지만 영의정(홍봉한) 때문에 미삼을 쓴다"고 답변했다는 것이다.

"선신(先臣)이 김치인에게 한 말을 홍봉한에게 고하자 한참 동안 생각에 잠기더니 '이는 계속 조달하기 어렵기 때문에 쓸 수가 없다'고 천천히 말했습니다. 선신이, '이게 무슨 말인가? 대감의 처자에게 병이 있어 삼제(蔘劑)를 써야 하는데도 계속 조달하기 어렵다는 이유로 구하지 않겠소? 아니면 집과 땅을 팔아서라도 조달해 쓰겠소? 더군다나 온 나라에서 임금을 봉양하는데, 조달하기 어려울 것을 염려해 미리 쓰지 않겠다는 것이오?'라고 말했습니다."

김한구가 직접 홍봉한에게 나삼을 쓰자고 했더니 홍봉한이 거절해서 부친이 꾸짖었다는 내용이다. 김한구가 홍봉한에게 일단 약원에 있는 나삼을 쓰는 한편 각 도에 나삼을 바치라고 하면 되지 않느냐고 말하자 홍봉한이

"대감은 척리로서 어찌 약원의 일에 간섭을 하시오?"라고 발끈 성을 냈다고도 했다.

김귀주가 상소에서 주장하는 것은 모두 부친에게 들은 내용뿐이었다. 일방적일 수밖에 없는 주장이었다.

"선신이 또 사사로이 동삼(童蔘) 한 뿌리를 구하여 내국에 바쳐 달여 올렸는데, 바로 3월 19일 저녁이었습니다. 다행스럽게도 원기가 하룻밤 사이에 돌아와 이튿날 아침에 병이 나았고 담증(痰症: 가래)과 현기증도 시원하게 사라졌습니다. 이날 부자가 서로 마주하여 춤을 출 듯이 기뻐하였습니다."

김한구가 개인적으로 동삼 한 뿌리를 내국에 바쳐 달여 올렸더니 영조의 모든 병이 하룻밤 사이에 나았다는 주장이다. '나삼'에서 '동삼'에 이어 김귀주의 주장은 송다(松茶)로 넘어갔다. 영조의 다리가 아파 걷기가 어렵게 되자 김한구가 송다를 권했다는 것이다.

"전 참의 홍성(洪晟)의 노부(老父)가 오랫동안 다리 병으로 고생하다가 송다로 효험을 보았다고 하기에 물어본 다음 아뢰었더니, 전하께서 홍성의 입시를 명하여 상세히 물으셨으나 끝내 결론짓지는 않으셨습니다. 홍봉한이 그때 연석에 들어왔다가 들기를 권하지는 않고 합문 밖에 앉아서 큰 소리로, '주상께서는 술을 마시지 않아도 자주 격노하셔서 신하들이 두려워하면서 날짜를 보내고 있는데, 이제 송다를 올리면 우리들이 장차 어떻게 감당하겠는가?'라고 말해서 듣는 자들이 모두 실색했습니다."

김한구가 홍성의 부친이 효험을 본 송다를 권했으나 홍봉한이 역시 올리지 않았다는 비난이었다.

"그 후 홍봉한과 함께 문후를 여쭈었을 때 선신이 손으로 그의 겨드랑이를 잡아당기며, '그 말(송다)을 아뢰라'고 여러 차례 말했으나 듣지 못한 것처럼 모르는 체해서, 선신이 마침내 큰소리로, '왜 송다에 대한 일을 아뢰지 않는가?'라고 말하자 홍봉한이 부득이 권하였는데, 전하께서 즉시 허락하셨습니다. 이때부터 다리 기운이 조금 좋아져 열흘 사이에 걸음이 거의 정상에 이르렀으니, 그때의 광경은 전하께서도 역시 기억하고 계실 것입니다. 오직 이 두 가지 일이 바로 홍봉한이 범한 죄 가운데 가장 큰 것인데, 나삼의 일은 전하께서 막연하게 듣지 못하셨으며 송다의 일은 전하께서 비록 그 대략은 통촉하고 계시지만 자세한 것은 아시지 못하고 계실 것입니다."

김귀주가 홍봉한을 공격하는 내용은 간단했다. 영조가 아플 때 부친 김한구는 정성을 다한 충신이지만 홍봉한은 일부러 나쁜 약재를 올린 역신(逆臣)이란 것이었다. 그러나 이는 김귀주의 무지를 나타낼 뿐이었다. 조선은 의관(醫官)뿐만 아니라 대부분의 신하들은 물론 국왕도 전문가 수준의 의학지식을 갖고 있어서 일부러 나쁜 약재를 쓴다는 것은 상상도 할 수 없었기 때문이다.

"선신이 살아 있을 때 일찍이 이런 일을 입 밖에 내지 않았고 오직 사사로운 자리에서만 자제들에게 말하면서 가슴을 어루만지고 눈물을 참으려 했으나 감추지 못하였습니다."

김한구는 만고의 충신이 되고 홍봉한은 공인들과 결탁해 임금의 병환도 돌보지 않은 역신이 되는 셈이었다. 김한구가 자식들과 함께 눈물을 감추지 못하는 장면은 만고 충신의 모습이기는 했으나 이는 모두 김귀주의 일방적인 주장일 뿐이었다.

김귀주의 이날 상소는 정순왕후의 친정에서 혜경궁의 친정에게 던지는 선전포고였다. 김귀주는 작심한 듯 사도세자 문제까지 거론했다.

"아! 임오년의 일은 바로 성상께서 종사를 위해서 하신 대처분으로, 성상의 마음으로 결단하시어 해와 별처럼 빛나니, 신하로 있는 자 그 누가 흠앙하지 않겠습니까?"

사도세자를 뒤주에 가두어 죽인 것이 모든 신하가 '해와 달처럼' 흠앙하는 대처분이라는 주장이다. 김귀주는 이때 홍봉한이 처음에는 영조의 뜻을 따랐지만 사도세자가 죽자 곧 변심했다고 비판했다.

"그때 홍봉한이 봉승(奉承: 명을 받든 것)한 것이 어찌 옛 대신이 난리를 당해도 빼앗기지 않았던 절조와 같겠습니까? 사생을 두려워해서 때를 틈타 미봉한 것에 불과할 뿐입니다. 그 후 세월이 조금 흐르자 흉계가 겹겹이 생겨서 화심(禍心)을 간직하고 그 뜻을 번복했습니다. 그래서 (사도세자를) 추숭(追崇)하여 종묘에 들이자는 의논을 만들어 공갈하여 세상에 풍파를 일으키니 인심은 놀라 미혹되고 중외는 크게 부담을 느끼고 있어 식자들이 근심하고 탄식한 지 이미 오래입니다."

홍봉한이 사도세자를 죽이는 데 가담한 것은 절개가 아니라 때를 틈탄 기회주의적 처신에 불과했다는 비판이다. 그래서 세월이 흐르자 다른 마음이 생겨 사도세자를 추숭해 종묘에 들이자는 의논을 냈다는 것이다. 이는 사도세자의 죽음을 당연시하는 노론 벽파 측에서 사도세자의 죽음을 동정하는 노론 시파의 영수 홍봉한을 공격한 것이었다. 김귀주는 홍봉한을 극단적으로 비난했다.

"신하 된 자에게 이런 범죄가 있으면 하루라도 천지 사이에서 숨을 쉴 수가 없어야 하는데, 지금까지 머리가 붙어 탈 없이 궁성 안에 엎드려 있음은 천도(天道)가 멀고 아득한 것으로서 신은 알 수가 없습니다."

홍봉한을 죽여야 한다는 주장이었다. 그때 영조는 나이 일흔아홉에 즉위한 지 48년째인 노군주였다. 이제 갓 서른세 살 된 젊은 외척의 공세에 귀가 솔깃할 나이도 경륜도 아니었다. 게다가 김귀주는 상소 마지막에 영조까지 걸고넘어지는 실수를 저질렀다.

"생각건대 종사가 날로 위태롭고 망하려 하는데도 전하께서는 막막하게 깨닫지 못하시고, 흉적(凶賊)이 더욱 방자하게 날뛰는데도 조정 신하 가운데 한 사람도 말을 하지 않으니, 분통함을 삭이지 못해 대강을 들어 죽음을 무릅쓰고 말합니다."

홍봉한을 '흉적'으로 지목했을 뿐만 아니라 '전하께서는 막막하게 깨닫지 못하신다'며 영조를 암우(暗愚)하다고 비판한 것이었다.

그날은 비가 퍼붓고 벼락과 천둥까지 치는 날이었다. 영조는 승지에게 김귀주의 상소를 읽게 했다. 빗소리가 후드득거리는 와중에 승지가 상소를 읽었다. 낭독이 시작되자 영조의 얼굴에는 괴로운 기색이 번져 갔고 낭독이 계속되면서는 분노가 나타났다.

영조는 김귀주가 사촌동생 김관주와 짜고 상소를 올렸다는 사실을 단번에 간파했다. 홍문관 수찬으로 있던 김관주가 조금 전에 올린 상소도 '나삼·동삼' 운운하며 홍봉한을 공격하는 것이었다. 정순왕후 친정의 잘 계획된 정치 공세였던 것이다. 승지가 절반쯤 낭독하자 영조가 말을 자르며 입을 열었다.

"김귀주의 상소는 비록 김관주의 단서(端緒)에서 연유한 것이겠으나, 이것이 무슨 모습인가? 모두 연소한 자를 검속하지 않아서 그런 것이다. 이 글을 즉시 돌려주라. 김귀주는 특별히 현임(現任: 현재의 관직)을 면직하고 다시는 요직에 검의(檢擬: 추천)하지 말라. 김관주의 상소 역시 돌려주어 내가 이 두 상소로 기관(機關)을 삼지 않는다는 뜻을 보이도록 하라."

'기관을 삼지 않는다'는 말은 이런 상소 내용에 사주 당하지 않겠다는 뜻이었다. 영조는 창피했다. 외척끼리 정쟁이 벌어진 그 자체만으로도 영조의 큰 허물이었다. 외척이 날뛰는 자체가 '제가(齊家)'에 실패했다는 증거로서 '치국(治國)'하고 '평천하(平天下)'해야 할 임금의 흠이기 때문이다. 영조는 홀연히 일어나 밖으로 나섰다. 천둥과 번개가 잇따라 치고 있었다. 영조는 퍼붓는 비를 아랑곳하지 않고 태조와 태종의 위패를 모신 문소전(文昭殿)으로 향했다. 내시들이 우산을 펴려 했으나 펴지 못하게 꾸짖었다.

"비각(碑閣)을 열라."

액례가 비각을 열자 영조는 신하들이 들어오지 못하게 문을 닫았다. 그리고 선왕들의 위패에 사배례를 행한 후 울먹이며 보고했다.

"선후를 가릴 것 없이 척신이 함께 날뛰어 이처럼 놀랍고 괴이한 일을 저질렀으니, 종국(宗國)이 반드시 위망하게 되었습니다."

영조는 관(冠)을 벗고 바닥에 엎드렸다. 내시들이 다시 우산을 펴려 했으나 못하게 꾸짖었다. 어의가 빗물에 흠뻑 젖었으나 개의치 않았다. 약방 도제조 한익모(韓翼謩)가 문밖에서 내시를 질책했다.

"비록 주상의 명령이 있더라도 어찌 우산을 펴지 않을 수 있는가?"

시임·원임 대신들이 문밖에서 회가(回駕)할 것을 외쳤으나 듣지 않았다. 드디어 제신들은 문소전 문을 밀치고 안으로 들어왔다. 대신들도 모두 관을 벗고 엎드려 회가하기를 한목소리로 청했다. 영조가 입을 열었다.

"한 근의 나삼으로 기운이 갑자기 좋아졌다는 말이나 송다를 마셨더니 걸음 걷기가 좋아졌다는 말은 한 번 웃어야 할 말이다. (사도세자를) 추숭할 것을 공갈했다는 말 등은 관계됨이 가볍지 않다. 온실수(溫室樹)를 묻지 않았다는 고사가 어찌 옛사람만의 말이겠는가? 척신의 몸으로 감히 이런 말을 전해야 하는가?"

'온실수를 묻지 않았다'는 것은 한(漢)나라 때 상서령(尙書令) 공광(孔光)이 친지들이 궁궐 온실에 무슨 나무들이 있느냐고 물어도 대답하지 않았다는 고사로서, 궁중이나 조정의 일은 절대로 밖으로 전파하지 않아야 한다는 뜻의 고사이다. 영조는 척리들 간의 싸움에 분개했다. 척리들에 대한 경고는 역사서에 수없이 많았던 것이다.

영조는 창의궁(彰義宮)으로 환어해서 명령했다.

"김귀주를 사판(仕版)에서 영원히 지워라."

이틀 후 영조는 집경당(集慶堂)에서 내국의 시임·원임 대신을 소견한 자리에서 김귀주의 상소를 다시 읽게 한 후 말했다.

"두 집안은 형세가 양립할 수 없어서 홍씨 집안을 폐하면 달가워할 것이니 어찌 음덕이 되겠는가? 내가 김귀주의 사람됨을 염려했는데 과연 그렇다. 내가 믿는 것은 오직 곤전(坤殿: 정순왕후)과 충자(冲子: 세손)뿐인데, 이런 거조를 당했으니 내전(內殿: 왕비)의 심사가 더욱 어떻겠는가? 이는 임금을 배반하고 아버지를 배반하면서 당(黨)을 위하려는 마음이 그렇게 시킨 것이다. 그 무리들을 처치함이 한 번의 호령 사이에 달린 일이나 그렇게 하지 않은 것은 뜻이 있어서이다."

바로 이 부분이 영조의 문제였다. 이는 '내전의 심사'를 염려할 일이 아니라 내전을 꾸짖어야 할 일이었다. 김귀주나 김관주가 정순왕후의 허락 없이 홍봉한을 공격했을 리는 만무했다. 정순왕후가 없었다면 김귀주·관주는 홍봉한 일가에 도전할 꿈도 꾸지 못했을 것이다. 그러나 영조는 김귀주와 김관주를 꾸짖고 정순왕후는 옹호하는 선에서 사건을 마무리 지으려 하고 있었다.

영조의 분노에 직면한 김귀주는 개양문(開陽門) 밖에서 윗도리를 벗고 가시 막대를 등에 지고 나가는 육단부형(肉袒負荊)을 행하면서 석

『영조실록청의궤』

고대죄해야 했다. 김귀주가 먼저 시작한 싸움은 김귀주의 일방적 패배로 끝났다.

공홍파와 부홍파의 대결

사도세자 제거 후 벽파와 시파로 갈린 싸움의 한복판에 홍봉한이 있었다. 홍봉한이 사도세자의 죽음을 동정하는 시파 쪽으로 돌아섰기 때문이다. 이제 조정은 홍봉한을 공격하는 공홍파(攻洪派)와 홍봉한을 지지하는 부홍파(扶洪派)로 나뉘었다. 김귀주가 상소를 올리기 전인 영조 46년(1770)에도 두 파벌은 한바탕 격전을 치렀는데 이때도 공홍파가 먼저 공격을 했다. 그해 3월 청주 사람 한유(韓鍮)가 도끼를 들고 대궐문에 엎드려 상소를 올린 것이 공세의 시작이었다.

"간신 홍봉한을 참하소서. … 홍봉한은 '망국동에 망정승'이란 노래까지 있습니다."

한유는 도끼만 들고 상소한 것이 아니라 팔뚝에 글자까지 새겼다는 소문이 있었다. 영조가 금군(禁軍)에 실제 글씨를 새겼는지 보고 오게 했다.

"과연 숟가락 끝을 불에 달구어 살갗을 지져 '임금을 위해 목숨을 바치고 나라를 바로잡는다(死君匡國)'는 네 글자를 새겼습니다."

영조는 홍봉한을 공격하기 위해 자신의 팔뚝에 글자까지 새겨 넣은 한유에게 기겁했다. 뼛속까지 스며든 당심(黨心)이었다. 그래서 영조는 더욱 홍봉한을 두둔했다.

"내 40년 고심(苦心)에 다만 영부사(領府事: 홍봉한) 한 사람만 나를 협찬하였다. 너희들이 마음에 달갑게 여기며 앙갚음하려는 것은 곧 당인(黨

人)들의 사주로 말미암은 것이다."

영조는 한유의 상소를 불태우고 그를 유적(儒籍)에서 삭제하게 했다. 뿐만 아니라 흑산도로 정배(定配)하되 사흘 길을 하루에 걸어 압송하게 했다. 이때도 공홍파의 선제공격은 실패로 끝났다.

그러나 이듬해(1771) 2월 1일 김우상(金禹象)이란 인물이 용동궁(龍銅宮) 임장(任掌: 호적 개정할 때의 임시관직) 황경룡(黃景龍)을 고발하면서 사정이 달라졌다.

"왕손궁(王孫宮)의 장무(掌務: 실무자) 황경룡이 왕손의 일을 빙자해 백성들의 재산을 침탈했습니다."

왕손궁은 사도세자의 서자인 은신군(恩信君)과 은언군(恩彦君)을 뜻하

은신군 묘비 서울 역사박물관 뜰에 있다.

는 것이었다. 자신의 핏줄이 백성들의 재산을 빼앗았다는 고발에 경악한 영조는 즉각 황경룡을 붙잡아 친국했다. 황경룡은 혐의 사실을 부인하다가 심한 매를 맞고 자백했는데 바로 홍봉한의 이름이 튀어나왔다.

"이제 죽을 지경에 이르렀으니 마땅히 바른대로 고하겠습니다. 홍 봉조하가 저를 불러 임장(任掌)이 되게 했으며, 정해년(영조 43년) 2월에는 환관 이흥록(李興祿)의 손

에 뽑혔는데, 이홍록은 은언군과 가장 친하였습니다."

홍봉한과 환관 이홍록이 결탁해 자신을 왕손궁의 실무자로 만들었다는 진술이었다. 영조가 계속 문초하자 백성들의 재산을 침탈한 증거들이 드러났다. 황경룡이 각전(各廛: 상가)에서 5, 6백 냥의 돈과 수십 필의 저(苧)·면목(綿木) 등을 거두어 환관 이홍록에게 전했다는 사실이 드러난 것이다. 또한 홍봉한이 황경룡의 누이 황덕혜(黃德惠)를 은신군의 보모(保姆)로 들이고, 이홍록이 황경룡의 또 다른 누이를 궁중의 나인(內人)으로 들인 사실도 드러났다. 홍봉한과 이홍록이 은언군과 은신군을 특별히 관리한 셈이었다. 대신이 왕손을 특별 관리했다는 사실은 큰 사건이었다. 자칫 왕손을 추대한다는 혐의를 받을 수도 있기 때문이었다.

영조는 환관 이홍록을 붙잡아 심문했다. 이홍록이 심문 도중 물고(物故)될 정도로 수사는 혹독했다. 영조는 은신군의 보모 황덕혜를 제주 대정현에 유배 보내고, 황경룡을 모래사장에서 목 베었다. 환관들과 교결(交結)하여 시민(市民)의 재물을 침탈했다는 죄였다. 영조는 관련자는 아무도 용서하지 않을 정도로 분개했다. 홍봉한까지 처벌했던 것이다.

"홍봉한은 양인(良人) 출신 황덕혜를 왕손 은신군의 아보(阿保: 보모)로 삼는 만고에 없는 일을 만들었다. 홍봉한에게 특별히 서용 금지법을 시행하라."

이어 영조는 삼사의 탄핵에 따라 홍봉한을 일시 청주로 귀양 보냈다. 손자들도 마찬가지였다. 영조는 은언군 이인(李祵)과 은신군 이진(李禛)의 관직을 삭탈하고 제주도 대정현으로 유배 보냈다. 대정현에 안치된 은신군은 불과 석 달도 못 된 그해 4월 사망하고 말았다. 그러자 은언군은 특별히 석방시켰다. 드디어 홍봉한은 몰락하는 것처럼 보였다. 영조가 팔뚝에 글자까지 새기며 홍봉한을 공격했던 한유까지 '선견지명이 있다'는 이유로 석방시킨 것이다.

　그러나 영조는 홍봉한을 다시 서용했다. '홍봉한을 위해서가 아니라 혜빈(惠嬪: 혜경궁)을 위해서'라는 이유였다. 그러자 한유가 다시 홍봉한을 참(斬)하라는 상소를 올렸다. 영조 47년 8월이었다. 그런데 이때 한유는 상소에서 시대의 금기였던 '일물(一物)'을 언급했다. 홍봉한이 뒤주를 바친 장본인이라는 주장이었다. 이는 영조에게 잊고 싶은 과거를 일깨웠다. 영조는 "한유를 석방한 것은 나의 잘못"이라며 즉각 체포해 국문했다.

　"일물이 무슨 물건인가?"

　한유가 답했다.

　"목기(木器)입니다."

　"목기를 말한 것이 음참(陰慘)하다. 누가 너에게 그것을 말하던가?"

　"초야(草野)의 한사(寒士)입니다"라는 한유의 대답이 끝나기도 전에 영조가 군졸에게 한유의 입을 치게 했다. 한유는 입에 피를 흘리면서 변명했다.

　"그 당시에 혹 들었다 하나 이를 전한 사람을 지금 어떻게 기억할 수 있겠습니까? 원컨대 한마디 말을 하고 죽겠습니다."

　영조는 다시 그 입을 치게 하고 끌어낸 후 호서(湖西: 충청) 감영(監營)에 보내 사형시키게 했다. '일물'이란 말이 나오자 영조는 이성을 상실했다. 아무리 잊으려 해도 매일 밤 떠오르는 그 과거를 한유가 면전에서 거론한 것이었다. 10년이란 세월이 흘렀음에도 아들을 죽인 업보는 영조를 괴롭히고 있었다.

　"우리 아이들은 어진데 신하가 잘못을 바로잡지 못하여 이 지경에 이르게 되었다. 저가 비록 '홍봉한이 바친 물건'이라고 말했지만 이미 바친 후에 이 물건을 쓴 사람은 내가 아니었던가? 천하 후세에서 장차 나를 어떻게 생각하겠는가?"

이때 영조는 세손을 불러 "바깥의 알지 못하는 자들은 홍봉한이 나를 도운 것으로 여기겠지만 사실은 그렇지 않다"고 설명했다. 모두 자신이 종사를 생각하는 일념에서 단행한 거사라는 설명이었다.

한유를 사형시킨 영조는 다시 사도세자 사건을 제기하는 자는 이괄(李适)에게 시행했던 대역률을 시행할 것이라고 포고했다. 두 외척은 잇단 싸움 끝에 모두 상처를 입었다. 부홍파의 영수 홍봉한은 삭직당하고 공홍파의 맹장 한유는 사형 당했다. 외견상 공홍파의 상처가 더 큰 듯했지만 한유는 시골 유생일 뿐이었다. 영수가 삭직당한 부홍파가 더 큰 상처를 입은 셈이었다. 게다가 홍봉한의 적은 김귀주 일파뿐만이 아니었다. 홍봉한이 노론 당론을 버리고 시파로 전향하자 노론 청명당(淸名黨)도 홍봉한을 공격하는 공홍파에 가담했던 것이다. 이렇게 홍봉한이 궁지에 몰렸을 때 일어난 사건이 노론 청명당 사건이었다.

영조 48년(1772) 3월, 이조판서 정존겸(鄭存謙)과 이조참의 이명식(李命植)이 성균관 대사성 후보를 추천한 것이 노론 청명당 사건의 시작이었다. 1위 후보자인 1망(望), 2, 3위 후보자인 2망, 3망으로 분류해 세 명을 올리면 그중 한 사람을 임금이 낙점하는 것이 관례였는데 후보 중 한 명 정도는 처음 후보에 올리는 신통(新通)으로 채우게 마련이었다. 그러나 이조판서 정존겸과 참의 이명식이 천거한 조정(趙

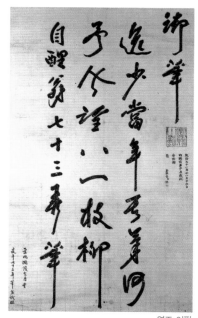

영조 어필

昷)·김종수(金鍾秀)·서명천(徐命天)은 모두 신통이었다. 게다가 세 사람 모두를 1위 후보자인 일망(一望)으로 올렸다. 더 큰 문제는 세 후보 모두 노론 청명당 소속이라는 점이었다.

이는 영조 때 인사 등용의 원칙인 쌍거호대(雙擧互對)를 무시한 행위였다. 소론 조현명(趙顯命)이 영조에게 건의한 쌍거호대는 3명을 추천할 때 각 당파를 고루 포함시키는 인사 추천 방식이었다. 판서가 노론이면 참판은 소론을 등용하는 식으로 한 관청 안에서 탕평을 이루기 위한 취지의 것이었다. 그러나 노론 청명당은 탕평책을 반대했다. 무조건적인 탕평은 의리에 어긋난다는 주장이었다. 자신의 당은 군자(君子)당이지만 다른 당은 소인당이니 군자당만으로 조정이 구성되어야 한다는 명분이었다.

영조는 이를 국왕의 인사권에 대한 도전으로 받아들였다. 영조는 이조판서 정존겸과 참의 이명식을 파직했다. 그리고 정존겸을 회양, 추천 대상자인 김종수를 기장으로 유배 보내 조정 내 노론 청명당을 무너뜨렸다. 이는 조정 내 공홍파의 한 축이 무너진 것을 의미했다. 그러자 다급해진 김귀주와 김관주가 일으킨 것이 '나삼·송다' 사건이었다. 김귀주와 김관주는 섣부른 공격으로 영조의 분노를 사 김귀주는 삭탈관직되고 김관주는 갑산으로 유배되었다. 이로써 전세는 역전되고 홍봉한이 다시 실권을 장악하게 되었다. 이런 상황에서 정조가 왕위에 올랐다.

재공격에 나선 김귀주

정조의 즉위는 외견상 김귀주 중심의 공홍파에게 불리해 보였다. 그러나 김귀주의 생각은 달랐다. 그는 정국이 자신에게 유리하게 흘러간다고 생각했다. 정조가 홍인한을 유배 보낸 후 사형까지 집행하자 자신감을 얻은 것이다. 게다가 정조는 김귀주를 한성부 우윤으로 삼았다. 홍인한이 사형당하고 홍봉한이 쫓겨 간 궁중의 빈 공간은 자신의 집안이 차지해야 한다고 김귀주는 생각했다.

그래서 김귀주는 정조 즉위년 9월 3일 다시 상소를 올려 포문을 열었다. 자신이 영조 48년(1772) '나삼'을 가지고 홍봉한을 공격하는 상소를 올린 것은 충심에서 나온 것이며 그 충심 때문에 '목욕재계하고 눈물을 흘리며 합문(閤門)에서 부르짖은' 것이라고 했다. 이 상소에서 김귀주는 자신과 영조와의 일화를 공개했다.

"옛날 마침 연석이 조용하자 선조(先朝: 영조)께서 '한(漢)나라 문제(文帝)가 두광국(竇廣國)을 등용하지 않은 것은 무엇 때문인가?' 하고 물으셨습니다."

문제의 황후 두(竇)씨의 동생이 두광국이고 오빠가 두장군(竇長君)인데 둘 다 가난하다가 황제의 외척이 되었지만 극도로 겸손해 겸양군자(謙讓君子)라고 불렸다. 그런데 문제는 이 형제를 등용하지 않았다는 일화였다.

"신이 '척리 중에는 어진 자가 적고 불초한 자가 많으니, 어진 자가 등용되지 못하는 것은 비록 애석하지만 후환은 없으나 불초한 자가 외척이란 구실로 등용되기를 도모한다면 국가의 피해가 한이 있겠습니까?' 하고 답하자 영조께서 웃으시면서 옳다고 하셨습니다."

김귀주의 상소에 정조는 단 한마디로 비답했다.

"말한 바가 지나치다."

영조까지 끌어들여서 자신을 합리화한 데 대한 꾸중이었다. 그러나 김귀주는 정조의 비답에 아랑곳하지 않았다. 여동생이 조정의 가장 웃어른인 정순왕후라는 점을 과신한 것이다. 김귀주의 이런 생각이 오산이라는 것이 밝혀지는 데는 오랜 시간이 필요하지 않았다.

　김귀주의 상소 일주일 후인 9월 9일 밤. 혜경궁의 환후가 위독하니 약방 삼제조(三提調)는 모두 입직하라는 명이 내려졌다. 당연히 백관도 모두 입궐해 문안해야 했다. 그러나 남촌에 살던 김귀주가 전갈을 받고 대궐에 도착했을 때 이미 때는 늦어 있었다. 그 직전 정조는 승지에게 문안한 신하들의 숫자와 명단을 물었는데, 김귀주의 이름은 없었던 것이다.

　"자궁(慈宮)의 환후를 알고도 모르는 체하였으니 아주 무상(無狀)한 일이다. 더구나 그의 처지에서 더욱 어찌 감히 이와 같이 한단 말인가?"

　정조는 불참자 명단에 오른 김귀주를 흑산도로 귀양 보냈다. 정조는 유배 이유를 신하들에게 하교했다.

　"나의 생각은 이 척리나 저 척리를 막론하고 조금도 사랑하거나 미워하지 않는다. 그래서 부추기거나 억누르지 않는다. 죄가 없다면 그와 함께 국가의 휴척(休戚)을 같이하여 함께 부귀를 누릴 것이요, 큰 죄가 있다면 엄중히 처단할 것이고 작은 죄라면 가볍게 감죄(勘罪)할 것이니 이것이 내가 평소에 지켜 온 바이다. 홍씨나 김씨는 모두가 자전(慈殿: 대비 김씨)과 자궁(慈宮: 혜경궁)의 사친(私親)이니 어찌 홍씨를 부추기고 김씨를 억누르겠으며, 김씨를 부추기고 홍씨를 억누르겠는가?"

　김귀주는 정조의 속뜻을 모르고 날뛰다가 제거된 셈이었다. 세손 시절부터 정조의 숙원사업은 외척 제거였다. 영조 때 성장한 척리들이 수많은 비극의 뿌리라고 정조는 늘 생각하고 있었다. 대표적인 것이 사도세자의 비극이었다. 정조는 척리에 대해 이렇게 말했다.

　"무릇 척리에 관계되면 이 척리이건 저 척리이건 막론하고 꺾어 눌러야 한다는 것이 곧 나의 고심(苦心)이다."(『일득록』 7)

　이런 고심이 홍봉한 일가에 이어 김귀주 일가까지 제거함으로써 일단 달성된 것이었다. 그러나 아직 김귀주의 여당(餘黨)이 남아 있었다. 김귀주의 사주를 받고 홍봉한을 공격하는 상소를 올린 동부승지 정이환이었다. 정조는 김귀주를 흑산도로 귀양 보낸 다음 날 정이환도 삭출했다.

"내가 정이환을 부른 것은 그가 폐기를 당한 지 여러 해인데도 홍인한 무리에게 들어가지 않았기 때문에 한번 임용하려 한 것이다. 그런데 어찌 김가(金家) 울타리 주변에서 배회하면서 김가의 말씨나 주워 모은다는 것인가? … 홍인한을 죽였는데 김귀주의 자취를 접하게 된다면 하나의 척리를 제거하고 다른 하나의 척리를 만드는 것이 아니겠는가? 이는 내 본의가 아니다. … 정이환이 빙자하여 온 것은 첫째도 김귀주이고 둘째도 김귀주이다."

김귀주와 그 일당 정이환까지 제거함으로써 두 외척 제거라는 정조의 오랜 꿈은 즉위 반 년 만에 달성된 셈이었다. 영조 38년 사도세자를 살해한 후 극도로 비대해진 외척 세력이 이렇게 일단 정리되는 듯 보였다. 그러나 이 역시 시작에 불과했다. 조선의 외척은 한 번의 공격으로 발본색원되기에는 그 뿌리가 너무 깊었다. 여전히 궁중 깊숙한 곳에 정순왕후와 혜경궁이라는 외척의 뿌리는 건재하고 있었으며 언제든지 세상 밖으로 나오려고 틈을 엿보고 있었다.

양사에서 여러 차례 홍낙임의 국문을 요청했으나 그 강도는 은전군 때처럼 강하지도,
집요하지도 않았다. 대신들도 정청하지는 않았다. 정조의 피줄인 은전군은 반드시 죽
여야 하지만 노론 일가인 홍낙임은 달랐던 것이다.

지붕 위의 자객

재위 1년(1777) 7월 28일.

깊은 밤이었으나 정조는 경희궁 존현각(尊賢閣)에서 책을 읽고 있었다. 정전(正殿)인 숭정전(崇政殿)의 오른편에 정조가 신료들을 접견하고 경연을 하는 홍정당(興政堂)이 있었고, 그 좌우에 존현각과 서음각이 있었다. 밤늦게 책을 보는 버릇은 세손 때부터 생긴 것이었다. 책을 좋아하기도 했지만 그보다는 살기 위한 생존 본능 때문이었다. 정조는 세손 시절에 대해 "옷을 벗지 못하고 자는 때가 또한 몇 달인지 알 수 없었다"(『정조실록』 즉위년 6월 23일)고 토로했을 정도로 생명의 위협을 느끼고 있었다. 대낮에 암살하기는 어렵기 때문에 암살 위협에 대처하는 가장 좋은 방법은 밤중에 깨어 있는 것이었다. 밤새 독서하는 오랜 버릇 때문에 즉위 후에도 정조는 밤늦게까지 독서를 하는 날이 많았다.

밤바람이 창문을 흔드는 여름밤, 모두가 잠들어 있을 그 시각에 보장문(寶章門) 동북 쪽 행랑채 지붕을 타고 빠르게 움직이는 물체가 있었다. 그 물체는 정확하게 존현각 지붕 위에서 발걸음을 멈추고는 기왓장을 조심스레 뜯었다. 정조는 평소의 바람소리와 다른 소리에 신경을 곤두세웠다. 방 안에는 정조 혼자뿐이었다. 호위 내관도 경호군사의 철야 근무 상태를 점검하러 나갔기 때문이었다. 설마 하는 생각이 들었다. 국왕의 침실을 침범할 간 큰 괴한이 있을 것인가. 그러나 지붕 위의 소리가 멈추지 않자 인적이 분명하다고 느낀 정조는 방어 자세를 취하며 소리를 질렀다.

"게 아무도 없느냐!"

정조의 고함소리에 내시들과 대궐문의 열쇠를 맡는 액정서(掖庭署)의 액예(掖隸)들이 몰려왔다.

"지붕 위에 괴한이 있다."

내시와 액예들이 지붕으로 올라가니 괴한은 사라지고 기와 조각과 자갈, 모래 등이 어지럽게 흩어져 있었다. 자객의 흔적이었다.

모두들 큰 충격을 받았다. 국왕 독살설은 여러 차례 있었지만 임금을 죽이려고 실제로 자객을 보냈다는 말은 들어 보지 못했다. 경종 때 자객을 보내 임금을 시해하려 했다는 대급수 사건에 대한 고변이 있었으나 이 역시 말만 있었을 뿐 실제로 일어난 일은 아니었다. 정조가 충격을 받은 것은 자객이 정확히 존현각 지붕 위로 올라왔기 때문이다. 궁내에 내통자가 없으면 수많은 전각 중에 임금이 자는 방을 알 수가 없을 것이었다. 다른 소리도 나왔다.

"도깨비의 소행 같습니다."

너무나 엄청난 일이기에 사람의 소행으로는 믿어지지 않을 만도 했다. 그러나 도승지 겸 금위대장(禁衛大將)인 홍국영은 달랐다.

"임금의 자리가 지척인 곳은 온갖 신령들이 가호하는데 어찌 망량(魍魎: 도깨비) 따위가 있겠습니까? 반드시 흉얼(凶孼)들이 화심을 품고 몰래 변란을 일으키려고 한 것입니다. 나는 새나 달리는 짐승이 아니라면 결코 궁궐 담장을 뛰어넘을 리가 없으니 즉각 대궐 안을 두루 수색하게 하소서."

정조는 급히 신전(信箭)을 쏘게 했다. 선전관이 각 영(營)에 비상 군령을 전할 때 사용하는 화살이었다. 숙위(宿衛) 군사가 모여 대궐 담장과 금중(禁中: 궁궐) 수색에 나섰다. 어두운 밤이었고 수풀이 무성해 수색이 쉽지 않았다. 샅샅이 뒤졌으나 범인은 오리무중이었다.

이튿날 새벽 정조는 소식을 듣고 달려온 대신들을 존현각 근처 흥정당에서 소견했다.

"날이 밝은 뒤에 다시 옥상을 조사하니 수십 닢의 돈이 흩어져 있었다.

인적이 틀림없다."

영의정 김상철(金商喆) 등이 아뢰었다.

"밤중에 금중에 변이 있었음을 듣고서 창황하게 나아 왔습니다. 성상께서 분부하시는 말씀을 자세히 받들고 나니 놀랐던 혼이 더욱 떨립니다. 도둑이 대내(大內: 대궐)에 들어온 것은 전고에 있지 않던 변인데다가 기와가 뒤집히고 모래가 흩어져 있는 것은 모두 남을 엿보는 흉계에서 나온 것으로서 마음과 뼈가 모두 서늘해집니다. 앞으로 닥쳐올 근심을 헤아릴 수 없는데, 이는 반드시 흉악한 역적들의 여얼(餘孽: 잔당)이 몰래 불궤(不軌)를 도모하고 있는 것이므로, 환란에 대비하는 방도를 세밀하게 세우지 않을 수 없습니다."

"흉얼들이 엿보는 짓으로 내 마음이 움직이지는 않겠지만 숙위(宿衛: 경호)가 어찌하여 이처럼 허술한가?"

즉각 정조에 대한 호위 강화 조치가 취해졌다. 먼저 위장(衛將)이 하룻밤에 다섯 교대로 순찰하던 옛 제도를 부활시켰다. 또한 대사헌 정창순(鄭昌順) 등의 요청에 따라 액예 중에서 근본이 불분명한 인물들을 교체했다. 내통을 막기 위한 것이었다. 대신들은 존현각이 너무 노출되어 침입하기 쉽다는 이유로 창덕궁(昌德宮)으로 거소를 옮기라고 주청했다. 정조 역시 몹시 놀랐으므로 예조에 길일을 잡아 옮기라고 윤허했다.

재위 1년(1777) 8월 6일 정조가 왕대비·혜경궁과 함께 창덕궁으로 이어한 것은 자객 사건의 여파였다. 다음 날 우포도대장 이주국(李柱國)을 구선복(具善復)으로 교체했다. 아직도 범인을 잡지 못했다는 문책 인사였다. 정조의 이어에 따라 경호 체계도 대폭 정비했다. 흥화문(興化門)의 군사 1백 명을 금호문(金虎門)으로 옮기고, 훈국(訓局) 출신 45인을 영숙문(永肅門)으로, 동영(東營)의 군사 50명을 집춘영(集春營)으로 옮기고, 창덕궁에서 산쪽으로 통하는 경추문(景秋門)부터 수축을 시작했다.

그러나 이런 소동은 아무 소용없었다. 경추문 수축을 시작한 다음 날인 11일 밤 다시 사건이 발생했기 때문이다. 경추문 수포군(守鋪軍) 김춘득(金春得)은 불과 17세의 소년 군사였다. 그가 김세징(金世徵) 등 나이 많은 동료군사들과 몸을 포개고 누워 있는데 누군가 나지막한 목소리로 2, 3차례 수포군을 불렀다. 김세징이 응하려고 하자 김춘득이 제지했다.

"부르는 음성이 이상하니 아직은 응하지 말고 동정을 살펴봅시다."

김춘득과 김세징이 엎드려 상황을 살펴보니 경추문 북쪽 담장을 넘으려는 괴한이 있었다. 김춘득과 김세징은 곁에서 자고 있는 수포군 김춘삼(金春三)·이복재(李福才)를 발로 툭툭 차서 깨웠다. 수포군 넷이 갑자기 추적하자 괴한은 달아나기 시작했다. 그러나 네 사람의 날랜 수포군을 당해낼 수는 없었다. 더구나 지금은 비상경계 중이었다. 체포된 괴한은 병조를 통해 포도청으로 넘겨졌고, 즉각 수사가 시작되었다.

포도청의 심문 결과 괴한은 원동(院洞) 임장(任掌)인 전흥문(田興文)으로 드러났다. 놀라운 사실은 그가 지난 달 28일 존현각 지붕에 올라갔던 범인이라는 점이었다. 더 놀라운 사실은 당시 호위(扈衛)군관 강용휘(姜龍輝)가 범인의 길 안내를 맡았다는 사실이었다. 국왕의 경호를 담당하는 호위청(扈衛廳) 소속 군관이 자객의 길 안내를 맡았던 것이다. 이는 궁중 세력이 깊숙이 결탁되었음을 뜻했다.

더 큰 배후가 있을 것이 분명했다. 정조가 친국하자 충격적인 배후가 드러났다. 바로 홍술해(洪述海)와 홍상범(洪相範) 부자였다. 이들은 사도세자를 죽음으로 몬 홍계희의 아들이자 손자였다. 홍술해는 황해도 관찰사로 재직 중 백성의 재산 4만 냥과 2천5백 석의 세금을 횡령한 혐의로 사형선고를 받았다가 정조의 감형으로 흑산도에 유배된 인물이었다. 그는 영조

41년(1765) 황해도 관찰사였을 때도 1만 4천 냥을 빼돌렸다가 암행어사 임희우(任希雨)에게 발각되어 파직되었던 탐관오리의 대명사였다. 또한 정조의 즉위 초 정사를 '비위에 거슬린다'는 등으로 비아냥대다가 귀양 간 홍지해와 형제이기도 했다.

    사촌 홍상간이 물고되고 부친과 그 형제들이 모두 유배되자 홍술해의

아들 홍상범은 비상한 수단을 강구했다. 홍계희의 아들이고 손자인 이상 정조 치세에서 미래는 없다고 생각했던 것이다. 결국 집안이 살려면 정조를 죽이는 수밖에 없다고 생각한 홍상범은 사사(死士)를 양성하기로 결심했다. 부친이 탐관(貪官)으로 모은 많은 재산이 사사 양성 자금으로 사용되었다.

경희궁 숭정전

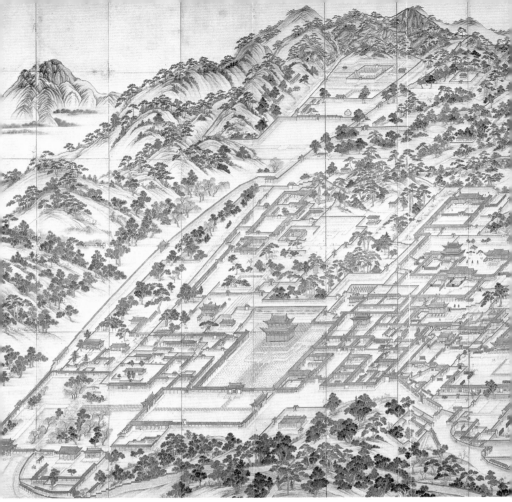

동궐도 고려대학교박물관 소장

　정조를 암살하려면 호위군관을 모집해야 했다. 호위군관이라고 무작정 모집해서는 안 되었다. 궁중에 많은 연줄을 대고 있는 인물이어야 했다. 홍상범이 강용휘를 선택한 것은 이 때문이었다. 강용휘의 조카 강계창(姜繼昌)은 대궐의 별감(別監)이었고 딸 강월혜(姜月惠)는 궁중 나인이었다. 조카와 딸이 궁중에 있는 강용휘는 궁중 내부에 동조자를 만들고 정보를 취득하기가 용이했다. 강용휘를 포섭한 홍상범이 물었다.

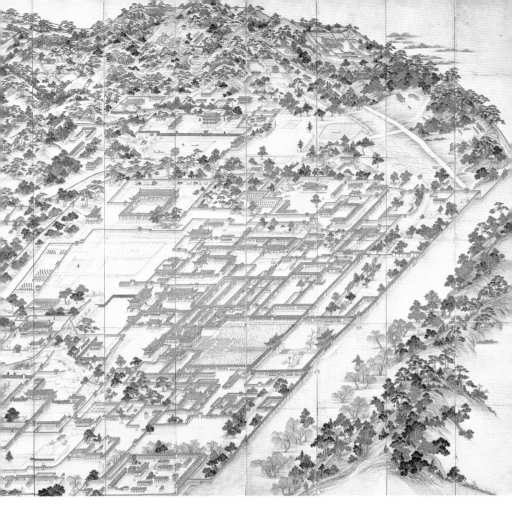

"자네와 마음을 같이하는 사람이 몇 명이나 되는가?"

"20인은 구할 수 있습니다."

홍상범은 강용휘가 불러 주는 호위군관 20명의 이름을 죽 써서 상자 속에 간수했다. 이후 강용휘는 선봉장으로 나섰다. 자객 전흥문을 포섭한 인물도 강용휘였다. 일단 체포되자 살길이 없다고 생각한 전흥문은 순순히 자백했다.

"저는 완력은 있었으나 가난했는데 강용휘가 돈 1천5백 문(文)을 주고 여종까지 아내로 주면서 함께 일을 하자고 요구하기에 승낙했습니다."

돈과 아내까지 주면서 꼬이니 안 넘어갈 재주가 없었다. 장가도 못 가고 늙어 죽느니 성공하면 공신(功臣)이 될 수 있는 일에 전흥문은 인생을 걸었다. 모의 장소는 홍상범이 살고 있는 홍대섭(洪大燮)의 집이었다. 전흥문은 홍대섭의 집에 김흥복(金興福)과 홍동지(洪同知)라는 인물도 있었다고 자백했으나 홍동지는 가명이기 때문에 누구인지는 알 수 없었다. 강용휘도 체포되자 순순히 자백했다. 목이 백 개라도 부족한 사건이었고 부인해 봐야 돌아올 것은 매밖에 없었기 때문이다. 전흥문과 강용휘는 존현각 위에 올라갔던 7월 28일 사건에 대해 자세히 설명했다.

이들이 7월 28일을 거사일로 삼았던 것은 임금이 거처하는 편전(便殿)의 정문인 차비문(差備門)의 직숙(直宿: 숙직)자가 강계창이었기 때문이다. 그날 강용휘와 전흥문은 대궐 밖의 개 잡는 집에서 개장국을 사 먹었다. 결전에 대비해 배를 채운 후 두 사람은 궐로 향했다. 강용휘가 호위군관이므로 전흥문도 궐내에 들어오기가 어렵지 않았다. 황혼 무렵 칼을 차고 전립(戰笠)을 쓴 전흥문이 대궐 내 강계창의 방을 찾아갔다.

"오늘 대궐 안에서 자고 싶은데 가능하겠소? 또 대전(大殿)의 차비문이 어디요?"

"차비문은 알아서 무엇 하려 하시오."

"큰일인데 어찌 경솔하게 누설할 수 있겠소? 나중에 저절로 알게 될 것이오."

"왜 칼을 차고 있소."

"존현각 위에 올라가려 하는데, 접근하는 자가 있으면 찌르려는 것이오. 차비문이 어디요?"

"망령된 말은 하지 마시오. 나까지 연루되어 처형되겠소."

"염려하지 마시오. 그대까지 연루되게 하지는 않겠소."

강계창은 이미 모의에 깊숙이 가담한 터였다. 전흥문이 실제로 거사할 의지가 있는지 시험해 보기 위해 일부러 던진 질문들이었다.

강계창은 현모문(顯謨門) 안쪽을 가리키며 말했다.

"저기가 대전의 차비문이오."

전흥문은 광달문(廣達門) 곁을 두루 돌면서 차비문을 여러 각도로 탐색했다. 잠시 후 강용휘가 허리 뒤에 철편(鐵鞭)을 끼고서 나타났다.

"월혜를 불러오게."

강월혜는 자신을 부른다는 소리에 오늘이 거사 날이라고 짐작했다. 하지만 부친을 말리지는 않았다. 그는 궁중 내에서 반 정조 쪽에 속한 궁녀였기 때문이다. 월혜가 거사 계획을 방주(房主)인 상궁 고수애(高秀愛)에게 전하자 고수애는 말리기는커녕 아주 기뻐했다. 그런 반응을 예상하고 월혜가 말했던 것이다. 고 상궁은 자신의 양녀이기도 한 복문 상궁(福文尙宮) 복빙(福氷)에게 이 소식을 전하며 성공을 기원했다. 고 상궁이 거사를 기뻐한 이유는 자신이 김귀주 집안의 사람, 즉 정순왕후 쪽 사람이었기 때문이다. 심지어 궁중의 청소부인 조라치(照羅赤) 황가(黃哥)도 이들과 함께했다. 위로는 정순왕후와 아래로는 궁중의 청소부까지 가담한 암살 시도가 실패할 리 없다고 이들은 확신했다.

강용휘는 강계창에게 재차 다짐받았다.

"만약 다급한 일이 생기면 나를 숨겨 주어야 한다."

날이 저물자 이들은 약방(藥房) 맞은편의 문안소(問安所)로 다가갔다. 강용휘가 어깨를 전흥문에게 내밀어 밟고 올라가게 했다. 전흥문은 손으로 강용휘를 끌어올렸다. 드디어 개국 이래 유례가 없는 국왕 암살 사건이 시작된 것이다. 홍상범과 김가(金哥)는 수문통(水門桶)에서 뒤를 밟아 가면서 사태의 추이를 주시했다. 강용휘의 계획은 존현각 지붕의 기왓장을 젖히고 안으로 들어가는 것이었다.

그러나 정조가 잠을 자지 않고 있었기 때문에 일이 틀어졌다. 갑자기 주위가 소란스러워지자 강용휘와 전흥문은 존현각에서 뛰어내렸다. 강용휘는 금천교(禁川橋)와 수문통을 거쳐 궐 밖으로 빠져나갔으나 전흥문은 보루각(報漏閣) 뒤의 풀 속에 엎드려 있었다. 엄중한 수색전이 전개되었으나 무성한 수풀이 그를 가려 주었다. 날이 샐 무렵 수색이 느슨해진 틈을 타서 전흥문은 홍원문(興元門)을 통해 빠져나갔다.

이튿날 강용휘와 전흥문은 다시 개장국집에서 만났다. 수문통으로 빠져나온 강용휘의 한쪽 발은 아직도 물에 젖어 있었다. 목이 열 개라도 부족할 사건을 저지르고도 강용휘는 태연했다.

"홍상범의 집에 다시 모여 일을 의논해야 할 것이다. 절대 비밀이 새어 나가서는 안 된다."

도성이 발칵 뒤집히고 정조까지 창덕궁으로 이어했으나 이들은 계획을 포기하지 않았다. 정조가 백 번 이어해도 아무 소용이 없었다. 호위군관과 내시, 궁녀들이 가담했기 때문에 경희궁이고 창덕궁이고 다 손바닥 안이었다. 그러나 이들의 포섭망에 걸리지 않은 열일곱 소년 김춘득 때문에 만사가 수포로 돌아간 것이다.

홍상범은 강용휘와 전흥문의 체포 소식에 급하게 몸을 숨겼다. 그는 전주에서 몰래 상경한 후 홍대섭과 홍신덕(洪信德)의 집을 번갈아 사용하며 숨어 지내다가 다시 자취를 감추었다. 그러나 의금부와 포도청이 사력을 다해 홍상범 체포에 나섰고, 광진(廣津) 나루터에 숨어 있던 그는 결국 의금부 도사(都事)에게 체포되고 말았다. 국문장에 끌려온 홍상범은 머리에

몽두(蒙頭: 죄인의 머리에 씌우는 수건)를 쓰고 국문을 받았다.

"강용휘와 전흥문을 아느냐?"

"알지 못합니다."

"강용휘와 전흥문을 불러오너라."

홍상범이 겁을 내며 말했다.

"몽두를 벗기지 말고, 먼저 두 사람에게 저의 생김새를 물어보기 바랍니다."

국청에서 굳이 그의 말을 따를 이유가 없었다. 몽두를 벗기고 강용휘와 대질시켰다. 홍상범은 손으로 얼굴을 가리고 한참 있다가 강용휘에게 물었다.

"네가 나를 아느냐?"

"내가 어찌 너를 알지 못하겠느냐? 너는 곧 홍 판서(洪判書: 홍지해)의 조카이다."

전흥문도 마찬가지로 홍상범을 안다고 시인했다.

"네가 홍술해의 아들이 아니냐? 그끄저께 네가 강용휘와 함께 원동(院洞) 홍대섭의 집에 모여 수박을 사다 먹을 때 너와 성이 같은 사람도 함께 있었다. 네가 바른대로 고하지 않는 것이냐?"

홍상범이 발뺌했다.

"내가 석 달 동안이나 서울에 들어오지 않았었으니, 네가 본 사람은 필시 나의 서제(庶弟)일 것이다."

전흥문이 답했다.

"나는 너의 서제는 알지 못하고 단지 너만 알고 있다."

강용휘와 전흥문이 모든 걸 자백한 판국에 홍상범과 홍대섭이 계속 발뺌할 수는 없었다. 국문 결과 홍상범과 그 부친 홍술해가 배후에서 조종했음이 명백해졌다. 홍술해의 종 최세복(崔世福)이 서울과 흑산도 유배지를 오가며 홍술해의 지시를 전달했다는 사실도 밝혀졌다.

저주하는 무녀

홍술해 집안은 모든 가능한 수단을 다 사용했다. 용하다고 소문난 무녀(巫女) 점방(占房)도 포섭된 인물이었다. 그녀는 남편 김흥조(金興祚)의 의사촌(義四寸)이었던 궁궐의 액예 김수대(金壽大)를 끌어들였다. 정조 1년 2월 김수대가 집을 사기 위해 김흥조의 집에 갔을 때 점방은 종기(腫氣) 때문에 앓아누워 있었다. 의술에 밝았던 김수대는 병을 진찰하고 나서 점방에게 어린 자식의 길흉(吉凶)에 대해 물었다. 그러나 점방의 대답은 의외였다.

"내가 지금 긴요하고도 시급한 일이 있으니 다음에 점을 쳐 주겠습니다."

"무슨 일이오."

점방은 비로소 홍술해라는 이름을 꺼냈다.

"홍술해 대감의 집에서 유배 간 대감이 풀려날 수 있겠는지를 물어 왔는데 점을 쳐 보니 아주 길했습니다. 만일 누가 중간에서 주선할 사람이 있다면 제게 묘수가 있습니다."

"무슨 묘수요?"

"홍술해 대감집에서 궁궐의 액속(掖屬: 대궐의 잡무 담당자)들과 결탁하라면서 먼저 돈 40냥을 보냈는데, 일이 성사되면 은자(銀子) 4백 냥으로 후하게 보답한다고 했습니다. 당신은 궁궐에 계시니 액속들과 길을 도모할 수 있지 않습니까?"

은자 4백 냥이라는 거금에 김수대의 마음이 움직였다. 이후 김수대는 시간이 있을 때마다 김흥조·점방 부부의 집에 들락거렸다. 어느 날엔가는 점방이 40냥을 주자 김흥조와 절반씩 나누어 갖기도 했다. 돈에는 대가가 있었다.

"궁금(宮禁: 대궐)에서 일을 주선할 때는 반드시 복심(腹心)인 사람을 대궐 안의 중요한 자리에 오래 있게 해야 성사할 수 있습니다."

홍술해의 복심을 대궐 안에 있게 해 달라는 뜻이었다. 대궐 안에 붙박아 두고 싶은 복심은 홍술해의 종 최세복이었다.

"최세복은 먼 유배지까지 오가며 심부름을 하고 있는데 항상 제 상전을 위해서 한번 죽으려는 마음을 먹고 있습니다."

점방의 계획은 최세복을 배설방(排設房) 고직(庫直: 창고지기)으로 삼는 것이었다. 배설방은 궁중에 의식이나 행사가 있을 때 각종 제구(諸具)를 설치하는 관청이었다. 배설방 고지기는 차비문 가까운 곳까지 드나들 수 있었다. 최세복은 완력도 갖췄고 검술까지 익힌 터였다. 배설방 고지기가 되면 먼저 도승지 홍국영을 제거하고 '감히 말할 수 없는 자리', 즉 정조까지 제거하려고 마음먹었다. 김수대는 대궐 별감인 사촌 김복상(金福尙)에게 배설방 고지기 자리를 주선해 달라고 부탁했다.

"만일 의열궁(義烈宮: 사도세자의 생모 영빈 이씨의 사당)의 차지(次知)나 중관(中官: 내시)에게 청탁하면 가능하다."

차지(次知)는 궁방의 일을 맡아 보는 사람인데 의열궁의 차지나 내시에게 부탁하면 최세복이 배설방 고지기가 될 수 있다는 것이었다. 그러나 때마침 의열궁 차지와 중관이 능소(陵所)에 가 있었기 때문에 김복상은 그들을 만날 수 없었다. 최세복이 배설방 고지기가 되었다면 정조로서는 더 큰 위기가 아닐 수 없었다. 바로 코앞에 자객이 들어앉는 것이기 때문이었다.

무녀 점방을 끌어들인 인물은 홍술해의 부인 이효임(李孝任)이었다. 이

효임은 홍술해가 귀양갈 때 부적(符籍)과 저주하는 물건을 베개 속에 몰래 넣어 보낼 정도로 무속을 신봉했다. 이효임은 여종 감정(甘丁)과 정이(貞伊)에게 55냥을 주어 점방의 집으로 보냈다. 점방과 남편 김흥조는 이 돈으로 제물(祭物)을 준비해 서울 북쪽 수유점(水踰店)으로 갔다. 수유점을 낀 북한산 산속으로 들어간 점방은 제상(祭床)에 밥과 떡, 과일과 나물을 갖추어 놓고 사방으로 절하면서 춤을 췄다. 정조와 홍국영을 저주하는 굿이었다. 굿을 마치고 돌아오는 길에 김흥조가 감정에게 돈이 더 필요하다고 말했다.

"재물을 더 많이 쓸 수 있다면 너의 상전이 풀려 돌아오게 할 수 있을 것이다."

감정은 이효임에게 김흥조의 말을 전했다. 이효임은 정조와 홍국영을 제거할 수 있다는 말에 돈 40냥과 면주(綿紬) 1필, 관복(冠服) 1벌을 다시 무녀 점방에게 건넸다. 이른바 저주 비용이었다.

점방은 동·서·남·북의 우물과 가운데를 뜻하는 오방(伍方)의 우물물을 길었다. 그리고 홍국영의 집 우물물을 구해 홍술해의 집 우물물과 섞어 한 그릇으로 만든 다음 홍술해의 집 우물에 쏟았다. 점방은 또 진사(辰砂)라고도 불리는 붉은 안료 주사(朱砂)로 화상(畵像) 둘을 그렸다. 하나는 홍국영이고 또 하나는 모성 양반(某姓兩班), 즉 정조였다. 이들은 대화 중에 정조를 언급해야 할 때는 '모성 양반'이라고 지칭하면서 음모를 꾸몄다. 두 화상을 쑥대 화살에 얽어맨 점방은 초교(草轎)를 타고 홍술해의 집으로 가 이효임에게 전달했다.

"이것을 동쪽과 서쪽으로 나누어 묻어야 합니다."

효임은 두 화상을 자세히 들여다본 후 점방에게 돌려주면서 묻으라고 지시했다. 점방은 곧 하나는 홍국영의 집 앞길에 묻고 다른 하나는 집 뒤에 묻었다. 또 활과 화살을 만들어 공중을 향해 쏘았다.

"이것은 반드시 죽는 사람의 법이다[此是必死人之法也]."

점방은 또 부적에 주문을 써서 남편 김흥조에게 건넸다.

"이것을 홍국영의 집 문 앞길에 묻으세요. 반드시 죽게 될 것입니다."

그러나 현실 세계에서 이런 방법이 통할 리가 없었다. 공을 들인 주술이 아무런 효험을 보지 못하는 상황에서 강용휘의 궁궐 난입 사건이 발생했고, 수사 도중 주술 사건도 함께 발각되고 말았다.

은전군 연루되다

전홍문이 홍대섭의 집에서 만났다는 홍동지는 홍지해의 친족 홍필해(洪弼海)였다. 수사가 시작되자 자취를 감춘 그는 남대문 아래 청파(青坡)에 숨어 있었다. 그를 체포한 것은 천경군(踐更軍)이었다. 군사로 징발된 이가 자기 대신 사서 보낸 사람들로 구성된 군사가 천경군이었다. 체포된 홍필해는 자신은 아무 연관이 없지만 모의 내용은 잘 알고 있었다면서 새로운 사실을 자백했다.

"저는 무과 출신으로 홍상간의 집에서 먹고 지냈었는데, 작년에 홍상간이 죽은 후 홍상범과 홍상길(洪相吉) 등이 항상 국가를 원망하는 마음을 품고 언제나 '기필코 원수를 갚고 싶다'고 말하는 것을 보았습니다."

홍상길이란 이름이 새롭게 등장한 것이었다. 홍상길은 홍상범의 사촌으로 홍염해(洪念海)의 아들이었다. 홍상길이 중요한 것은 그가 예문관 청지기(廳直) 이기동(李奇同)과 관련이 있기 때문이었다. 이기동은 홍인한의 여당(餘黨)이자 홍상간의 겸종(傔從: 시중 드는 사람)이었는데, 궁인(宮人) 중에 친척이 많았다. 이 과정에서 새로운 암살 계획이 드러났다. 이기동의 친척 나인을 시켜 한밤중에 정조의 침실에 들어가 살해하려 한 계획이었다. 홍필해는 홍상길과 대질시키자 이런 계획을 털어놓으며 홍상길을 다그쳤다.

"네가 어찌 감히 발명(發明)할 수 있겠느냐?"

전모를 아는 홍필해가 시인하는 바람에 홍상길도 더 이상 부인할 수 없었다. 홍상길이 시인하자 곧 전모를 캐는 국문에 들어갔다.

"너와 결탁한 사람이 누구냐?"

"이기동의 족친 나인(內人)입니다."

"그 궁인이 누구냐?"

"이기동의 사촌인데, 수진동(壽進洞)에 살고 있습니다."

그는 궁비(宮婢) 이영단(李永丹)이었다. 그러나 일개 궁비가 밤중에 임금의 침실에 잠입해 암살을 시도한다는 것은 아무래도 무리한 일이었다. 그래서 국청은 다시 물었다.

"유독 나인만이 아니고 반드시 중관(中官)도 결탁되었을 것이다. 바른대로 고하라."

홍상길이 대답했다.

"신은 계동(桂洞)에 사는데 저의 집 건너편에 사는 안국래(安國來)가 관련되었습니다."

국왕의 호위군관부터 궁중의 액예와 나인에 내시까지, 임금을 보호해야 하는 모든 직책의 궁인들이 연루된 것이었다. 이런 상황에서 암살을 모면한 것 자체가 천운이었다. 또한 홍상길은 자신과 홍상범 사이에 역할 분담이 있었던 점도 시인했다. 강용휘와 전흥문을 궁중에 침투시킨 것은 홍상범이지만 홍술해의 종 최세복을 배설방 고지기로 들여보내 정조를 암살하려 한 것은 자신이라고 자백한 것이다. 무슨 수를 쓰든지 정조만 암살하면

살 수 있다고 믿었던 것은 정조 사후 체제에 대한 계획이 있었기 때문이었다. 국청에서는 바로 그 부분을 물고 들어갔다.

"네가 성궁(聖躬: 임금)을 모해하고서 그 뒷일을 어떻게 감당하려 한 것이냐?"

"종친 중에 현명한 분을 가리기로 했습니다."

"그가 누구냐?"

"삼왕손(三王孫)께서 어질다는 명망이 있으므로 추대하려고 했습니다."

'삼왕손.'

사도세자의 세 서자인 은신군(恩信君) 이진(李禛), 은언군(恩彦君) 이인(李祠), 은전군(恩全君) 이찬(李禶)을 가리키는 말이었다. 즉 사도세자의 서자를 임금으로 추대하려 했다는 뜻이었다. '삼왕손'이란 말이 나오면서 정국은 다른 방향으로 흘러가기 시작했다.

"추대 모의는 누구와 함께 했느냐?"

"홍계능(洪啓能)이 가장 먼저 이런 모의를 했습니다. 3, 4월 무렵에 홍계능이 아들 홍신해(洪信海), 조카 홍이해(洪履海)와 함께 저에게 와서, '금상은 국정(國政)을 잘못한 것이 많으니 다른 왕손을 추대하지 않을 수 없다. 인조반정처럼 해야 한다'고 말했습니다."

삼왕손 중 홍계능 일파가 추대하려 했다는 인물은 은전군 이찬이었다. 홍계능은 10년쯤 경영해야 반정이 가능하다며 구체적 계획까지 세웠는데, 전 승지 홍낙임(洪樂任) 등을 대장으로, 전 대사간 이택수(李澤遂)를 감사(監司)로, 전 부사(府使) 구익원(具翼遠)을 병사(兵使)로 삼아 군권을 장악한 다음 반정을 일으켜 정조를 내쫓고 은전군을 추대하겠다는 계획이었다. 홍낙임은 혜경궁 홍씨의 동생이고 이택수는 홍봉한의 생질이니 홍술해 집안뿐만 아니라 정조의 외가가 깊숙이 개입된 역모였다. 게다가 홍인한의 여당으로 몰려 귀양 간 윤태연(尹泰淵)은 다시 잡혀 와 친국을 받자 홍봉한의 지시를 받았다고 자백했다.

홍계희 가문과 홍봉한 가문에서 온갖 방법을 통해 정조를 암살하려 했다는 증거가 속속 나오자 노론은 위기의식을 느꼈다. 노론이 정조를 임금으로 여기지 않는다는 증거가 명확해진 것이다. 정조가 이를 빌미로 노론 전체를 적당으로 몰지도 모르는 상황이었다. 수세에 몰려 있던 노론은 은전군 이찬이 추대 받았다는 자백이 나오자 환호했다. 은전군은 정국 전환의 계기로 삼기에 적격인 인물이었다. 대신·삼사·승지·장신(將臣)과 시위(侍衛)하는 여러 신하들이 일제히 앞으로 나가 아뢰었다.

"소굴이 이제 부서졌고 근본 또한 다 드러났습니다. 근본이 된 것은 이찬(李襸: 은전군)인데, 이찬이란 이름이 이미 홍상길의 공초(供招)에 나왔으니 이는 단지 전하의 죄인일 뿐만 아니라 곧 종사의 죄인입니다. 단지 종사의 죄인일 뿐만 아니라 또한 천하 만세의 죄인입니다. 오늘날 전하의 조정에 북면(北面)하고 있는 사람들이 어찌 차마 이 역적과 한 하늘 아래 함께 있을 수 있겠습니까? … 삼가 바라건대, 시급히 왕부(王府: 의금부)에 명하여 바로 잡아 오게 하소서."

은전군은 정조의 이복동생이었다. 홍상길이 추대하기로 했다고 말했을 뿐 그가 추대에 동의했다거나 이들과 만나 모의했다는 흔적은 전혀 없었다. 그러나 신하들은 일제히 은전군의 처벌을 주장하고 나왔다. 동생에 대한 처벌을 주장함으로써 정조의 공격을 막고 국면을 전환하려 한 것이다.

정조가 만류했으나 신하들은 듣지 않았다. 이들은 정조를 쫓아다니며 은전군을 죽여야 한다고 주장했다. 정조가 국청 도중 쉬는 천막인 소차(小次)로 들어갔다가 다시 대내(大內)의 막사인 악차(幄次)로 들어갔을 때도 물러가지 않고 합문(閤門) 밖에 엎드려 청대했다. 급기야 합문을 열어 제치고 임금의 막사인 악차 앞까지 다가와 일제히 소리를 질렀다.

"오늘날의 국가 사세는 위태하게 되었는데, 전하께서는 일신의 사정 때문에 종사의 막중함을 생각하시지 않을 수 있겠습니까? 이름이 추대 속에 들어 있고도 머리를 보존한 경우는 고금(古今)에 찾아보아도 결단코 없습니다. 이 역적을 한 시각이라도 숨을 쉬며 살아 있게 한다면 한 시각 동안 나라가 나라꼴이 아닌 것이고, 하루를 살아 있게 한다면 하루 동안 나라꼴이 될 수 없는 것입니다. 신들은 죽음이 있을 뿐이니, 소청대로 되지 않으면 감히 물러갈 수 없습니다."

이런 식으로 따지면 상궁 고수애는 정순왕후 쪽 사람이니 정순왕후도 연루되어야 마땅했지만 아무도 그런 말은 하지 않았다. 오직 정조를 압박하기 위해서 은전군만 공격하는 것이었다. 급기야 정조는 눈물까지 흘리며 달랬다.

"경(卿)들이 어찌 나의 마음을 이토록 슬프게 하는가?"

정조는 내시에게 휘장을 내리라고 명했다. 그러나 제신들이 내시를 제지해 내릴 수 없었다. 군주 암살 기도 정국이 은전군 사형 주청 정국으로 바뀐 것이었다. 제신들은 아침부터 포시(晡時: 오후 3~4시)까지 물러가지 않고 은전군을 죽여야 한다고 간쟁했다. 정조가 거부하자 대신들은 승지에게 탑교(榻敎: 임금의 명령서)를 쓰라고 명령했다. 임금의 명이 없는데도 임금의 명을 쓰라고 대신 명령하는 것이었다. 승지들이 대신들의 말을 듣고 은전군을 잡아 가두라는 탑교를 쓰자 정조는 다급하게 찢어 버리라고 명했다. 그러나 삼사의 여러 신하들이 제지하고 나섰다.

"오늘날 신자인 사람이 누가 감히 이 종이를 찢어 버릴 수 있겠습니까?"

정조의 명이 없었음에도 이들은 의금부 도사를 보내 은전군을 잡아다 의금부 옥에 가두었다. 임금의 명령서가 마음대로 제작되고 집행된 것이었다.

영의정 김상철 등이 백관을 거느리고 정청했다.

　"죄인 이찬이 한 시각이라도 천지 사이에 살아 있을 수 없는 상황은 이미 작금(昨今)의 계주(啓奏)에 다 말씀드렸습니다. … 삼가 바라건대 성명께서 조용하게 깊이 생각해 보시고서, 죄인 이찬의 정법(正法: 사형)을 시급히 윤허하셔서 종사와 신인(神人)의 소망에 부응해 주소서."

　은전군의 이름이 나온 것을 계기로 정국의 주도권은 다시 노론에게 돌아갔다. 정조는 은전군 때문에 수세에 몰릴 수밖에 없었다.

　"왕법(王法)에 걸리면 비록 왕부(王府: 의금부)에 두기는 하지마는, 어린 아이가 어찌 알겠는가? 어려운 고초를 상상하면 눈물이 넘쳐 내 마음을 어떻게 할 수가 없고, 소식을 물을 수 없어 안부도 들을 수 없다. 옥문을 맡은 신하로 하여금 모든 범절들에 있어 따로 더 마음을 쓰게 하라."

　그러나 제신들은 다른 모든 일을 제쳐 놓고 은전군의 사형만을 요구했다. 영의정이 백관을 거느리고 전교를 기다리는 정청(庭請)을 무려 44번이나 했으며, 삼사에서는 62번이나 사형을 주청했다. 심지어 정조가 승여(乘輿)를 타고 궁궐을 도는데 제신들이 따라 걸으며, "신들이 죽는다 하더라도 감히 물러가지 못하겠습니다"라고 외쳤다. 정조는 은전군을 살리려는 결심이 굳음을 여러 차례 강조했으나 신하들은 물러서지 않았다.

　"전하께서 어찌 이런 분부를 하시는 것입니까? 비록 신들이 이날로 베임을 받게 된다 하더라도 감히 그대로 받들지 못하겠습니다."

　이런 상황에서 판의금부사 정홍순(鄭弘淳) 등이 의금부 아전의 말을 전하면서 사태는 악화되었다.

　"이찬을 잡아다 가두었으나 죽을 뜻이 없을 뿐만 아니라 음식을 배불리 먹으려 하고, 의복도 따습게 입으려 하면서 으르렁거리고 공갈했으며, 심지어 자신은 반드시 살아 나와 다시 하늘의 해를 보게 된다고 했다고 합니다."

이 말을 들은 제신들은 한소리로 외쳤다.

"이미 신자(臣子)의 분의가 없는 것입니다. 죽여야 하옵니다."

정조가 다시 말렸다.

"그의 사람됨이 본시 경박하여 망발하는 말이 많았다. 따습게 입고 배불리 먹기를 구하는 것은 죽게 된 속에서 살기를 구하는 것에 지나지 않을 뿐이다."

정조는 대신과 의금부 당상에게 의금부에 나가 타이르고 오라고 명했다. 대신들은 의금부 뜰에 이찬을 끌어내 무릎 꿇렸다.

"네가 역적들에게 추대 받았으니 만에 하나라도 살게 될 리가 없고, 비록 임금께서 차마 너를 죽는 곳에 두지 못하시지만, 네가 만약 신절(臣節)이 있는 사람이라면 어찌 하루라도 살아 있을 수 있겠는가?"

자결하라는 말이었으나 은전군은 자결을 거부했다. 대신들이 다시 청대해서 말했다.

"바로 이것이 신절이 없는 짓입니다. 청컨대, 사사하소서."

대신들은 다시 승지에게 자진(自盡: 자살)하라는 탑교를 쓰라고 명했다. 이렇게 다시 정조의 명이 없는 가운데 자살하라는 전지가 작성되었다. 정조는 눈물만 흘리고 있을 수밖에 없었다.

정조 1년 9월 24일. 사도세자의 다른 아들 은전군 이찬은 이렇게 세상을 떠나갔다. 불과 17세의 나이였다.

은전군의 자결 소식을 들은 정조는 슬픔에 싸여 정사를 폐지했다. 예조에게 부조를 하고 장례 절차를 돕게 했다. 그러자 삼사가 명령의 취소를 요청했다.

"그대들이 어찌 차마 사은(私恩)을 조금 베푸는 것까지 또 쟁집(爭執)하려 드는가."

이들로부터 대장으로 추천 받았다는 혜경궁의 동생 홍낙임 문제도 처리
해야 했는데, 은전군과 비교하면 처리 방식이 크게 달랐다. 양사에서 여러
차례 홍낙임의 국문을 요청했으나 그 강도는 은전군 때처럼 강하지도, 집
요하지도 않았다. 대신들도 정청하지는 않았다. 정조의 핏줄인 은전군은
반드시 죽여야 하지만 노론 일가인 홍낙임은 달랐던 것이다. 정조가 홍낙
임을 국문한 것은 은전군이 사사된 후 5개월이나 지난 재위 2년(1778) 2월
21일이었다. 금부도사가 홍낙임을 체포해 오자 정조는 숙장문(肅章門)에
나가 대신들에게 말했다.

"이번 거조(擧措)는 부득이한 것이지만 혜경궁께서 어떻게 생각하시겠느
냐? 한번 물어보지 않을 수 없는데도 차마 못하는 마음이 있어서 지금까지
실현하지 못했었다."

정조의 자리에서는 저주받아 마땅한 외가였다. 자신을 시해하려는 모든
사건마다 빠지지 않는 외가였다. 그러나 정조는 혜경궁 홍씨에게 말해 동
생의 국문을 허락받아야 했다. 끝내 모르는 체하던 혜경궁은 정조가 국문
해야 하겠다고 말하자 할 수 없이 승낙했다. 그리고 혜경궁은 정조로부터
선처 다짐을 받아두었다.

"홍낙임은 홍인한 · 정후겸 같은 적들과는 처지가 크게 다르다. 천리를
따져 보고 인정을 참조해 보더라도 결단코 그럴 리가 없다."

영의정 김상철 등이 말했다.

"그의 처지로 보더라도 이런 이치는 없을 듯싶습니다. 오늘 친히 국문해
보시면 그 진위를 결정할 수 있을 것입니다."

은전군은 이름이 나온 것만으로도 죽여야 한다고 주청하던 영의정의 입
에서 나온 말치고는 온건한 것이었다. 정조는 이때 봉조하 홍봉한의 처신

에 대해 물었다.

"봉조하도 도성으로 들어와 대명하고 있다고 하지 않느냐?"

도승지 홍국영이 답했다.

"금부도사가 말하기를 봉조하 그의 아들을 따라 달려왔지만 미처 도성에 들어오지는 못했다고 했습니다."

외삼촌 홍낙임을 잡아들인 정조는 눈물을 씻으며 말했다.

"이 무슨 일인가? 참혹하여 차마 보지 못하겠다. 문사랑(問事郞)은 내려가서 먼저 이런 뜻을 말해 주라."

국왕의 친국(親鞫)에서는 임금이 물으면 문사랑이 죄인에게 말을 전하고, 다시 죄인의 답변을 임금에게 아뢰는 것이 법도였다. 문사랑 심풍지(沈豊之)가 돌아와서 아뢰었다.

"죄인이 '불초(不肖)하고 무상(無狀)한 이 몸은 만 번 죽어도 애석하지 않다'고 말했습니다."

홍낙임의 혐의는 두 가지였다. 하나는 심상운을 시켜 세손 대리청정을 방해하는 상소를 올리게 했는가 하는 것이었고 다른 하나는 은전군 추대 사건에 연루되었는가 하는 것이었다. 정조는 홍낙임에게 물었다.

"너는 왕실의 구친(舅親: 외가)으로 가문이 대대로 받은 은덕이 이미 망극한데도 무슨 억하심정으로 패악한 숙부(叔父: 홍인한)와 함께 요악한 심상운을 부추기는 짓을 하다가 국정의 공초(供招)에까지 오르게 되었느냐? 그 죄는 여러 다른 사람에 비해 더욱 만 번 죽어도 합당하다. 홍상길의 무리는 더없이 음흉하고 극도로 악독한 흉계를 꾸미어 비수를 끼고 임금을 침범하고 추대까지 모의했는데, 너의 이름이 또 이들의 공초에 나왔으니, 돌아보건대 그 죄가 어떻겠느냐? 국가에서 그 즉시 국문해야 함을 알지 못한 것은 아니지만 이토록 감추고 참은 것은 또한 뜻이 있기 때문이니 감추지 말고 사실대로 정직하게 말하라."

홍낙임이 공술했다.

"신의 일루(一縷)의 목숨이 끊어지기 전에 이처럼 하문하시니 성은이 망극한데 어찌 감히 다 털어 고하지 않겠습니까? 신의 부자는 자신들의 죽음을 구제하기에도 부족하여 조정의 모든 일은 당초부터 감히 듣지 못했습니다."

홍낙임은 심상운을 사주해서 상소를 올리게 했다는 혐의에 대해 말했다.

"신의 두 형이 정후겸과 원수처럼 틈이 벌어졌기에 신이 부득이 정후겸을 만나러 갔는데, 역적 심상운이 그 자리에 있어서 함께 대화하게 되었습니다. 이때부터 역적 심상운이 자주 찾아오게 되었고, 신도 또한 역적 심상운이 정후겸과 친근하기 때문에 좋게 대우해 왔었습니다. 을미년(영조 51년) 과거에 탁명(坼名: 급제)한 뒤에 역적 심상운이 갑자기 와서 신을 보았는데, 그 자리에 마침 손님이 있자, 심상운이 처음에는 머뭇거리다가 일어나서는 창문 밖에서 소매 속의 간지 한 장을 꺼내 보여 주었는데 모두 쓸데없는 소리로서 사사로운 정으로 당을 편드는 것이었기에 신이, '자네의 처지에서 감히 남을 논박하는 짓을 할 수 있느냐?'라고 책망했더니, 역적 심상운이 신을 노려보다가 갔습니다."

홍낙임은 자신이 심상운을 사주하기는커녕 심상운의 상소가 흉악한 내용인 것을 알고 윤양후(尹養厚)에게 심상운을 잡아다 국문할 것을 요청하는 편지를 썼다고 주장했다. 이 일은 윤양후의 형 윤상후(尹象厚)도 알고 있다는 주장이었다.

"신이 심상운의 서찰을 뒷날에 증거 자료로 삼으려고 주머니 속에 깊이 간직하고서 오늘날에 이르렀는데, 종이가 모두 닳아서 털이 생겨나 있습니다. 만일에 하람(下覽)하신다면 단번에 결판내실 수 있을 것입니다."

"네가 윤상후와 대질해도 굴하지 않을 수 있겠느냐?"

"대질해도 굴하지 않을 것을 기필합니다."

이렇게 자신한 홍낙임은 자신을 역모군의 대장으로 삼았다는 홍상길에 대해서 설명했다.

"홍상길은 신이 당초부터 면목도 알지 못하는 사람이고, 홍계능의 집에도 또한 오간 적이 없는데 어떻게 그 무리들의 흉악한 음모에 참여했겠습니까? 신의 숙부(홍인한)가 복법(伏法)된 뒤부터 흉도들이 신의 가문을 폐족(廢族)으로 여겨서 흉참(凶慘)한 일에 신의 집을 끌어들이려고 했습니다. 신의 부자가 만일 조금이라도 국가에 불충한 짓이 있었다면, 만 번 죽더라도 애석할 것이 없습니다. 무슨 억하심정으로 홍상길의 흉참한 모의에 참석하겠습니까?"

홍낙임은 모든 혐의를 부인했다.

"신이 두 가지의 큰 죄가 있습니다. 하나는 심상운과 서로 친하게 된 일이고, 하나는 신이 불행하게도 폐족이 되어 역적 홍상길의 공초에 오르게 된 일인데, 이는 모두 신의 죄입니다. … 전하께서는 신에게 천지이시고 신에게 부모이십니다. 신이 지금까지 살아 있는 것은 모두 전하의 은덕인데, 지금 어찌 감히 조금이라도 속이고 감추겠습니까?"

공술이 끝나자, 정조는 영의정 김상철을 돌아보고 말했다.

"공술한 한 마디 한 마디 말이 모두 조리가 있다. 살아 있는 윤상후로 증거를 댔고, 그 다음 것도 모두 근거가 있어서 딴 뜻이 없으니 이제 다시 국문할 것이 없다."

김상철이 답했다.

"공술한 말이 모두 조리가 있고, 또 살아 있는 윤상후를 끌어들인 것도 역시 증거로 삼기 족합니다."

증거가 없기는 은전군도 마찬가지였으나 그때와는 딴판이었다. 정조는 삼사와 여러 신하들을 탑전(榻前)으로 다가오도록 명하여 눈물을 흘리며 하교했다.

"내가 외로운 여생을 의지하는 것은 오직 자궁(慈宮)이신데, 지난해 가을 이후부터는 자궁께서 음식을 전부 물리치고 눈물로 날을 보내시면서, 항시 봉조하(홍봉한)의 생전에 면결(面訣: 만나는 것)하지 못하는 것을 지극히 애통하게 여기셨다. 매양 이런 분부를 받들게 될 적마다 나의 마음이 마땅히 어떠했겠는가? ⋯ 오늘 부득이하여 이번의 거조(擧措)가 있은 것인데, 공술하는 말이 모두 명백한 것이어서 다시 물어야 할 단서가 없어졌으므로 장차 특별히 석방하여야 하겠다. 이 뒤로부터는 자궁께서도 다시 봉조하를 볼 날이 있게 되었고 나도 또한 자궁을 뵐 낯이 있게 되었으니, 오늘의 처분은 진실로 천리가 인정에 맞게 되었다고 할 수 있다."

정조는 홍낙임을 특별히 석방하라고 전교했다. 혜경궁 홍씨는 홍상길의 공초에 홍낙임의 이름이 오르자 식음을 전폐하고 눈물을 흘리는 방법으로 정조를 압박했고, 그것이 성공한 셈이었다. 정조는 홍국영에게 물었다.

"봉조하가 들어왔느냐?"

"바야흐로 대궐 아래서 대명하고 있다 합니다."

"사관을 보내 봉조하에게 혜경궁께 입대하도록 유시하라."

홍봉한을 만난 사관이 돌아와서 아뢰었다.

"봉조하가, '신의 자식이 특별히 석방되었음은 진실로 하늘 같은 성상의 은덕에서 나온 것이기에 한없이 황송하고 감격스러워 주달할 바를 알지 못하겠습니다. 다만 신의 처지가 다시 수문(脩門: 대궐문)에 들어갈 수 없어 사관이 와서 소명을 전하는데도 나갈 수 없으니 더욱 송구하고 위축되는 마음이 간절해집니다'라고 말했습니다."

사관을 두세 차례 더 보냈는데도 홍봉한이 입궐을 거부하자 정조가 화를 냈다.

"만일에 경(卿)이 들어오지 않는다면, 내가 직접 가서 함께 들어오겠다. 이렇게 하면 신하인 경의 분수에 편안하겠는가?"

그제야 홍봉한이 입시했다. 부친을 죽이는 데 가담한 외할아버지의 손을 잡고 정조가 눈물을 흘렸다.

"경의 가문의 불행은 다시 말한들 무엇 하겠는가? 오늘 경을 보니 나의 감회를 억제할 수 없다."

홍봉한도 눈물만 흘릴 뿐이었다. 국왕인 외손자와 기쁨을 함께할 수 없는 외조부의 비극이었다. 외손자의 비극이기도 했다.

자객을 동원해 정조를 시해하려 하고, 주술로 저주해 죽이려 하고, 반정으로 내쫓은 후 은전군을 추대하려 한 이 세 사건을 3대 모역사건이라고 한다. 그 와중에 정조의 혈육인 은전군은 죽었으나 노론 세력인 홍낙임은 살았다. 군약신강(君弱臣强)의 나라 조선 왕실의 비극이었다.

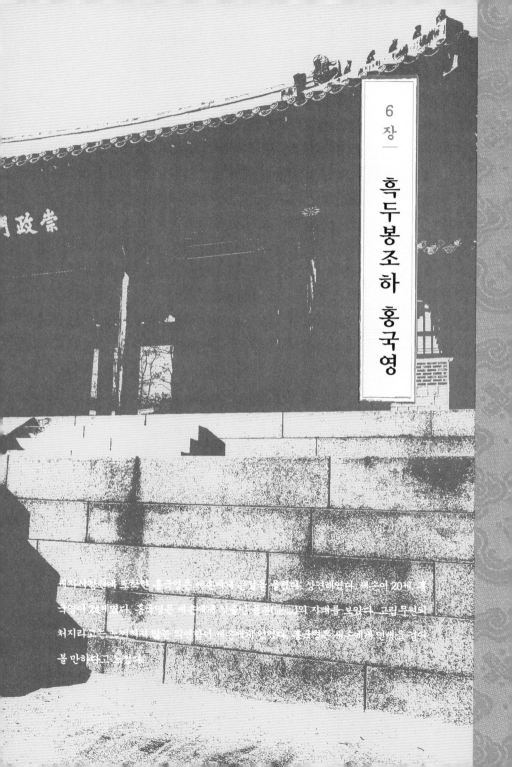

6
장

흑두봉조하 홍국영

새시서정원에 특직한 홍국영은 세손에게 충성을 올리며 상감해였다. 세손이 20세. 홍국영이 28세였다. 홍국영은 세손에게 절대적 충성(□□□의 자세를 보였다. 그럼 무원의 처지라고는 논여지지 않는 의연함이 세손에게 안았다. 홍국영은 세손에게 인생을 걸어 볼 만하다고 느꼈다.

홍국영과 정조의 첫 만남

영조 48년(1772. 임진년) 9월 26일.

홍국영은 세자시강원으로 향했다. 그해 치러진 정시문과에서 병과(丙科)로 급제한 홍국영은 승문원 부정자(副正字)를 거쳐 세자시강원 설서(設書)로 임명받았다. 종9품 부정자(副正字)에서 몇 달 만에 정7품 설서 자리에 올랐으니 빠른 승진이었다. 세자시강원에 도착한 홍국영은 세손에게 큰절을 올렸다. 상견례였다. 세손이 20세, 홍국영이 24세였다.

홍국영은 세손에게 깃들인 용봉(龍鳳)의 자태를 보았다. 고립무원의 처지라고는 느껴지지 않는 의연함이 세손에게 있었다. 홍국영은 세손에게 인생을 걸어 볼 만하다고 느꼈다.

홍국영은 조정 동태에 민감했다. 그의 7대조가 선조(宣祖)와 인목왕후 사이에서 난 정명(貞明)공주의 남편 영안위(永安尉) 홍주원(洪柱元)이었다. 광해군 때 비명에 죽은 영창대군의 자형(姊兄)이었다. 현재도 홍국영 집안은 먼 외척이었다. 홍봉한·인한 형제가 홍국영의 10촌 할아버지였다. 또한 정순왕후 김씨의 8촌형제인 김면주(金勉柱)의 어머니가 홍국영의 5촌 당고모(堂姑母)였다. 정순왕후의 총애를 받는 김관주(金觀柱)와는 4촌이었다. 김관주의 부친이 정순왕후의 부친 김한구의 사촌동생 김한록(金漢祿)이었으니, 홍국영은 혜경궁과 정순왕후라는 두 외척과 모두 인척인 셈이었다. 세손과도 촌수를 따지면 12촌 형제가 되는 셈이었다. 혜경궁 홍씨가 『한중록』에, 영조가 홍국영을 보고 "내 손자로다"라고 칭찬했다고 한 것은 이런 연유였다.

세손 또한 홍국영의 가문 배경을 잘 알고 있었다. 그로서는 혜경궁과 정순왕후 모두에게 인척이 되는 홍국영이 마땅찮았다. 그러나 세자시강원 관료는 자신이 뽑는 것이 아니었다. 마음에 들지 않더라도 최선을 다해 자신의 사람으로 만드는 수밖에 없었다. 정조는 상견례 때만 해도 자신과 비슷한 또래의 이 미남자가 자신의 오른팔이 되리라고는 예상하지 못했다. 홍국영의 집안은 노론이었고, 노론에서 자신은 절대 임금이 될 수 없다는 당론을 세웠다는 사실을 알고 있었기 때문이다. 정조는 심지어 홍국영이 노론에서 파견한 간자(間者)일지도 모른다고 생각했다.

그러나 홍국영은 예상을 뒤엎고 세손을 선택했다. 일흔여덟 살의 영조는 언제 세상을 떠날지 알 수 없었다. 세손은 사도세자가 세상을 떠난 후에도 10년 넘게 그 지위를 보전하고 있었다. 지금의 고비를 잘 넘겨 세손이 즉위한다면 홍국영 자신은 단번에 훈신(勳臣)의 지위에 오를 것이었다.

야사에서는 홍국영이 세손의 신임을 받게 된 계기를 재미있게 전하고 있다. 하루는 세손이 영조에게 문안을 갔는데, 영조가 물었다.

"요즘 무슨 책을 읽느냐?"

"『통감강목(通鑑綱目)』 넷째 권을 읽고 있사옵니다."

대답해 놓고 세손은 아차 싶었다. 『통감강목』 넷째 권에는 한(漢) 문제(文帝)가 "짐은 고황제(高皇帝)의 측실 소생(側室之子)이다"라고 말하는 대목이 나오기 때문이다. 후궁 소생인 영조는 첩이나 서자라는 말만 나오면 불쾌해했다. 낯색이 변한 영조가 엄한 음성으로 되물었다.

"강목 넷째 권에는 이 할아비가 가장 싫어하는 구절이 있는데도 읽었단 말이냐?"

"그 대목은 가려 놓고 보지 않았습니다."

세손이 엉겁결에 대답하자 영조는 내관에게 명을 내렸다.

"지금 동궁으로 가서 세손이 읽던 『통감강목』 넷째 권을 가져오너라."

내시가 동궁에 들이닥쳐 『통감강목』 넷째 권을 찾자 홍국영이 물었다.

정조의 원손 시절 글씨

"『통감강목』은 왜 찾소?"

다른 인물 같으면 내시가 사연을 말해 주지 않았겠지만 상대는 홍국영이었다. 먼 외척인 홍국영은 내시들과도 가깝게 지냈다. 내시가 사연을 말해 주자 홍국영은 자신이 찾아 주겠다고 하고는 '측실 소생[側室之子]'이라 쓴 부분을 종이로 붙여 가리고 내주었다. 이를 본 영조는 흡족해했다.

"과연 내 손자로다."

엉겁결에 그 대목은 가려 놓고 보지 않는다고 답했다가 임금을 기망한 죄까지 받을 뻔했던 세손은 어찌된 영문인지 어리둥절했으나 나중에 홍국영의 임기응변이었음을 알고 홍국영의 손을 잡았다.

"내 그대의 재생지은(再生之恩: 다시 살아나게 한 은혜)을 꼭 갚겠다."

이 사건으로 세손은 홍국영을 철저하게 신임하게 되었다는 것이 야사의 내용이다. 물론 이는 과장이겠지만 영조 51년(1775) 11월 홍인한이 '세손은 세 가지 국사를 알 필요가 없다'고 주장하며 세손 제거를 시도했을 때 행 부사직 서명선(徐命善)에게 반박 상소를 올리게 기획한 인물도 홍국영이었다. 영조가 서명선의 손을 들어주면서 세손은 겨우 위기를 극복했고 대리청정을 거쳐 즉위할 수 있었던 것이다.

정조는 즉위 3일 만인 3월 13일 홍국영을 승정원 동부승지로 삼았다.『정조실록』이 "특별히 발탁했다"고 적고 있듯이 이례적인 발탁이었으나 이는 시작에 불과했다. 넉 달 후에는 도승지로 승진시켰으며, 9월에는 규장각을 만들면서 규장각 직제학을 겸임시켰다. 뿐만 아니라 홍국영에게 군권까지 주었다. 정조는 즉위년 11월 홍국영을 수어청(守禦廳) 장관인 종2품 수어사(守禦使)로 임명했다. 홍국영이 장수까지 겸임할 수 없다며 소명을 거부했으나 정조는 받아들이지 않았다.

"내가 지신사(知申事: 도승지)의 품질을 올려 장수의 임무를 맡기려 한 지 오래되었다. … 지금의 국세에 맡길 수 있는 심복 신하에게 위호(衛護: 호위) 하는 직임을 맡기지 않는다면 어떻게 위태롭고 의심스러운 것을 진정시키고 왕실을 돕게 할 수 있겠는가?"

이듬해(1777) 5월에는 홍국영을 총융사로 삼았다가 다시 금위대장(禁衛大將)으로 삼았다. 금장(禁將)이라고도 하는 금위대장은 국왕 경호 책임자로서 종친이나 외척들이 맡아 오던 자리였다. 금장까지 겸임함으로써 홍국영은 국왕의 비서실장격인 도승지와 경호실장격인 금위대장을 한 손아귀에 장악한 조선 최초의 인물이 되었다. 도승지는 정3품, 금위대장은 종2품으로 극품(極品: 정1품)은 아니었지만 조정의 실권은 홍국영의 손아귀에 있었다. 사실상 정조와 홍국영의 공동정권이었다. 이때 홍국영의 나이 불과 서른이었다.

정조와 소론

홍국영은 드디어 자신의 포부를 펼칠 때가 되었다고 생각했다. 정조 즉위 초 홍국영은 두 가지 목표를 세워 놓았다. 하나는 두 외척을 제거하는 것이고, 또 하나는 정조와 소론·남인을 떼어 놓는 것이었다. 홍국영은 집권 초 정조 즉위 방해 사건을 구실로 풍산 홍씨 가문을 축출하고, 김귀주가 혜경궁 병환 때 문안하지 않았다는 구실로 경주 김씨 가문도 축출했다.

이와 동시에 소론·남인들이 정조에게 접근하는 것도 차단해야 했다. 정조가 즉위 일성으로 '과인은 사도세자의 아들이다'라고 선언했다는 사실이 알려지자 소론과 남인은 고무되었다. 이제 사도세자의 원수를 갚을 때가 되었다고 생각한 것이다.

정조 즉위년 4월 1일 사도세자 문제에 대해 첫 포문을 연 인물은 시골 유생 이일화(李一和)였다. 『정조실록』은 이일화에게 상소를 올리도록 사주한 인물이 조재한(趙載翰)이라고 전하고 있다. 영조 때 승지와 대사간을 역임한 조재한은 소론 명가 출신이었다. 그의 부친 조현명(趙顯命)은 영조 시절 소론 영수로서 사도세자를 보호하려 애썼으며 위기를 직감한 사도세자가 다급하게 불렀던 조재호(趙載浩)의 종형제였다. 조재호는 사도세자가 죽은 직후 "한쪽 사람들은 세자를 핍박했지만 자신은 세자를 보호했다"고 말했다가 노론에게 난역으로 몰려 사형당한 인물이다. 사도세자를 보호하다가 큰 고초를 겪었던 집안 출신의 조재한은 정조가 즉위 일성으로 '사도세자의 아들'을 선언하자 때가 왔다고 판단하고 박상로(朴相老) 등과 함께 소론 계열 유생에게 상소를 올리게 한 것이다.

그것은 잘 조직된 공세였다. 이일화의 상소에 뒤이어 전 승지 이덕사(李德師)의 상소가 올라오고, 전 사간원 정언 유한신(柳翰申)의 상소문이 올라왔다. 『정조실록』은 "상소의 말이 똑같았다"고 전하고 있는데, "임오년의 의리를 가장했다"는 데서 그 내용은 짐작할 수 있다. 사도세자 사건의 재조사를 주장했던 것이다. 상소에는 정조가 "이미 임오년의 일을 잊었다〔己忘壬年〕"는 네 글자가 담겨 있었다. 정조가 사도세자를 잊은 것이 아니냐는 비난이었다. 비참하게 죽은 사도세자의 한을 되새겨 노론 치죄에 나서라는 요구였다.

소론의 연속 상소에 대한 정조의 반응은 뜻밖이었다. 격렬하게 화를 냈던 것이다. 정조는 소론의 연속 상소를 선대왕을 모함하는 대역(大逆)이라며 국청 설치를 명령했다.

"마땅히 전정(殿庭)에서 친히 국문하여 선대왕의 영령에 고하겠다. 이일화는 오히려 외로운 놈이고 이덕사를 정법(正法)한 연후에야 선왕의 뜻이 밝혀지게 될 수 있을 것이다."

뜻밖의 반응이었다. '홍봉한이 사도세자의 원수이자 전하의 원수'라는 정이환의 상소도 대역으로 규정하지는 않았다. 양자 사이의 차이는 정이환이 노론이라면 이덕사 등은 소론이라는 것밖에 없었다. 정조는 국청에 끌려온 이덕사를 국문했다.

"선대왕께서 하교하시기를, '임오년에 관계된 일은 혹 의리에 있어 충분히 옳은 것 같다 하더라도 이는 곧 나를 모함하는 것으로서, 단지 나에게만 충성스럽지 못한 것이 아니라 또한 너(정조)에게도 충성스럽지 못한 것이다. 앞날에 이 일을 범하는 자는 빈전(殯殿: 임금의 시신을 모신 곳) 뜰에서라도 반드시 준엄하게 국문해야 하고, 비록 성복(成服: 초상 때 상복을 처음 입는 것) 이전이라도 왕법으로 처단해야 한다'고 말씀하셨다. 오늘 친히 국문을 하는 것은 곧 선왕의 뜻을 따르고 선왕의 뜻을 밝히려는 것이다."

영조는 사망하기 직전 세손에게 사도세자 문제를 거론하는 자는 자신과 세손 모두의 역적이란 유훈을 남겼다. 정조의 뜻밖의 반응을 접한 이덕사는 그러나 담담했다.

"선대왕께서 인자하신 마음으로 차마 당할 수 없는 정경을 맞으셨으니 선대왕의 본의가 아니었을 것 같습니다. 망령되게 그런 상소를 해서 임금을 모함한 것은 사실입니다."

사도세자의 의리를 주창하는 이덕사의 딜레마는 영조를 거부할 수 없다는 점이었다. 사도세자를 죽인 정점에 영조가 있었다. 사도세자의 원한을 풀려면 영조의 처분이 잘못이란 선행조건이 필요했다. 그러나 이는 정조가 신하로서 모셨던 선왕을 거부하는 것으로 노론의 쿠데타 명분이 될 수 있었다. 사도세자의 아들이자 영조의 손자인 정조가 맞은 모순이었다.

갓 즉위한 정조에게 사도세자 문제는 양날의 칼이었다. 한쪽 날은 정조가 잡고, 다른 날은 사도세자를 죽인 쪽이 잡고 있는 형국이었다. 세손은 대리청정을 하게 되자 이 문제를 정리할 필요가 있다고 생각했다. 그래서 즉위 한 달 전인 영조 52년(1776) 2월 사도세자 묘인 수은묘(垂恩廟)를 배알하고 영조에게 상소를 올렸다.

"임오년 처분에 대해 신(臣: 정조)은 사시(四時)처럼 믿고 금석같이 지킬 것입니다. 귀신같이 못된 무리들이 감히 넘보는 마음을 먹고 추숭의 논의를 내놓을 때 신이 만약 그들의 종용을 받아 의리를 바꾼다면 천하의 죄인이 되는 것은 물론 장차 종묘사직의 죄인이 될 것이며 동시에 만고의 죄인이 될 것입니다."

세손은 사도세자 문제에 대한 영조의 의구심을 풀어 줄 필요가 있었다. 그 부분이 흔들리면 영조의 마음도 흔들릴 수 있었다. 영조의 처분이 정당한 것이었다고 천명해야 했다. 그래서 세손은 '의리를 바꾼다면' '천하 · 종묘사직 · 만고의 죄인'이 된다고 영조를 안심시켰던 것이다.

정조는 모순의 인물이었다. 사도세자가 억울하게 죽었다고 판정하면 영조가 그릇된 임금이 되고, 영조가 올바른 처분을 했다고 하면 사도세자의 죽음이 정당화되는 것이었다. 정조는 박상로를 국문하며 '이미 임오년의 일을 잊었다[己忘壬年]'는 네 글자가 나오자 목이 메어 눈물을 흘렸다.

"내가 오늘날 어찌 이런 흉악한 말을 듣게 될 줄을 생각이나 했겠는가?"

정조가 울자 여러 신하들이 따라 울었고, 이에 고무된 의금부의 여러 당상과 승지 · 사관 · 문사랑과 시위(侍衛)한 장사들은 각기 형장을 가져다가 박상로를 난타했다. 충성을 과시하려는 과잉행동이었다. 정조가 말렸다.

"역적을 다스리는 데에도 방법이 있는 것이니 그만두라."

정조는 백관과 도성 백성들을 모아 놓고 박상로를 죽였다. 뿐만 아니라 전 승지 이덕사와 시골 유생 이일화, 그리고 조재한까지 사형시켰다. 즉위하자마자 사도세자를 보호하려던 소론 명가를 주륙한 것이다. '과인은 사도세자의 아들이다'라는 말을 듣고 경악했던 노론은 고무되었으며 소론 명가 후손들의 죽음을 즐겁게 바라보았다.

정조는 나아가 10여 년 전의 일까지 꺼내 환관 이흥록(李興祿)과 김수현(金壽賢)을 처벌했다. 10여 년 전 세손이 어머니 혜경궁 홍씨가 있던 양덕당(養德堂)으로 갈 때 두 환관은 이렇게 말했다.

"이렇게 하셔야 효도라 할 수 있고, 그렇지 않으면 반드시 공론에 용납받지 못하게 됩니다."

"사대부 누구는 저희들과 서로 친근하고 이런 의리에 있어서도 찬동했으니, 장래에 쓸 만한 사람입니다."

두 환관이 말하는 '효도'와 '의리'는 물론 사도세자와 관련된 것이었다. 두 환관은 나중에 정조가 즉위하면 사도세자를 죽음으로 본 자들을 처벌해야 '효도'라고 할 수 있고 '의리'라고 할 수 있다고 역설한 것이었다.

이홍록은 이미 고인이었다. 5년 전인 영조 47년(1771) 2월 사도세자의 서자들인 은언군 형제를 봉양한다며 시민의 재물을 침탈했다는 죄목으로 물고된 인물이었다. 정조는 살아남은 김수현을 잡아들이라 명했다.

"이제 흉악한 역적들이 차례차례 복법(伏法)되었는데, 어찌 김수현을 그대로 두어 화기(禍機)를 빚어내게 할 수 있겠는가?"

정조는 김수현을 국문한 후 이렇게 말했다.

"이홍록은 이미 물고되었고 김수현을 친국해 자백을 받아 보니 내가 듣거나 기억하고 있는 것과 하나도 다르지 않았다. 삼척(三尺: 법)이 지엄하니 어찌 면할 수 있겠는가만 괴수 이홍록은 벌써 죽었으니 김수현은 제주 대정현(大靜縣)의 노비로 만들어, 신하된 사람들이 내시와 내통하면 징계당하는 경계가 되게 하라."

정조는 사도세자에 대한 의리를 주창한 소론 제신들을 모두 사형시키고 연속 상소에 직접 연루되지도 않은 환관 김수현까지 소급해 처벌했다. 이해할 수 없는 거조였다.

송시열을 높이고 윤증을 내치다

즉위 일성으로 "오호라! 과인은 사도세자의 아들이다"라고 말한 정조는 왜 이런 거조를 보였을까? 노론 전체를 적으로 돌리지 않기 위한 정치적 행보일 수도 있지만 그 배경에는 바로 홍국영이 있었다. 정조는 즉위 초 홍국영을 정치적 지주로 높이 평가했다.

"척리(戚里: 임금의 외척)와 근습(近習: 임금의 총애 받는 신하)들이 모두 딴마음을 먹고 있어 국가(정조)가 고립되어 위태롭게 되었을 때 국가를 보호한 것은 유독 홍국영 한 사람이 있을 뿐이었다."

(『정조실록』 즉위년 6월 23일)

정조는 '홍국영 한 사람'에게 모든 권한을
주었다. 홍국영은 이 권한을 이용해 두 외척
집안을 제거하고 연속 상소를 올린 소론까지
제거한 것이었다. 홍국영은 소론 정권의 등장
을 반드시 막아야 한다고 판단했다. 정권은
노론이 계속 잡고 있어야 했다. 다만 노론 정
권의 영수는 자신이 되어야 했다. 정조는 홍
국영의 이런 정국 구상에 넘어가 조재한과 이
덕사 등을 사형시키는 무리수를 둔 것이었다.

정조가 소론을 처벌하자 노론은 고무되었
다. 즉위년 4월 1일 '죄를 지은 신하[負罪臣]'
김약행(金若行)이 상소를 올려 소론을 공격
했다. 김약행은 순천(順天) 부사로 있던 영
조 51년(1775) 호남 암행어사의 감찰에 걸려
파직된 상태였기 때문에 죄를 지은 신하라
고 자칭한 것이었다. 김약행의 상소는 이광좌
(李光佐)·조태억(趙泰億)·최석항(崔錫恒)
과 윤선거(尹宣擧)·윤증(尹拯) 부자 등 이
미 사망한 소론 대신들의 관작 추탈을 주장
하는 내용이었다.

죄를 지은 신하가 근신하는 대신 정사에
개입하는 상소를 올렸을 경우 엄한 처벌을 하

노론의 정신적 지주 송시열(위)과
소론의 정신적 지주 윤증(아래) 초상

는 것이 관례였다. 정조는 김약행에게 평생 벼슬길에 나서지 못하도록 하는 금고(禁錮)를 내렸다. 동시에 이광좌·조태억·최석항 등 소론 대신들의 관작도 추탈해 요구는 들어주었다.

그러자 4월 18일 유생(儒生) 이명휘(李明徽)가 상소를 올려 노론의 정신적 지주인 송시열(宋時烈)을 비판하고 나섰다. 송시열이 분수에 넘게 두 황제의 사당을 설치했다고 비난하는 상소였다.

"고 상신 송시열이 효종대왕의 세상에 없는 예우를 받으며 토복(討復: 청나라를 토벌하여 복수함)의 공을 세우겠다고 자임했으나 이루어진 일이 아무것도 없자 여한이 남아 죽을 때 그의 문도들에게, 만력(萬曆)과 숭정(崇禎) 두 황제의 사당을 세워 제사하라고 부탁했습니다."

송시열이 청나라를 무너뜨리고 명나라를 다시 세우는 북벌을 자임했으나 아무런 공을 세우지 못하자 문도들에게 명나라 두 황제의 사당을 세워 제사하라고 부탁했다는 것이다. 만력은 임진왜란 때 군사를 파견한 신종(神宗) 주익균(朱翊鈞)이고, 숭정은 명나라 마지막 황제인 의종(毅宗) 주유검(朱由檢)을 뜻한다.

"송시열은 문도들에게 '당초에는 효묘(孝廟: 효종)를 배향하고 싶었지만 세상 사람들이 대죄로 여기게 될 것이기에 감히 마음먹지 못했다'고 말했습니다. 그 뒤에 문도들이 두 천자의 사당을 그가 살던 곳에다 만들었으니, 오늘날 장보(章甫: 유생)들이 화양동 만동묘(萬東廟)라고 부르는 것이 그것입니다. … 아! 종묘에서 제사하고 계승하는 일에 있어서 신하된 사람이 사사로이 제사해서 막중한 오묘(伍廟)와 칠묘(七廟)의 일을 나누어 놓았습니다. 고금 천하에 어찌 이런 일이 있겠습니까? … 오늘날 송시열이 신하된 위치에 있으면서 임금도 감히 할 수 없는 예를 행하였습니다."

송시열은 명 신종과 의종의 사당에 효종을 신하의 자격으로 배향하고 싫었으나 세상 사람들이 대죄로 여길 것이 두려워 하지 못했다는 것이다. 배향이란 그 왕에게 공이 있는 신하를 그 왕에게 덧붙여 제사하는 것을 뜻하는데, 효종을 신종과 의종의 신하로 배향하고 싶었다는 뜻이다. 오묘와 칠묘의 일은 『예기(禮記)』 왕제편(王制篇)에 나오는 것으로, 천자(天子: 황제)는 칠묘를 제사하고 제후는 오묘를 제사한다고 되어 있다. 칠묘에 제사하는 주체는 천자이고 오묘는 제후여야 하는데, 개인 송시열이 감히 천자를 제사하는, 제후도 할 수 없는 월권을 저질렀다는 비난이었다.

이명휘의 상소에 노론은 발칵 뒤집혔다. 노론의 정신적 지주를 비난했기 때문이다. 대신과 승지들이 국청 설치를 요청하자 정조는 받아들였다.

"지금 국시가 크게 정해진 뒤에 와서 선정(先正: 송시열)을 핍박하는 말을 하는 것은 곧 효묘(孝廟: 효종)를 무함하는 것이고 천자를 무함하는 것이다. 하물며 이 상소는 지면에 흉언이 가득하여 차마 바로 볼 수 없다. 이명휘를 마땅히 친국하겠다."

정조는 이명휘에게 송시열이 명나라 두 황제의 사당을 세워 제사를 지낼 자격이 없다고 생각하는 이유를 물었다.

"한 칸의 띳집에서 초(楚)나라 소왕(昭王)에게 제사했던 일이 옛적에도 있었는데, 어찌 감히 배신(陪臣: 송시열)으로서 황제에게 제사하는 것을 그르게 여기는가?"

"초나라 소왕은 의성현(宜城縣)에 머무른 적이 있었기 때문에 의성현 백성들이 옛날의 덕을 사모하여 제사한 것입니다. 우리나라의 화양동은 황제의 영향이 당초부터 전혀 없었던 곳이니, 고 상신이 배신으로서 천자에게 제사 지낸 것은 그른 일입니다."

전국시대 초나라 소왕은 현재의 호북성 의성현에 머문 적이 있었으므로 의성현 사람들이 그 덕을 사모해서 제사를 지냈지만 화양동은 명나라 황제들과는 전혀 관계없는 지역으로 제사 지낼 자격을 갖지 못한다는 뜻이었다. 그러나 이명휘는 노론으로 가득 찬 조정에서 선정(先正)을 모함했다는 혐의로 심한 형벌을 받고 추자도(楸子島)로 귀양 가는 도중 사망하고 말았다.

『정조실록』은 이명휘의 사망 소식을 실으며 "이명휘는 효행이 있었고 고궁(固窮)하며 독서하여 특이한 의논을 하기 좋아했는데, 일찍이 호송변(互訟辨)을 지어 회덕(懷德)과 이산(尼山)을 모두 비난했다고 한다"라고 적고 있다. 회덕은 송시열을 뜻하고 이산은 소론 영수 윤증이 살던 곳인데, 둘을 모두 비난했다는 말은 특정 당파에 속한 사람은 아니었다는 뜻이다.

노론에서는 이명휘의 사망에도 만족하지 않고 효수(梟首: 목을 베어 매닮)해야 한다고 주장했다. 노론은 이명휘가 송시열을 공격한 것이 소론의 정신적 지주인 윤선거·윤증 부자의 관작을 삭탈하지 않았기 때문이라며 윤씨 부자의 삭탈관작 또한 요구했다. 정조는 이 주장을 받아들이지 않았다. 그러나 한 달 후쯤인 5월 22일 갑자기 방향을 선회해 윤선거·윤증 부자의 관작을 추탈하라고 명했다. 뿐만 아니라 그들의 문집도 훼손시키고 사액(祠額)도 철거하라고 명했다.

정조는 왜 뒤늦게 노론의 주장을 받아들였을까? 그 배경에 바로 홍국영이 있었다.

"며칠 전에 승선(承宣: 승지)이 아뢴 말이 바로 내가 평소에 생각하고 있던 바와 맞기에 뜻을 결단하여 시행하려 했다. 윤선거 부자의 일을 처분했다."

『정조실록』은 "승선은 곧 홍국영이었다"고 덧붙여 이 처분의 배후가 홍국영임을 밝히고 있다. 윤선거·윤증 부자는 사도세자를 보호하려 했던 소론 영수였기 때문에 노론에게 부친을 잃은 정조로서는 관작을 추탈하기는커녕 더 높여야 할 판국이었다. 그러나 정조는 거꾸로 그들의 관작을 추탈하고 사액을 철거하는 정반대의 행보를 보인 것이다.

나아가 정조는 재위 2년 5월 2일 송시열을 효종의 묘정(廟庭)에 배향했다.

"왕은 말하노라. … 경(卿: 송시열)은 천하의 대로(大老)이고 해동(海東)의 진유(眞儒)였다."

송시열을 '천하의 대로'라고까지 높인 것이다. 정조가 잇달아 송시열을 높였던 배경에는 홍국영의 사욕이 작용하고 있었다. 홍국영은 풍산 홍씨와 경주 김씨 같은 노론 외척 명가들을 제거하고 자신이 노론의 영수로 나서기 위해서는 노론의 정신적 지주인 송시열을 높여야 한다고 생각했다. 국가 차원에서 송시열 추숭을 주도함으로써 자신이 노론의 새로운 영수임을 나타내려 한 것이다. 그 결정판이 효종의 묘정에 송시열을 배향한 것이었다. 소론은 송시열이 효종의 충신이 아니라 효종을 핍박했던 강신(强臣)에 지나지 않는다고 주장하고 있었다. 홍국영은 송시열의 효종 묘정 배향을 성사시킴으로써 소론의 비판을 받는 송시열을 국가의 스승으로 높이고 그의 주장을 국가의 이념으로 삼아 노론을 계속 집권당으로 만드는 한편 자신이 정국을 주도하려는 속셈이었다. 정조는 여기에 그대로 넘어간 형국이었다.

정조에게 이는 두고두고 부담으로 작용했다. 노론은 공자에서 주자, 주자에서 송자(宋子: 송시열)로 이어지는 '성학(聖學: 유학·성리학)도통설'을 주장하고 있었는데, 정조가 효종의 묘정에 송시열을 배향함으로써 이를 공인한 셈이 되었던 것이다. 노론은 하(夏)·은(殷)·주(周)의 세 왕조(王朝)를 뜻하는 삼대(三代) 때는 군주가 곧 스승이었지만 삼대 이후에는 군주가 아니라 재야 학자들에 의해 유학의 도통이 계승되고 있다고 주장하고 있었다. 즉 군주는 임금일 뿐이지 스승은 아니라는 견해였다. 정조는 훗날 임금이 곧 스승이라는 군사론(君師論)의 자리에서 정국을 이끌어 나가려 했으나 자신이 송시열을 효종의 묘정에 배향한 것에 발목을 잡히게 된 셈이었다.

외척을 몰아내고 외척이 된 홍국영

송시열을 효종 묘정에 배향시킴으로써 홍국영은 명실상부한 집권 노론의 새 대표로 떠올랐다. 존현각에 암살자가 침입한 것을 계기로 정조는 국왕 경호부대인 숙위소(宿衛所)를 건양문(建陽門) 동쪽에 설치하고 금위대장 홍국영에게 숙위대장을 겸임시켰다. 도승지와 금위대장, 그리고 새롭게 만들어진 숙위대장까지 홍국영이 한 손에 장악하게 된 것이었다.

이제 홍국영은 더 큰 목표를 세웠다. 자신의 동생을 정조의 후궁으로 들여 조카에게 왕위를 잇게 하는 것이었다. 정조 2년(1778) 6월 21일 홍국영의 동생이 후궁으로 정해졌는데, 처음부터 내명부 정1품 원빈(元嬪)으로 봉해졌다. 빈은 보통 왕자를 생산한 후궁들에게나 주어지는 벼슬이었다. 6월 27일 치러진 원빈의 가례(嘉禮)는 마치 국혼(國婚)처럼 성대했다. 원빈의 부친 호조참의 홍낙춘(洪樂春)은 종2품 품계인 가선대부(嘉善大夫)로 승진했다. 유례를 찾기 힘들 정도로 성대하게 치러진 이 가례는 정조의 비 효의왕후 김씨가 아이를 낳지 못해 비어 있는 세자 자리를 놓고 던진 홍국영의 승부수였다.

혜경궁 홍씨가 홍국영을 보고 "얼굴도 예쁘고 슬기롭고 민첩하다"고 말한 바 있는데 홍국영의 동생 역시 미모를 지니고 있었다. 정조는 홍국영의 동생에게 만족했고, 계획은 착착 진행되는 듯했다. 그러나 홍국영의 이 계획은 얼마 못 가 틀어져 버린다. 가례를 올린 지 1년이 채 못 된 정조 3년(1779) 5월 원빈 홍씨가 세상을 떠나기 때문이다.

원빈의 장례식 또한 여느 후궁들과 달랐다. 정조는 직접 희정당에서 거애(擧哀)했다. 거애란 상사 때 초혼을 하고 나서 머리를 풀고 울면서 초상이 난 것을 알리는 의식을 뜻한다. 백관들은 선화문(宣化門) 밖에서 조애(助哀)했고 5일 동안 조시(朝市)를 정지했다. 인숙(仁淑)이란 시호까지 내렸는데,『정조실록』은 "이때 홍국영의 방자함이 날로 극심해 온 조정이 감히 그의 뜻을 거스르지 못했기 때문에 홍씨의 장례 절차에 예관이 모두 참람한 예를 원용했다"고 비판하고 있다. 송시열의 후손 송덕상(宋德相)은 마땅히 공제(公除)가 있어야 한다고까지 주장했다. 공제란 임금이나 왕비가 죽은 뒤 정사를 중지하고 26일 동안 조의(弔意)를 표하는 것을 뜻하는데, 후궁의 죽음, 그것도 왕자를 낳지 못한 후궁의 죽음에 공제를 실시한 예는 없었다. 송덕상의 주장은 시행되지 않았지만 이는 홍국영의 권력이 얼마나 강대한지를 그대로 드러내 주는 것이었다.

원빈의 죽음은 홍국영에게 큰 충격이었다. 홍국영은 원빈이 낳은 왕자에게 정조의 뒤를 잇게 하려던 자신의 계획이 무산되자 거의 이성을 상실했다. 혜경궁 홍씨는『한중록』에서 "제 누이 홀연히 죽으매 국영이 독살스러운 분을 이기지 못하고 제 누이가 죽은 것을 감히 곤전(坤殿: 왕비)에게 의심해 선왕(先王: 정조)을 충동하고 내전 나인 여럿을 잡아다 칼을 빼 들고 무수히 치며 혹독한 고문을 하였다"고 전하고 있다.

이는 홍국영의 무리수였다. 정조의 비 효의왕후 김씨는 비록 아이는 낳지 못했지만 조야(朝野)의 폭넓은 신망을 받고 있었다. 사도세자가 비명에 죽기 넉 달 전인 영조 38년(1762) 2월 열 살의 나이로 열한 살이었던 세손과 가례를 올린 효의왕후 김씨는 왕비가 된 후에도 외척 때문에 고심하던 정조의 뜻에 순응해 일절 정사에 개입하지 않았다. 그녀의 부친은 현종의 장인이었던 김우명(金佑明)의 후손 김시묵(金時默)으로서 외척 서열로 따지면 혜경궁의 풍산 홍씨나 정순왕후의 경주 김씨에 결코 뒤지지 않았다. 그러나 효의왕후는 친정 식구를 궁중에 들이거나 궁중의 재물을 친정에 내주거나 하지 않았고, 혜경궁 홍씨도 극진하게 모셔 칭송을 샀던 것이다.

이런 왕비를 물증도 없이 핍박한 것은 많은 반발을 샀다. 반발 세력 중에는 혜경궁 홍씨와 정순왕후 김씨도 있었다. 두 집안 모두 정조 즉위 후 친정이 몰락한 배경에 홍국영이 있다고 원망하던 차에 홍국영이 왕비를 압박하자 이를 빌미로 거세게 반발했던 것이다. 혜경궁 홍씨는『한중록』에서 이렇게 말하고 있다.

"호를 원빈이라 하고 궁호를 숙창이라 하니, 원(元)자 뜻부터 흉하더라. 곤전이 계신데 어디서 비빈을 원(元)자로 일컫는 도리가 있으랴. … 천도가 선명하고 제 죄악이 찰 대로 차서 기해년(정조 3년)에 제 누이가 홀연히 죽었다."

이런 반발에도 차기 국왕을 자신의 인물로 만들려는 홍국영의 야망은 꺾이지 않았다. 이 야망에 선봉장 노릇을 한 인물이 송시열의 후손인 이조참판 송덕상이었다. 정조 3년(1779) 6월 18일 이조참판 송덕상이 상소를 올렸다.

"다행히 지난여름 자애스런 성지를 내려 현명한 가문의 숙녀를 간택했으므로 신민이 크게 축하하면서 오직 종사(螽斯)의 경사가 있기만을 기대했었습니다."

홍국영의 여동생을 간택했으므로 '종사의 경사'가 있기를 기대했다는 말이다. '종사'란『시경(詩經)』「주남편(周南篇)」에 나오는 말인데, 여치과의 곤충으로 한꺼번에 99개의 알을 낳는다고 알려져 있으며 자손의 번성을 기원할 때 쓰는 말이다. 송덕상은 원빈이 불행하게 죽었다면서 그 후의 대책에 대해서 말했는데 그 표현이 묘했다.

"우리 전하께서는 춘추가 한창이신데 후사를 잇는 일〔嗣續〕이 점점 더뎌

지고 있습니다. 진실로 하늘이 방가(邦家: 나라)를 돕는다면 즉백(則百)의 기쁨은 절로 그 시기가 있겠습니다만 널리 구하는 방도가 날이 갈수록 더욱 급합니다. 그러나 그 모양(某樣)이나 도리(道理)에 있어서는 아랫사람으로서 가리켜 진달할 수는 없습니다."

즉백이란 주문왕(周文王)의 어머니 태임(太任)과 왕비 태사(太姒)인데 모두 왕자를 낳는 일을 뜻하는 말이다. 그러나 이 상소의 초점은 하늘의 도움으로 왕자가 탄생하기를 바란다는 데 있는 것이 아니라 '널리 구하는 방도가 날이 갈수록 더욱 급하다'는 데 있었다. 즉 '후사를 빨리 널리 구해야 한다'는 뜻이었는데, 이는 문제가 있는 말이었다. 왕자가 없는 국왕에게 하늘이 왕자를 주기 전에 빨리 구하라는 말은 양자를 들이라는 뜻이었기 때문이다. 이때 정조의 나이 스물여덟. 한창 때의 임금에게 양자를 들여 후사를 이으라는 권유는 '의중의 인물'이 있다는 의심을 살 수 있었다.

바로 이 대목에서 정조는 정신이 화들짝 들었다. 정조는 송덕상이 홍국영의 심복임을 알고 있었고, 이 상소 또한 홍국영의 사주를 받아 올렸다는 사실도 알고 있었다. 정조는 비로소 자신의 시각으로 홍국영을 바라보게 되었다. 그러자 충심이 가득한 신하가 아닌 야망으로 가득 찬 한 인물이 보였다.

흑두봉조하 홍국영 실각하다

정조는 원빈 장사 때의 일이 다시 떠올랐다. 장례 때의 여러 관직은 모두 홍국영이 선정했는데, 그는 은언군의 아들 이담(李湛)을 대전관(代奠官)으로 삼았다. 대전관은 국왕을 대신해 전(奠)을 올리는 직책인데 이담을 대전관으로 삼았다는 것은 사실상 그를 원빈의 아들로 간주한다는 뜻이었다. 아니나 다를까 홍국영은 이담을 완풍군(完豊君)이라 일컬었다.

"완풍군은 내 생질이다."

홍국영은 이담을 자신의 생질이라고까지 불렀다. 완(完) 자는 완산(完山), 곧 전주를 뜻하는 것이고, 풍(豊) 자는 홍씨의 본관인 풍산(豊産)을 가리키는 것이었다. 곧 완풍군은 전주 이씨의 적자이자 풍산 홍씨의 외손으로서 정조의 뒤를 이을 것이라는 뜻의 작명이었다. 비로소 정조는 홍국영이 자신의 왕조를 꿈꾸는 인물이란 사실을 알게 되었다.

정조는 홍국영을 버리기로 결정했다. 그러나 쉽지 않은 일이었다. 지금의 조정은 정조의 조정이 아니라 홍국영의 조정이었다. 자칫 홍국영이 반발하면 큰 사단이 날 수도 있었다. 정조는 큰 물의 없이 홍국영을 처리하는 방안을 강구했다.

정조 3년(1779) 9월 26일.

매월 여섯 차례 국왕이 신하들을 만나는 차대(次對) 자리였다. 정조가 입을 열기도 전에 도승지 겸 훈련대장 홍국영이 앞으로 나섰다.

"신이 구구하게 아뢸 것이 있습니다. 성심(聖心)도 오늘을 기억하시겠지요. 오늘은 신이 임진년(영조 48년)에 성명(聖明)을 처음 만난 날입니다."

이날은 홍국영이 세자시강원에서 정조를 처음 만난 지 7년째가 되는 날이었다. 그 7년 동안 참으로 많은 일이 있었다.

"그날부터 전하의 신에 대한 두터운 은혜와 특별한 지우(知遇)는 천고에 유례를 찾을 수 없을 정도로 정으로 굵게 얽힌 것입니다. … 이승에서는 천만 분의 일도 갚을 길이 없으니, 저는 진심으로 몇 번이라도 다시 태어나서 영원히 전하의 견마(犬馬)가 되어 조금이라도 정성을 다하기를 바랄 뿐이었습니다."

심상치 않은 말이었다. 홍국영은 자신이 구설에 오르게 된 것이 누이를 후궁으로 들인 데 있다는 사실을 잘 알고 있었다.

"신의 구구한 초심은 다만 명분과 의리〔名義〕를 자임(自任)하는 것이었으니, 어찌 척리가 되려 했겠습니까? 사세에 몰려서 마지못해 한 일이었습니다. 근년 이래로 왕실의 척리가 되었으나 공사(公私)가 다 불행하여 올해 5월의 일이 있었습니다."

홍국영은 누이를 후궁으로 들인 것이 '사세에 몰려서 마지못해 한 일'이라고 변명했다. 그러나 이는 자기변명에 불과했다. 정조 즉위 초 외척 제거를 명분으로 풍산 홍씨와 경주 김씨를 쫓아낸 인물이 바로 홍국영이었다. 그랬음에도 그 자신은 누이를 앞세워 또 하나의 척리가 되려 했던 것이다.

"위에서는 차마 말씀하지 못하시고 아래에서는 차마 청하지 못합니다만 신 한 사람 때문에 나라의 계책이 이 지경이 되었으니 어찌 답답하지 않겠습니까? 오늘은 신이 성명(聖明)과 길이 헤어지는 날입니다."

홍국영은 이날 정조를 떠나겠다고 선포했다. 만난 날 헤어진다는 의미였다. 홍국영은 비장했다.

"이제 부신(符信: 군사를 동원할 수 있는 둥근 패)을 바치고 나갈 것인데 신이 한 번 금문(禁門: 대궐문) 밖으로 나간 뒤 다시 세상일에 뜻을 두어 조지(朝紙: 조보)를 구해 보고 사람을 불러 만난다면 국가를 잊은 것이니, 천신(天神)이 반드시 죽일 것입니다. 신이 5년 동안 나라의 일을 맞아 보면서 조정의 명령이 신의 손에서 많이 나갔습니다만 탐오(貪汚)하거나 속인 일이 별로 없었습니다. 천리는 순환하니 어찌 줄곧 이러할 리가 있겠습니까?"

자신이 정권을 잡은 동안 탐오하거나 속인 일이 별로 없었지만 나중에는 탐오하거나 속일 수도 있기 때문에 미리 그만둔다는 투였다. 이때 그의 나이 서른둘. 혈기 왕성할 때였다. 이십대 후반에 정권을 잡은 것이니 인신으로서는 개국 이래 유례를 찾기 힘든 일이었다. 홍국영은 훈련대장의 명소패(命召牌)를 풀어 손수 정조 앞에 바치고 밖으로 나갔다. 명소패는 임금의 부름을 받고 비밀히 대궐에 들어갈 때 차는 표로서 의정대신이나 병조판서, 각 군의 대장 등만 찰 수 있었다. 정조 이외에는 아무도 예상하지 못했던 말과 행동이었다. 영의정 김상철(金尙喆)이 입을 열었다.

"오늘의 일은 신들이 참으로 그 까닭을 모르겠습니다."

정조가 말을 막았다.

"경들은 잠시 말하지 말라. 이것이 그 아름다움을 이루고, 처음부터 끝까지 보전하는 방도이다. 내가 어찌 생각 없이 그랬겠는가?"

정조의 말이 대신들을 더 놀라게 했다. '내가 어찌 생각 없이 그랬겠는가?'란 말은 정조의 의사가 작용했다는 뜻이기 때문이다. 홍국영의 자의가 아니라 정조의 뜻이라는 것이었다. 세손 때부터 홍국영과 보조를 맞추며 정조를 도왔던 정민시(鄭民始)가 입을 열었다.

"오늘의 일은 막대한 일이라 하겠습니다. 위에서 어찌 생각하신 것이 없이 그러셨겠으며, 지신(知申: 도승지)도 어찌 생각 없이 그랬겠습니까? 지신은 남보다 한 등급 높은 인물이라고 하겠습니다."

홍국영이 스스로 물러간 것은 다른 사람보다 한 등급 높은 처신이라는 말이었다. 정조가 말을 받았다.

"이렇게 하고서야 끝내 보전할 수 있을 것이다. 이 뒤로는 마음대로 강호의 산수에서 노닐 수 있을 것인데, 조보와 사람을 보지 않겠다는 말에서 또한 그 마음을 알 수 있다. 벼슬을 그만두고 물러간다고 핑계하고 오히려 다시 멀리서 조정의 권세를 잡는다면, 이것이 어찌 오늘의 뜻이겠는가? 지난 일은 그르쳤더라도 이 뒤의 일이 착하고 착하지 못한 것은 오직 집에서 어찌하느냐에 달려 있다."

정조는 '지난 일은 그르쳤더라도'라고 말했다. 홍국영의 '지난 일'이 잘못되었다는 뜻이다. 정민시가 말했다.

"뜻밖에 나온 일이므로 신들이 워낙 놀라고 의혹하였습니다마는, 다시 생각해 보면 위에서나 아래에서나 어찌 생각 없이 그랬겠습니까? 신과 지신은 8년 동안 한결같이 형제 같은 정을 나누었으니 오늘 일은 참으로 슬픕니다만 앞으로 신도 한가로이 노닐 날이 있을 것입니다."

"예전부터 임금과 신하 사이는 은혜와 의리가 처음과 같이 끝내 보전하는 것이 첫째가는 방책이다. 지신이 이 뒤로는 세

정민시 초상 세손 시절부터 정조를 도왔던 궁료였다.

속을 벗어난 선비가 되어 노래하는 계집, 춤추는 계집과 어울려 그 몸을 마칠 수 있을 것이니, 경들도 틈을 타서 가서 만나면 어찌 아름다운 일이 아니겠는가? 나도 자주 만나고 싶지 않은 것은 아니나 출입이 잦은 것도 긴치 않으니 혹 두어 달에 한 번은 서로 소식을 알릴 생각이다."

홍국영은 정조의 뜻에 따라 벼슬을 내놓고 나간 것이었다. 그러나 홍국영은 이것이 마지막이 아니라고 생각했다. 한 과정일 뿐이라고 여겼던 것이다. 그는 정조가 자신을 다시 부를 것이라고 확신했다. 아니 부르지 않을 수 없게 만들 자신이 있었다.

정조는 홍국영을 봉조하(奉朝賀)로 봉하고 궤장을 내렸다. 봉조하는 자리에서 물러난 대신에게 내리는 것으로서 주로 노인들의 직책이었다. 청년 봉조하는 유례를 찾을 수 없었다. 그래서 머리가 검다는 흑두(黑頭)봉조하

란 말이 생긴 것이다.

　그러나 홍국영을 봉조하로 봉해 내보내는 것은 쉽지 않았다. 사방에서 반발이 터져 나왔기 때문이다. 정조는 유언호(兪彦鎬)에게 봉조하로 봉할 때 내리는 선마문(宣麻文) 작성을 지시했다. 그러나 유언호는 이를 거부했다.

　"신은 도승지 홍국영의 상소문이 내려졌을 때에 근심되고 슬퍼서 못 견뎠습니다. … 조정에서 서운하고 한탄하는 것은 말할 겨를도 없습니다만 전하께서는 장차 어떻게 진정시키시겠습니까? 신이 아름다운 색채로 훌륭하게 꾸밀 수 있는 재주가 있더라도, 신은 홍국영의 사직과 전하의 윤허가 둘 다 불가한 줄 압니다."

　유언호는 무려 여덟 번이나 정조의 명을 거부했다. 정조는 유언호를 이보행(李普行)으로 바꾼 후에야 선마문을 작성할 수 있었다.

　이는 시작에 불과했다. 10월 6일 검토관(檢討官) 박우원(朴祐源)은 홍국영의 사직을 말리지 못했다는 이유로 옥당(玉堂: 홍문관) 관원들의 파직을 요청했고, 이조판서 송덕상은 홍국영의 사직이 부당하다고 주장하고 나섰다. 사간원 지평 박천행(朴天行)은 홍국영의 사직을 말리지 못한 정승을 비난하고 나섰다.

　"홍국영이 이제 영구히 조정을 하직하고 사제(私第)로 물러가는데 한 사람도 쟁집(爭執)하는 자가 없으니, 이것은 또 무슨 생각입니까? 이것은 전하의 조정에 성심으로 나라를 위하고 실심(實心)으로 나라를 꾀하는 사람이 없는 것이니, 나라의 일을 생각하면 참으로 절로 눈물이 흘러 못 견디겠습니다."

　박천행이 '한 사람도 쟁집하는 자가 없다'고 공격한 대상은 영의정 서명선이었다. 많은 노론 인사들이 홍국영의 사직을 부당하다고 간쟁했으나 소론 서명선은 한마디도 하지 않고 침묵을 지켜 왔던 것이다. 간관의 공격을 받은 영의정 서명선은 차자를 올려 스스로 인책할 수밖에 없었다. 박천행의 상소는 홍국영의 백부 홍낙순(洪樂純)의 사주를 받고 올린 것이었다. 서명선마저 인책하고 나서자 정조는 고립되었다. 홍국영의 계획대로 돌아가고 있는 것이었다.

정조는 놀랐다. 홍국영의 권세가 이 정도인 줄은 몰랐던 것이다. 자신의 나라가 아니라 홍국영의 나라였다. 정조는 비로소 즉위 초 사도세자 문제를 거론하는 소론을 사형시킨 것을 후회했다. 이들이 있었다면 자신을 비판하는 신하들을 '전하의 신하가 아니라 홍국영의 신하'라고 논박하고 나섰을 것이다. 정조는 비로소 자신이 홍국영에게 놀아난 꼭두각시였음을 느꼈다. 반전의 계기가 필요했다. 자칫하면 조정이 이 문제로 마비될 수 있었다.

정조의 반격

정조의 첫 번째 승부수는 홍국영의 백부인 좌의정 홍낙순을 겨냥했다. 재위 4년(1780) 1월 8일, 정조는 홍낙순의 관직을 삭탈하고 문외출송(門外黜送)했다. 홍국영을 지지하던 노론은 크게 놀랐다. 홍국영 사직 당시 홍낙순은 우의정이었다. 홍국영이 사퇴하자 홍낙순도 사직했으나 정조는 되레 좌의정으로 승진시켰다. 그러자 홍낙순은 지평 박천행에게 서명선을 탄핵하도록 사주했다. 서명선이 물러나면 자신이 영의정이 될 것이고, 그러한 상황에서 홍국영이 복귀하면 조정은 홍씨 집안의 주머니 속에 있게 될 것이었다. 박천행의 상소로 서명선이 인책하는 것을 보고 정조는 비로소 이런 구도를 알아챘다.

위기의식 속에서 정조는 두 번째 승부수를 띄웠다. 노론 중진 김종수(金鍾秀)를 움직여 홍국영을 공격하는 것이었다. 노론 중진 김종수가 노론 영수 홍국영을 공격하고 나서면 수세에 몰린 정국을 공세 국면으로 바꿀 수 있으리라 예상했다.

재위 4년(1780) 2월 26일, 이조판서 김종수는 정조에게 직접 수차(袖箚)를 올려 홍국영을 공격하고 나섰다.

"홍국영은 본디 사나운 성질에 교활한 재주까지 대강 가졌습니다."

노론 중진 김종수의 홍국영 공격에 노론은 큰 충격을 받았다. 김종수는 왜 느닷없이 홍국영을 공격하고 나섰을까? 김종수의 수차 배경에 대해 혜경궁 홍씨는 『한중록』에서 이렇게 주장하고 있다.

그 후에 김종수가 차자를 올려서 홍국영을 쳤더라. 이것은 선왕(先王: 정조)이 친히 시키신 일이니 내 매양 선왕께 말했다.

"김종수는 홍국영의 아들인데 제 아비를 논박하니 저럴 데가 어디 있으리오."

선왕은 내게 말씀하셨다.

"제 마음이 아니요, 저도 살아나려 하니 어찌할까 보니까."

"천변만화하는 구미호(九尾狐)인가 보오이다."

내가 또 말하면 웃으시며 말씀하셨다.

"좋은 형용이라."

선왕이 어찌 제 정태(情態)를 모르셨으리오.

영조 4년(1728)생인 김종수는 홍국영보다 스무 살이 많았으나 혜경궁은 그가 홍국영의 수하 노릇을 했다고 비판하면서 이는 정조가 친히 시킨 일이라고 했다.

김종수의 수차는 홍국영의 아킬레스건을 건드렸다. 홍국영이 정조의 후사 문제에 개입하려 했다고 공격한 것이다.

"아! 전하께서 춘추가 한창이신데도 아직 종사(螽斯)의 경사가 없으므로 온 나라의 모든 신민이 근심하고 답답하게 여기는 것은 모두가 같은 심정입니다. … 지난해 5월(원빈 사망) 이후 여러 신하들은 명문(名門)에서 급하게 다시 간택하기를 희망했으나 유독 그만이 국가의 중대함을 생각하지 않고 혹 권병(權柄: 권력)을 잃을까 염려해서 사람들에게, '이 일을 결코 다시 거행할 수 없다' 하였습니다."

원빈이 죽은 후 여러 신하들이 빨리 후궁을 다시 간택해서 후사를 낳아야 한다고 주장했으나 홍국영만 반대했다는 것이다.

"전하께서 4백 년 종사를 위해서 저사(儲嗣: 후사)를 넓힐 도리를 행하고 싶어도 그의 안면에 얽매여서 하지 못하시는 것입니까? 정에 끌려서 하지 않는다면 이는 전하께서 종사를 가볍게 여기시는 것이고, 세력을 두려워하여 하지 않는다면 이는 전하께서 자유롭지 못하신 것입니다."

정조가 홍국영의 눈치를 보고 있지 않았느냐는 말이었다.

"성상께서는 망설이지 말고 쾌히 강단을 내려 빨리 홍국영을 귀양 보내어 뭇사람의 분노를 풀게 하소서."

김종수의 차자는 홍국영의 귀양을 요구하고 있었다. 이를 본 정조는 스스로를 꾸짖었다.

"자신을 돌아보면 부끄럽고 괴로워서 차라리 죽고 싶다. 어찌 스스로 재촉하였다 하겠는가? 모두가 내가 착하지 못하기 때문인데 오히려 누구를 허물하겠는가?"

그러면서 정조는 홍국영의 생명을 보존하기 위해서 전리(田里)로 방환(放還)한다고 설명했다. 고향으로 돌아가라는 뜻이었다.

조정 복귀를 노리던 홍국영은 이제 향리로 돌아갈 수밖에 없었다. '흑두
봉조하'의 탄생이었다. 그러나 흑두봉조하 홍국영의 전원생활은 순탄하지
못했다. 김종수의 차자로 조정의 분위기가 완전히 뒤바뀌었기 때문이다. 처
음에는 당황해 하던 노론 측은 즉시 태도를 바꾸어 이제는 거꾸로 옥당에
서 홍국영의 귀양을 요구하고 나섰다. 양사(兩司)는 물론 영의정 김상철까

홍국영이 쫓겨 와 살던 강릉시 노암동 저택(김윤기 가옥) 홍국영은 이곳에서 생을 마쳤다.

지 삼사(三司)의 요청을 받아들이라고 요구했다. 정조는 "내 허물인데 누구를 탓하겠는가?"라며 거부했으나 급기야 3월 9일에는 사간원 헌납 박재원(朴在源)이 홍국영의 처형을 요구하고 나섰다.

홍국영의 사랑방이었던 조정은 홍국영을 성토하는 최전선으로 변했다. 홍국영 공격에 동참하지 않으면 세상 흐름에 뒤지기라도 하듯 너도나도 공격에 나섰다. 정조가 배후에서 조종한 김종수의 수차는 이렇게 효과가 컸던 것이다. 과거 홍국영 사직을 강하게 반대했던 송덕상까지 홍국영을 공격했다.

"아! 홍국영이 진 죄가 어찌 오늘날 상하가 미리 알았던 것이겠습니까?"

해가 바뀌어서도 홍국영에 대한 공세는 계속되어 정조 5년(1781) 1월 21일 부제학 정지검(鄭志儉)이 다시 홍국영의 처벌을 요청했다. 홍국영이 전리에서 편히 지내는 것이 실형(失刑)이라는 것이었다.

"홍국영은 일을 떠나서 한가롭게 쉬고 있는 사람일 뿐입니다. … 나라에 형전(刑典)이 없다면 그만이지만 형전이 있다면 홍국영에게 시행하지 않고 누구에게 시행하겠습니까?"

홍국영은 전리에서 횡성(橫城)으로 방축되었다가 다시 강릉(江陵)으로 쫓겨났다. 야사에는 울분을 삭이며 낚시질로 세월을 보냈다고 전한다.

홍국영의 충격은 컸다. 자신에게 아부하던 사람들이 모두 자신을 공격하고 있었다. 이런 세태에 대한 마음속의 울분을 끝내 이기지 못했는지 흑두봉조하 홍국영은 정조 5년(1781) 4월 5일 세상을 뜨고 말았다. 불과 서른넷의 나이였다.

이날 정조는 경연에서 홍국영 문제는 자신의 잘못이라고 자책했다.

"일언이폐지하고 한마디로 말하면 이는 곧 나의 과실이다."

한 시대를 풍미했던 홍국영은 이렇게 세상을 떠났다. 동시에 그의 시대도 완전히 막을 내렸다. 『정조실록』(3년 9월 26일)은 홍국영이 정조 즉위 후 "국변인(國邊人: 나라 쪽의 사람)으로 자처하고 역적을 친다는 핑계로 제 뜻대로 다했다"며 비판하고 있다. 또한 "지신사(知申事: 도승지)로서 숙위대장(宿衛大將)을 겸해서 이조와 병조의 모든 인사를 먼저 다 결정한 뒤에야 위에 올렸다"고도 하고 있다.

"조금이라도 어기는 일이 있으면 뜻밖의 재앙이 당장 오므로, 온 세상이 두려워서 마치 조석(朝夕)을 보전하지 못할 듯하여 여염집에서 사사로이 말하는 자일지라도 다 지신사라 부르고 감히 그 이름을 가리켜 부르지 못했다."

그러나 홍국영은 권력자일수록 처신을 조심해야 한다는 사실을 알기에는 너무 일찍 권력을 잡았다.

"그가 숙위소에 있을 때에 의녀(醫女)·침선비(針線婢: 바느질하는 여인)를 두고서 어지럽고 더러운 짓을 자행했다. 그의 거처가 임금의 거처와 담 하나가 막혔을 뿐인데 병위(兵衛: 호위군사)를 부르고 대답하는 것이 마치 사삿집과 같았고, 방 안에는 늘 다리가 높은 평상을 두고 맨발로 다리를 뻗고 앉았는데 경재(卿宰: 재상)가 다 평상 아래에 가서 절했다. 평소에 말하는 것은 다 거리의 천한 사람이 하는 상스럽고 더러운 말투이고 장로(長老)를 꾸짖어 욕하고 공경(公卿)을 능멸하여 3백 년 동안의 진신(搢紳)·사대부(士大夫)의 풍습이 하루아침에 땅을 쓴 듯이 없어졌다 한다.

홍국영의 죽음은 새로운 시대가 열렸음을 뜻하는 것이었다. 이제 비로소 정조는 홍국영의 구상이 아니라 세손 시절 수없이 꿈꾸었던 자신의 구상들을 실천할 수 있게 되었다. 진정한 정조 시대의 개막이었다.

7장

규장각 사검서, 시대를 주름잡다

정조는 명문대가 출신들에게서 개혁 방안이 나오기 어렵다는 사실을 잘 알고 있었다. 개혁 방안은 이덕무나 박제가처럼 실력은 있으나 신분 때문에 고통을 겪었던 인재들에게서 나오는 것이었다. 규장각 사검서는 단순히 이들의 처지를 동정해 등용한 것이 아니었다. 정조는 이들의 머릿속에 들어 있는 개혁 이론이 필요했다.

백탑파의 문인들

유득공(柳得恭)은 대사동(大寺洞: 큰절골. 현 종로 2·3가)으로 향했다. 과거 흥복사가 있던 자리에 세조가 원각사를 세운 것을 계기로 이 일대는 큰절골로 불렸다. 세조는 재위 11년(1465) 원각사에 흰색의 10층 석탑을 세웠는데 이후 이 탑은 백탑(白塔)이라 불렸다.

유득공이 큰절골로 가는 이유는 이덕무(李德懋)를 만나기 위해서였다. 영조 43년(1767) 이덕무가 백탑 부근으로 이주하면서 그와 친한 사람들이 하나, 둘 이곳으로 이주하거나 자주 찾게 되었다. 이덕무가 서얼이었기 때문에 몰려든 사람들도 유득공·서상수·윤가기·이희경처럼 대부분 서얼들이었다.

이덕무의 집 대문은 열려 있었다. 유득공이 들어서자 방 안에서 글 읽는 소리가 들려왔다. 낭랑한 이덕무의 목소리였다. 유득공이 기침하자 기척을 알아챈 이덕무가 얼른 뛰어나왔는데 반기는 모습이 어린아이 같았다. 그러나 해맑은 웃음 너머의 주린 기색을 유득공은 놓치지 않았다. 당대 제일의 학문을 지닌 선비의 곤궁함이 유득공의 가슴을 쳤다. 단지 서얼이란 이유로 최고의 학자가 굶주려야 하는 시대에 대한 분노가 치밀었다.

이덕무의 호 청장관(靑莊館)이 그의 곤궁한 삶을 묘사하고 있었다. 해오라기 종류의 물새인 청장(靑莊)은 눈앞에 있는 먹이만 먹고 사는 청렴한 새였다. 체면을 잃은 아귀다툼의 세상에서 청장이 되기를 자처한 서얼 출신의 배가 고플 것은 당연했다. 그러나 이덕무에게는 이런 세태를 초월하는 고고한 인품이 있었다.

"지난겨울 내 작은 초가가 너무 추워 입김이 서려 성에가 되었고, 이불깃에서 와삭와삭 소리가 났다. 내가 게으른 성격이지만 밤중에 일어나 창졸

간에 『한서(漢書)』 한 질을 이불 위에 죽 덮어서 조금 추위를 막았다. 이러지 않았다면 후산(後山)의 귀신이 될 뻔했다."(이덕무, 『이목구심서』)

후산은 송(宋)나라 때 사람 진사도(陳師道)의 호인데, 소식(蘇軾)의 천거로 관직에 나왔으나 깨끗한 성품 때문에 늘 가난했다. 추운 겨울날 솜도 들어가지 않은 얇은 옷을 입고 교사(郊祀: 국가제사)에 참여했다가 한질(寒疾)에 걸려 죽은 인물이었다. 이덕무는 『한서』 한 질을 이불 위에 덮는 임기응변으로 진사도 같은 한사(寒死)를 막을 수 있었다고 자부하는 것이었다. 추운 겨울날 집의 서북쪽 구석에서 매운바람이 불어와 등불이 흔들리자 『노론(魯論)』을 병풍처럼 둘러 바람막이로 쓰고 자랑하기도 했다.

"옛사람 중 갈대꽃으로 이불을 만든 자도 있고 금은(金銀)으로 상서로운 금수(禽獸)를 조각하여 병풍을 만든 자도 있다지만 이는 너무 사치스러워 본받을 것이 없다. 어찌 나의 경사(經史)로 만든 『한서』 이불과 『노론』

종로 파고다 공원 이곳을 중심으로 백탑파가 형성되었다.

병풍만 하겠는가."

이렇듯 가난을 달관하며 이덕무는 독서에 열중했다. 그가 세상에서 집착하는 유일한 분야는 독서였다. 사람들이 자신을 간서치(看書痴: 책만 보는 바보)라고 부르자 스스로 「간서치전(看書痴傳)」을 지었다.

"목멱산(남산) 아래 어떤 어리석은 사람이 살고 있었는데, 어눌해서 말은 잘하지 못하고, 성격은 졸렬하고 게을러 시무를 알지 못하고, 바둑이나 장기 따위는 더욱 알지 못했다. 남들이 욕해도 변명하지 않고, 칭찬해도 자긍하지 않고 오직 책 보는 것만 즐거움으로 삼아 추위나 더위나 배고픔을 전연 알지 못하였다. 어렸을 때부터 21세가 되기까지 일찍이 하루도 고서를 손에서 놓은 적이 없었다. 그의 방은 매우 작았지만 동창·남창·서창의 세 창이 있었는데 동쪽에서 서쪽으로 해를 따라가며 책을 보았다. 보지 못한 책을 보면 문득 기뻐서 웃으니, 집안사람들은 그가 웃으면 기이한 책을 구한 것을 알았다. … 사람들이 지목하여 간서치라 하여도 웃으며 받아들였다."

장안의 양반 장서가들은 그가 책을 빌리면 꺼리지 않고, "이덕무는 참으로 책을 좋아하는 사람인데, 그의 눈을 거치지 않은 책이라면 어찌 책 구실을 하겠는가"라면서 새로운 책이 나오면 빌려 달라고 하기도 전에 먼저 싸서 보내 주기도 했다. 이덕무가 자신의 책을 빌려 갔다는 것이 자랑거리가 되었다. 그러나 책은 싸서 빌려 주었어도 음식을 싸서 보내 주지는 않았다. 기아는 늘 이덕무 곁에 있는 친구였다.

이덕무는 유득공보다 여덟 살 위지만 두 사람은 나이를 잊고 사귀는 '망년지교(忘年之交)'의 사이였다. 담소를 나누던 이덕무가 잠시 밖으로 나간 사이 유득공은 그의 문도(門徒)에게 물었다.

"선생님 끼니는 때우셨는가?"

"밥을 짓지 못한 지 벌써 이틀째입니다."

유득공은 탄식했다.

"아, 옛날의 도가 높은 선비[高士]도 이에 지날 수 없다."

이덕무가 다시 방에 들어서자 유득공은 아무런 내색을 하지 않았다. 그러나 이덕무는 이미 유득공이 자신의 굶주림을 알아챘음을 눈치 챘다. 그래서 그는 시작(詩作)을 하다가 붓을 던지며 한탄했다.

"서울에는 온갖 물건을 고치는 수선공[補破匠]이 있어서 깨진 쟁반과 깨진 솥뚜껑, 찢어진 생가죽신과 찢어진 망건을 말끔히 고쳐 생계를 꾸리네. 그대나 나나 나이가 들면 글 솜씨도 거칠어질 것이니, 어찌 앉아서 굶어 죽기를 기다리겠는가? 붓 한 자루와 먹 하나를 가지고 서로 필운대와 삼청동 사이를 오가며 '잘못된 시[破詩]'를 고치라고 외치면 어찌 술과 안주를 얻을 수 없겠는가?"

저절로 웃음이 터져 나왔다. 헛헛한 웃음이었으나 세상에 대한 조롱이었다. 돈 많은 양반 사대부들의 '잘못된 시'를 고쳐 줄 능력을 지닌 자신들이 굶주림에 신음해야만 하는 세상에 대한 조롱이었다.

가난하긴 유득공도 마찬가지였다. 유득공은 종강(鐘崗)의 쓰러져 가는 세 칸 집에 살았다. 집이 너무 좁아서 붓 · 벼루와 칼 · 자들을 가지런히 놓을 수 없을 지경이었다. 그런 집에서 유득공은 자주 작은 남새밭 앞에 앉아 콩과 부추꽃에 벌과 나비가 날아다니는 것을 보는 것이 낙이었다. "비록 끼니는 자주 걸렀어도 기색은 태연자약했다"고 회고한 그의 처지도 이덕무보다 나을 것은 없었다.

이런 처지의 서얼은 더 있었다. 박제가도 그중 하나였다. 박제가 역시 어려서부터 천재로 소문났지만 서얼이기 때문에 궁핍한 삶을 살아야 했다. 박제가와 유득공은 모두 홀어머니 밑에서 공부에 몰두했다. 박제가의 어머

박제가 초상 청 나양봉 그림

니는 북촌 사대부집의 삯바느질로 아들을 공부시켜 당대 제일의 학자로 만들었다. 박제가의 흉중에는 수많은 독서와 사색을 통해 습득한 경국(經國)의 지식이 가득했다. 그러나 그의 지식은 현실에서 아무 쓸모가 없었다. 그는 정조 즉위년(1776)에 쓴 「소전(小傳)」에서 자신을 이렇게 표현했다.

"고독하지만 고고한 사람만을 골라 유달리 친하게 사귀고, 권세 많고 부유한 사람은 멀리서 보기만 해도 멀리한다. 그러니 뜻에 맞는 이가 없이 늘 가난하게 살 수밖에 없다. 어려서는 문장을 배웠고, 커서는 나라를 다스리고 백성 생활을 구제하는 학문(經濟之術)을 좋아했다. 수개월을 집에 가지 않고 노력하기도 했지만 지금 사람은 아무도 알아주지 않는다. 그래서 그는 이제 고명한 사람과만 마음을 나누면서 세상에서 힘써야 할 것은 버리고 하지 않는다. … 백 세대 전의 인물에게나 흉금을 터놓으며, 만 리 밖 먼 땅에나 가서 활개치고 다닌다."

지금 조선은 자신을 알아주지 않기에 독서를 통해 백 세대 전의 인물과 교유하고 만 리 밖 이국땅에 가서 활개치고 다닌다는 뜻이다. 이렇듯, 종실(宗室)이었던 통덕랑(通德郎) 이성호(李聖浩)의 아들 이덕무, 진사(進士) 유관(柳璉)의 아들 유득공, 승지 박평(朴坪)의 아들 박제가, 그리고 서리수(徐理修) 등은 모두 뛰어난 실력을 갖고 있었으나 서얼이란 이유로 세상의 쓰임을 받지 못하던 음지의 실력자들이었다.

백탑 부근에는 서얼 출신들만 사는 것도 아니었다. 이덕무가 백탑 부근으로 이주한 다음해인 영조 44년(1768) 노론 가문 출신인 박지원(朴趾源)이 이곳으로 이주했다. 박지원이 이주한 이후 이서구(李書九) 같은 노론 명가 출신들도 백탑을 들락거렸다.

영조 45년(1769) 박제가가 백탑으로 향한 것은 여느 때처럼 이덕무를 찾기 위한 것이 아니었다. 박지원의 집이 목적지였다. 이때 박지원의 나이가 서른셋, 박제가는 열아홉이었다. 박제가는 그동안 이덕무를 통해 박지원에 대한 이야기를 자주 들었으나 찾고 싶은 생각은 들지 않았다. 「소전」에서 '권세 많고 부유한 사람은 멀리서 보기만 해도 멀리 한다'고 말한 것처럼 자존심 센 서얼 박제가는 양반 출신 박지원을 굳이 찾을 이유가 없었던 것이다. 그러나 박지원은 여느 양반들과 다르고 문장도 특이하다는 이덕무의 적극적인 추천으로 지금 막 처음 찾아가는 길이었다. 문장을 겨루고 싶은 호승심(好勝心)도 있었다.

양반 출신에 대한 박제가의 경계와 호승심은 그러나 박지원을 처음 만나는 순간 봄눈 녹듯 사라지고 말았다. 박제가가 왔다는 말을 들은 박지원이 옷깃도 제대로 여미지 못한 채 뛰어나왔던 것이다.

"어서 오시오. 내 청장관(이덕무)에게 명성 많이 들었소."

박지원은 어린 박제가의 손을 잡고 십년지기처럼 흔들었다. 박제가를 방으로 이끈 박지원은 자신이 지은

박지원 초상

글을 모두 꺼내어 읽으라고 주었다.

"이것들을 읽으며 잠시 기다리시오."

박지원은 밖으로 나갔다. 뭘 하는가 보았더니 몸소 쌀을 씻고 있었다. 양반 사대부 출신이 쌀을 씻는 모습은 박제가로서는 처음 구경하는 것이었는데, 아무런 거리낌 없는 아주 익숙한 솜씨였다. 그제야 비로소 박제가는 이덕무가 '박지원은 다르다'고 거듭 말한 것이 이해가 갔다. 고고하기로 둘째가라면 서러울 이덕무가 칭찬하는 양반이라면 뭔가 다를 것이라고 예상은 했지만 박지원은 그 예상까지 뛰어넘었다.

쌀을 다 씻은 박지원은 다관(茶罐)에 쌀을 넣고 익숙하게 밥을 지었다. 박제가는 박지원의 문장을 읽는 것보다 그의 밥 하는 모습을 보는 것이 더 재미있었다. 양반, 그것도 노론 출신의 양반 사대부가 직접 밥을 하는 모습이니 재미있지 않을 수 없었다.

박지원은 흰 주발에 밥을 퍼서 옥소반에 받쳐 내왔다. 반찬은 서너 가지뿐이었지만 술도 한 병 있었다. 박지원은 술잔을 들어 박제가를 축수했다. 박제가는 감격에 겨워 글을 지어 화답했고 박지원은 탄복했다.

백탑은 양반과 서얼들이 어울리는 신분 타파의 장이기도 했다. 이서구는 선조(宣祖)의 부친 덕흥대원군의 후손으로서 부친 이원(李遠)은 영의정까지 추증 받은 명가 후손이었다. 이덕무보다는 열네 살, 유득공보다는 일곱 살, 박제가보다는 다섯 살이 어렸으므로 학문과 시를 배울 목적으로 백탑을 자주 찾았다. 그러나 이는 특수한 경우이고 백탑은 여전히 서얼들의 무대였다. 서상수·윤가기·이희경 같은 서얼들은 '백탑시사(白塔詩社)'라는 시 동인모임을 만들어 시를 지었다. 백탑파(白塔派)라는 명칭도 생겼다. 한시를 능숙하게 짓는 이 서얼들은 그러나 능력과 관계없이 신분제 사회의 그늘일 뿐이었다. 그 그늘 속에서 그들의 학문은 햇볕보다 빛났다.

북학파

정조 2년(1778) 3월 17일. 이덕무는 말 위에 올랐다. 서울 북쪽으로 한참을 가니 홍제원(弘濟院)이 나왔다. 이덕무는 말에서 내려 홍제원 동쪽 언덕으로 올라갔다. 금잔디가 파랗게 돋아 있는 그곳이 약속 장소였다. 박제가는 이미 도착해 있었다. 식구들 외에 여러 지기들도 모여들었다. 박지원과 유득공, 박제가의 사돈인 윤가기(尹可基)와 사헌부 감찰(監察) 원경진(元景鎭) 등이었다. 이덕무는 어제도 박지원을 만났다. 이덕무의 족질 이광석(李光錫)의 집에서 이서구와 함께 석별의 잔을 나누었던 것이다.

모인 지기들 사이로 술잔이 돌았다. 어느덧 오후 4시, 헤어져야 할 시간이 되었다. 박지원은 이덕무의 손을 잡았다. 둘은 아쉬운 생각에 선뜻 손을 놓지 못했다. 한참 후에야 이덕무는 손을 놓고 뿌리치듯 말에 올랐다. 떠나야 할 때였다. 이덕무가 말에 오르자 아들이 말머리에서 절을 했다. 그 모습을 보자 이덕무는 자신도 모르게 눈물이 흘러내렸고 그것을 감추기 위해 뒤돌아보지 않고 말을 달렸다. 박제가가 뒤를 따랐다. 연경(燕京: 북경)으로 가는 길이었다.

두 사람의 북경행은 처음이었지만 그 이름은 그곳에 이미 알려져 있었다. 홍대용(洪大容)과 유득공의 숙부 유련(柳璉) 덕분이었다. 유련은 양반과 서얼들이 신분에 구애받지 않고 어울리는 백탑파에 감명을 받아 이덕무 · 박제가 · 유득공과 양반 이서구의 시 399편을 모아 『건연집(巾衍集)』이란 공동 시집을 펴냈다. 유련은 정조 즉위년(1776) 부사 서호수(徐浩修)의 막관(幕官: 참모)으로 연경에 가면서 이 희귀한 양반 · 서얼 공동시집을 짐 보따리 속에 챙겼다. 홍대용이 소개해 준 청나라 지식인들에게 보이기 위해서였다. 10여 년 전인 영조 41년(1765), 홍대용은 서장관으로 연경에 가는 숙부

엄성 초상 청 나감 그림

홍억(洪檍)을 따라가 청나라 학자 반정균(潘庭均)·엄성(嚴誠)·육비(陸飛) 등과 사귀었는데, 유련에게 이들을 소개하면서 만나 보라고 권했던 것이다.

유련이 소개한 『건연집』은 청나라 지식인들에게 큰 반향을 일으켰다. 『건연집』에 감동한 반정균과 이조원(李調元)이 자신들이 쓴 서문을 붙여 이듬해 청나라에서 다시 간행할 정도였다. 이것이 『한객건연집(韓客巾衍集)』이다. 이덕무·박제가·유득공·이서구는 4가시인(四家詩人)이란 칭호를 얻으면서 청나라에까지 그 문명이 알려지게 되었다.

이러한 연유로 이덕무와 박제가에게 청나라행은 낯선 길만은 아니었다. 또한 이는 두 사람 모두 오래전부터 꿈꿔 왔던 여정이기도 했다. 홍대용의 연경 기행문인 『연기(燕記)』를 보고 두 사람은 수없이 청나라행을 꿈꿔 왔다.

홍대용은 북경에서 반정균 같은 청나라 지식인뿐만 아니라 선교사이자 천문학자인 흠천감정(欽天監正) 할러슈타인[중국명 유송령(劉松齡)] 등도 만났다. 이런 만남을 통해 홍대용은 큰 충격을 받았다. 조선이 우물 안에 갇혀 청나라를 부인하고 망한 명나라를 그리워하는 동안 청나라는 성큼 앞서 나갔던 것이다. 이제 청나라는 과거처럼 군사력만 발달한 오랑캐 나라가 아니라 모든 사회제도와 문물이 발달한 선진국이었다.

청나라를 배워야 한다고 생각한 홍대용은 이런 생각을 공개적으로 밝히기로 하고 청나라 학자들과 주고받았던 필담을 묶어 『회우기(會友記)』라는 책을 펴냈다. 이덕무는 이를 『천애지기서(天涯知己書)』라는 이름으로 다시 펴냈다. 이 책을 보고 큰 충격을 받은 박제가는 서상수(徐常修)에게 말했다.

"제가 평소에도 중원을 흠모하지 않은 것은 아니지만 이 책을 보고 나서는 다시 걷잡을 수 없이 미친 사람이 되어 밥이 있어도 수저 드는 것을 잊고, 세숫대야를 두고서 세수하는 것을 잊을 지경이 되었습니다."

조선의 사대부들은 병자호란 이후 청나라를 부인하고 있었다. 매년 청나라 황제의 생일 때 성절사(聖節使)를 보내는 현실을 부인하며 망한 명나라를 사대하는 이상으로 지내 왔던 것이다. 이런 때 홍대용이 청나라 절강 출신의 지식인들은 물론 서양 출신 과학자들과 우정을 나누고 돌아온 사건은 백탑파에게 큰 충격을 주었다.

홍대용은 『연기』에서 청나라의 발전한 모습을 양껏 묘사했다.

"북경 같은 곳은 창문이나 가게문에 다 금은빛을 찬란하게 아로새기고 간판과 문패들은 서로 다퉈 신기하게 만들었으며 의자와 탁자, 그리고 장막과 발 등은 극히 화사(華奢)하게 만들었다. 대개 이렇게 하지 않으면 매매도 안 될뿐더러 물건들도 잘 모여들지 않는 모양이었다. 점포를 차릴 경우 바깥 설비만도 수천수만 금이 넘게 드는 모양이다. 대개 번화한 길목이나 네거리 입구에는 많은 술집〔酒樓〕들이 길을 끼고 서로 마주 바라보고 있다. 모두 처마 밖으로 난간이 나오도록 꾸몄는데 매우 화려하였다."

이 같은 『연기』의 내용은 이덕무 · 박제가 등의 백탑파에게 청나라에 가

홍대용 초상

보고 싶다는 욕구를 강하게 불러일으
켰다. 그러나 뜻만 있었을 뿐 쉽게 기약
할 수 없는 일이었다. 그러던 중 이덕무
에게 좋은 기회가 왔다. 평소 친분이 있
는 심염조(沈念祖)가 사신의 서장관으
로 청나라에 가게 되었던 것이다. 이덕
무는 얼른 따라나서기로 결정했고, 박
제가도 상사(上使) 채제공과의 친분으
로 큰 결심을 할 수 있었다.

청나라에 도착한 이덕무는 그 초입에서부터 크게 놀랐다.

"시장은 5리나 뻗쳐 있어 한양의 운종가(雲從街)를 회상케 했다. 눈이 휘
둥그레지고 말이 막힌 채 그저 멍하니 정신을 잃을 정도였다. 통역관이 말
했다. '만일 성경(盛京)·산해관(山海關)·통주(通州)·황성(皇城) 등 여러
곳을 보게 되면 더욱 번화하고 장려한데, 변방의 한 고을을 보고 이렇게 놀
라십니까?'"(이덕무, 『입연기』)

이덕무는 그해 4월 22일 심양에서 소현세자와 봉림대군(효종)이 머물렀
던 조선관(朝鮮館: 심양관)을 찾아 남다른 감회를 느꼈다.

"조선관은 남성(南城) 안 골목에 있다. 병자호란 이후로는 질자(質子: 인
질)가 거처하는 곳이 되어서 효종도 이곳에 머물렀다. 지금은 아문(衙門)이
허물어진데다가 기둥 열 개 정도만 남아 있다. 이곳을 왔다갔다 거니노라
니 비분함을 이기지 못하겠다. 심양서원(瀋陽書院)이 그 옆에 있는데, 공자
의 소상(塑像)이 있었다."

북경으로 접어드는 길에 이르러 이덕무는 또 한 번 크게 놀란다.

"대개 통주(通州) 대로에서부터 연경(燕京)까지 40리 길은 네모난 흰 돌

을 깔았는데, 수레바퀴 소리와 말발굽 소리가 우렛소리 같았다. 연경 길은 흙이 모두 검고, 인가의 번성함과 시사(市肆)의 사치스러움이 참으로 천부(天府)라 할 만하다. 수륙에서 생산되는 물건은 말로는 그 대략도 설명할 수 없고, 붓으로는 그 일부도 기록할 수 없다."

　계속되는 놀라움 속에 북경에 입성한 이덕무와 박제가는 자신들의 시집 『건연집』에 서문을 써 주었던 반정균도 만났다. 만 리 밖에서 글을 통해 알았던 사람을 직접 만나는 감회는 남달랐다. 마치 오래전에 사귄 친구 같았다.

　이덕무와 박제가는 북경에서 그 어느 곳보다 꼭 가 보고 싶은 곳이 있었다. 천주당(天主堂)이었다. 5월 25일 천주당을 방문했으나 주인이 없어 자

심양의 아동도서관 소현세자가 살던 심양관 자리로 알려져 있다.

세히 보지 못하자 북경을 떠나기 이틀 전인 6월 14일 다시 찾아갈 정도로 이들은 천주당에 관심이 많았다.

"오후에 천주당에 갔다. 천주당은 순성문(順城門) 동쪽에 있다. … 옥우(屋宇)를 바라보니 마치 가마솥을 엎어 놓은 것 같은데, 두루 인물화를 그렸다. 한 아이가 놀란 눈으로 위를 쳐다보고 있고, 한 부인은 걱정스런 모습으로 그 아이를 어루만지고 있으며, 한 늙은이는 두려워하는 모습으로 손을 비비며 그 어린아이가 죽지 않기를 바라는 듯한 모양을 하고 있는데, 사방에서 구름이 어린아이를 감싸고 있고 그 구름 위로 머리만 내어 놓은 사람이 무수히 많이 그려져 있다."(이덕무. 『입연기』)

성모마리아와 아기 예수의 그림을 묘사한 것이다. 그러나 이때도 두 서양인 선교사는 출타 중이어서 만나지 못했다. 이렇게 북경 방문을 끝내고 이덕무 일행은 귀국했다. 북경에서 돌아온 이덕무는 『입연기』라는 기행문

북경 북천주당

을 쓰고 박제가는 기행문 대신 『북학의(北學議)』를 썼다. 박제가는 「북학의 서문〔北學議序〕」에서 "『맹자』에 나오는 진량(陳良)의 말을 따서 책의 이름을 『북학의』라고 했다"고 말하는데, '북학'의 원래 뜻은 중국 남부의 지식인 진량이 북쪽 중국에서 유학을 배운다는 것이지만 여기에서는 청나라를 선진국으로 인정하고 배운다는 뜻이었다.

조선 지식인들이 내심 오랑캐라고 멸시하는 청나라를 배우자고 주장하는 것은 혁명적인 인식의 전환이었다. '북학파'는 이런 혁명의 인식에서 생겨난 실학파였다.

"지금 우리나라 사람들은 '오랑캐〔胡〕'라는 한 글자로 천하의 모든 것을 말살하고 있다. 그러나 내가 '중국의 풍속이 이렇게 좋다'고 말하면 그들이 바라는 바와 너무나 다른 것이 된다. 무엇으로 내 말을 분명하게 해 볼까? 시험 삼아 '중국에도 퇴계(退溪: 이황) 같은 학자가 있고, 간이(簡易: 최립) 같은 문장가가 있고, 한석봉보다 뛰어난 명필이 있다'고 말하면 그들은 반드시 발끈 성을 내며 낯빛을 바꾸고 대뜸 '어찌 그런 이치가 있겠는가?'라고 말하고, 심지어 그 사람에게 죄를 가하려 할 것이다.

시험 삼아 '만주 사람들은 말하는 소리가 개 짖는 소리와 같고, 그들이 먹는 음식은 냄새가 나서 가까이 할 수 없다. 심지어 뱀을 시루에 쪄서 씹어 먹으며, 황제의 누이가 역졸과 간통하는 가남풍(賈南風) 같은 불미스런 소행이 자주 일어난다'고 말하면 그들은 반드시 크게 기뻐하여 내가 한 말을 여기저기 전하기 바쁠 것이다."(박제가, 「만필」)

가남풍은 진(晉) 혜제(惠帝, 290~306)의 황후로 외간 남자를 궁궐로 끌어들여 사통했다 하여 왕실의 음탕함을 나타내는 인물이다.

이처럼 청나라의 모든 것을 오랑캐라고 멸시하는 풍조 속에서 박제가는 청나라를 배우자고 주장했다. 박제가 혼자만의 주장이 아니라 백탑파 모

박제가 『북학의』

두의 주장이기도 했다. 백탑파가 곧 북학파였던 것이다. 박제가는 허식에 사로잡힌 조선 사대부들과는 달랐다. 서얼 출신이었기에 조선 사대부들과는 다른 시각으로 청나라를 볼 수 있었다.

"수개월 동안 중국에 머물면서 평소 듣지 못하던 사실을 들었고, 중국의 옛 풍속이 여전히 남아 옛사람이 나를 속이지 않은 사실에 감탄했다. 그래서 그들 풍속 가운데 본국에서 시행하여 일상생활을 편하게 할 만한 것은 글로 기록하고, 아울러 그것을 시행함으로써 얻게 되는 이익과 시행하지 않음으로써 발생하는 폐단을 첨부해 하나의 설을 만들었다."(박제가, 「북학의 서문」)

북학파라는 실학의 중요한 한 조류는 벼슬길을 꿈도 꾸지 못하던 서얼 출신 스물아홉 백두(白頭) 지식인의 머릿속에서 나온 것이었다. 박제가에게 북학은 조선이 나아가야 할 유일한 길이었다.

"지금 백성들의 생활은 날로 곤궁해지고, 재정은 날로 궁핍해지고 있다. 무릇 사대부로서 장차 팔짱만 긴 채 구제하지 않을 것인가? 과거의 인습에 안주해 편안한 안락을 누리면서 아는 것을 모르는 체할 것인가?"

그러나 『북학의』에 아무리 조선을 잘살게 할 수 있는 획기적인 내용을 담았다 해도 아무 소용없는 일이었다. 북학을 주장하는 박제가가 서얼이었기 때문이다. 제아무리 최고의 학문과 경험을 지녔다 해도 서얼은 절대 등용될 수 없는 것이 곧 법이었다.

서류소통절목과 사검서의 탄생

그런데 이런 부조리한 상황에 종지부를 찍을 때가 다가오고 있었다. 새로 즉위한 정조가 서얼들의 등용을 준비하고 있었기 때문이다. 정조는 재위 1년(1777) 3월 21일 문관의 인사권이 있는 이조와 무관의 인사권이 있는 병조에 「서류소통절목(庶類疏通節目)」을 작성해 올리라고 명했다. 서얼들의 벼슬길 진출을 허용하는 법을 만들라는 지시였다.

"옛날 우리 선조(宣祖)대왕께서, '해바라기가 해를 향하여 기우는 것은 가지〔旁枝〕를 따지지 않는 것인데 어찌 인신 중에 정적(正嫡: 적자)만이 충성을 바치겠는가?'라고 하교하셨으니 위대한 성인(聖人)의 말씀이셨다. … 아! 필부가 원통함을 품어도 하늘의 화기가 손상되는데 서류들의 숫자가 몇 억(億: 십만) 정도뿐만이 아닐 뿐 아니라 그들 중에 나라에 쓸 만한 뛰어난 재주를 지닌 선비가 어찌 없겠는가? … 아! 저 서류들도 나의 신자(臣子)인데 그들로 하여금 제자리를 얻지 못하게 하고 또한 그들의 포부도 펴보지 못하게 한다면 이는 또한 과인의 허물인 것이다."

조선은 양반 사대부의 나라였다. 서얼들은 양반의 피를 타고 났으나 서류(庶流)라는 이유로 벼슬길이 막혔다. 서얼들은 커다란 한을 품을 수밖에 없었다. 정조는 바로 이 원한을 풀겠다고 나선 것이었다.

"양전(兩銓: 이조·병조)의 신하들은 대신과 상의해 서류들을 소통시킬 수 있는 방법과 서류들을 권장 발탁할 수 있는 방법을 특별히 강구하라. 문관은 어느 관직까지 이를 수 있고 음관과 무관은 어느 관직까지 이를 수 있는지 상세한 절목을 마련해 벼슬길을 넓히도록 하라."

정조는 신분이 아니라 능력에 따라 인재가 발탁되어야 한다고 생각했다. 그래서 자주 부열(傅說)과 여상(呂尙)에 대해 언급했다. 부열은 고대 은(殷)

나라 고종(高宗) 때 부암(傅巖) 들판에서 성 쌓는 데 동원된 백성들 사이에서 발탁된 인재이고, 여상은 주(周)나라 문왕(文王) 때 황계(璜溪)에서 낚시질하다가 발탁된 인재였다. 정조의 명을 받은 이조와 병조에서는 「서류허통절목」을 만들어 보고했다.

「서류허통절목」에 따르면 서얼은 호조·형조·공조의 문관 참상(參上: 정3품~6품)까지 오를 수 있었다. 그 외에 정3품 목사(牧使)와 오위장(伍衛將), 종3품 부사(府使)와 우후(虞侯)에도 오를 수 있었다. 요약하면 정3품까지는 서얼 출신들도 올라갈 수 있다는 것이었다. 게다가 정조는 이 규칙을 '상례(常例)와 항규(恒規: 영원한 규칙)'로 만들었다. 이제 서얼이 정3품까지 오르는 데 모든 규제가 없어졌다. 비록 정1품 정승까지는 오르지 못한다 할지라도 벼슬길에 오르는 것 자체가 금지되었던 현실에 비춰 보면 획기적인 것이었다. 이제 이것을 시작으로 점차 다른 규제들도 없어질 것이었다.

이덕무는 「서류허통절목」이 반포되자 자식들 생각에 마음이 좋았다. 서류라는 이유로 벼슬에 나가지 못했던 자식들이 이제 기회를 갖게 될 것이었다. 그러나 이 조치가 자신과는 별 관계가 없다고 생각했다. 허통절목이 마련되었다고 해서 새삼 과거에 나갈 생각은 없었던 것이다. 이는 박제가도 마찬가지였다.

그러나 정조 3년(1779) 6월 초하루, 생각지도 못했던 전교가 이들에게 내려졌다.

"규장각(奎章閣) 검서관(檢書官)으로 임명하신다는 전교요."

규장각은 양반들도 선망하는 최고의 관청이었다. 당시 조정 기구들로는 조선을 변화시킬 수 없다고 생각한 정조가 만든 새로운 조직이 규장각이었다. 겉으로 표방한 설립 목적은 역대 선왕들의 장서와 초상인 어진(御眞) 등을 보관하는 기구였다.

'규장각' 숙종 글씨(1694년)
국립고궁박물관 소장

"우리 선대왕의 운장(雲章)·보묵(寶墨)은 모두 다 소자를 가르쳐 주신 책이니, 높이며 삼가는 바가 어찌 보통 간찰에 비하겠는가? 마땅히 한 전각을 세워서 송나라에서 받들던 제도를 따라야 하겠다."(『정조실록』 즉위년 9월 25일)

정조가 규장각을 선왕의 유물을 보호하기 위한 관청이라고 말한 것은 새 기구 설치에 대한 노론의 의구심을 약화시키기 위해서였다. 즉위년 3월에 시작된 규장각 건설 공사는 9월에 완공되었는데, 위층은 다락이고 아래층은 툇마루였다. 처음에는 어제각(御製閣)으로 불렀으나 종정시(宗正寺)에 숙종이 친필로 쓴 '규장각'이란 편액이 있다는 말을 듣고 이를 걸고 규장각으로 개명했다.

규장각은 제학 2명·부제학 2명·직각 1명·대교 1명 등 4개 직위 6명의 각신(閣臣)이 있었는데 이들에게는 많은 특권이 주어졌다. 국왕을 조석으로 대면할 수 있었고 소대·야대는 물론 경연에도 참가할 수 있었다. 삼사(三司)처럼 백관에 대한 탄핵권도 있었으나 정작 각신들은 사헌부의 탄핵 대상에서 제외되었다. 공무 중에는 체포·구금되지 않는 특권도 누리면서 삼사를 능가하는 권위를 갖게 되었던 것이다. 정조는 규장각 각신들을 자신의 친척처럼 대우했다.

규장각도 단원 김홍도의 그림으로 추정된다.

그런데 이런 각신들보다 더 주목받은 인물들이 규장각 검서관들이었다. 이덕무 외에 유득공·박제가·서리수를 검서관으로 임명했는데 모두 서얼 출신이었던 것이다. 이 자리에 서얼들을 등용하자는 방안은 홍국영이 낸 것이었다. 재위 3년(1779) 3월 정조가 도승지 홍국영에게 책자 간행의 어려움을 토로한 것이 계기였다.

"근래 『명사(明史)』를 보니 상세하게 구비된 책자가 없어서 새로 찬집하고자 하나 매우 어렵다."

그러자 홍국영이 서얼 등용에 대한 방안을 제시했다.

"찬집 등에 관한 일은 서류 중에서 잘하는 자가 많습니다. 만약 이들을 운각(芸閣: 교서관)에 소속시켜서 교정을 보도록 한다면 일이 잘될 것입니다."

"경의 말이 좋다. 그러나 정원을 만들어 내는 일이 어려울 것 같다."

인원을 늘릴 예산을 만들기 어렵다는 뜻이었다.

"만약 그렇다면 교서관의 정원을 뽑아서 교정관(校正官)이라고 이름 붙이면 … 서류들도 좋아할 것입니다."

"매우 좋으니 잘 생각해서 시행하라."

정조가 찬성하자 홍국영은 다음 날인 3월 27일 서류 등용안을 만들어 보고했다.

"하늘이 낸 인재는 각자 적재적소에 쓰여야 합니다. 지금 보건대 일명(一

규장각 창덕궁 주합루

名: 서얼) 중에는 문장과 학식이 있는 자가 적지 않지만 벼슬길이 막혀 그 학식을 시험해 보지 못하니 애석합니다."

홍국영은 교서관의 정원 중에서 네 자리를 규장각으로 돌려 검서관이라고 이름 붙이고 서얼 중에서 발탁하는 방안을 보고했다. 전날에는 이름도 교정관이었고 소속도 교서관이었으나 규장각으로 소속을 옮기고 이름도 검서관으로 바꾼 것이었다. 정조 3년 3월 27일 『정조실록』에 "처음으로 내각에 검서관을 두었는데 서류 가운데 문예(文藝)가 있는 사람으로 차출하여 4원(員)을 두었다"고 한 기록은 이런 배경에서 나온 것이었다. 그 두 달 후쯤인 6월 초하루 이덕무 등 4명의 서얼이 검서관으로 임명되었다.

이렇게 발탁된 4명의 검서관들은 이후 '규장각 사검서(四檢書)'라는 보통명사로 불리며 조선의 지식계를 주도했다. 직급은 5·9품에 해당하는 중하위급이었지만 머릿속의 지식은 타의 추종을 불허하는 당대 최고였기 때문이다. 그간 신분제의 질곡에 얽매여 있던 이들의 재능은 규장각 검서관이란 날개를 달자 하늘 높이 날아올랐다. 그러나 정조는 당초 이들의 문장을 좋아하지는 않았다. 정조는 훗날인 재위 21년(1797) 각신 이시원(李始源)에게 이렇게 말했다.

"이덕무·박제가 무리는 문체가 전적으로 패관(稗官)·소품(小品)에서 나왔다. 이들을 내각(內閣: 규장각)에 두었다고 해서 내가 그 문장을 좋아하는 줄로 아는데, 이들의 처지가 남들과 다르기 때문에 이로써 스스로 드러내도록 하려는 것일 뿐이다."(『일득록』 5)

이덕무·박제가 등의 문체가 패관소품이라 마음에 들지 않지만 '처지가 남들과 다르기 때문'에 등용했다는 뜻이다. 바로 이 부분에 정조의 남다른 인재등용관이 있었고, 이에 따라 등용된 인재들은 시대의 변두리에서 한복판으로 뛰어오를 수 있었다. 그것은 진정한 시대의 변화였다.

나이 순서대로 앉으라

대궐로 출근하는 이덕무의 발걸음은 가벼웠다. 감개가 무량했다. 자신에게 이런 날이 올 줄을 누가 알았겠는가. 몇 년 전 홍대용이 호남의 지방관으로 내려가면서 이덕무에게 같이 가자고 청했던 일이 생각났다. 이덕무의 생계가 곤란함을 알고 식객으로 데려가려 한 것이었다. 끼니를 걱정하는 형편이었지만 이덕무는 굳세게 거절했다.

"공문(公門: 관아)에 기식하는 것이 어찌 내 집에 자유롭게 있는 것만 하겠는가?"

제집에서 굶어 지낼지언정 관아의 식량을 축낼 수는 없다는 뜻이었다. 그런데 그렇게 곤궁했던 자신이 이제는 대궐로 출근하고 있는 것이었다. 그것도 모두가 선망하는 규장각이었다.

정조는 일단 규장각 사무청사인 이문원(摛文院) 동쪽 방을 검서관들의 사무실로 꾸며 임시로 거처하게 했다. 규장각에 검서관들만의 공간이 마련된 것은 정조 7년이었다. 이때 이문원의 왼편 행랑채에 방 2개와 마루 1개를 만들고 단청(丹青)도 새로 칠했다. 이덕무는 규장각 검서관직에 대해 큰 자부심을 가졌다.

"아, 우리 검서관 네 사람은 보잘것없는 천한 사람으로 태평성대를 만나 이 책임을 맨 먼저 맡아서 바쁘게 근무한 지가 지금 7년이 되었으니 어찌 행복한 사람이 아니겠는가? 비록 문장을 짓고 글씨를 쓰느라 근력이 다하고 도서(圖書)에 정신이 다한다 하더라도 감히 사양할 수가 없다."(『간본 아정유고』 제3권)

정조는 규장각 검서관들을 우대하였고 작은 부분까지 세심하게 배려해 주었다. 규장각에 출근하자마자 정조는 검서관들을 앞으로 나오라고 불렀다. 국왕이 잡직 벼슬아치들을 면대하는 것은 이례적인 일이었다. 정조는 검서관들을 격려한 후 물건을 차등 있게 하사했고, 검서관들은 감격했다. 임금이 자신들을 일개 잡직 종사자가 아닌 학자로 대우한다는 증거였다. 내려 주는 물품도 다양했다. 정조 5년 3월부터 7월 초까지 약 4개월간 이덕무가 정조로부터 받은 하사품은 다음과 같았다.(『청장관전서』 제70권)

5년(1781) 3월 2일: 『내각고사절목(內閣故事節目)』 1책을 하사받았다.

3월 3일: 종자로 쓸 생강 다섯 되를 하사받았다.

3월 6일: 검서관 4명 모두 장궁(粧弓) 한 틀씩을 하사받았다.

4월: 『이문원강의(摛文院講義)』 1책을 하사받았다(날짜 미상).

4월 4일: 가오리〔洪魚〕 한 마리를 하사받았다.

4월 20일·23일: 웅어〔葦魚〕 한 두름씩을 하사받았다.

5월 5일: 백칠선(白漆扇: 부채) 한 자루를 하사받았다.

5월 11일: 웅어 두 두름을 하사받았다.

5월 17일: 밴댕이〔蘇魚〕 한 두름을 하사받았다.

5월 20일: 밴댕이 네 두름을 하사받았다.

5월 27일: 웅어 한 두름을 하사받았다.

윤5월 2일·4일: 밴댕이 두 두름씩을 하사받았다.

윤5월 13일·14일: 준치〔眞魚〕 한 마리씩을 하사받았다.

6월 13일: 아마(兒馬: 작은 말) 한 필을 하사받았다.

6월 26일: 『어정팔자백선(御定八子百選)』 2질을 하사받았다.

7월 4일: 공마(貢馬) 1필을 하사받았다.

한 달에 거의 다섯 번 꼴로 하사받은 셈이었다. 물품만 내려 준 것이 아니었다. 정조는 재위 5년(1781) 검서관들을 출륙(出六)시키고 실직(實職)을 주었다. 승륙(陞六)이라고도 하는 출륙은 7품(品) 이하의 참하관(參下官)에서 6품 이상의 참상관(參上官)으로 승진함을 뜻하는데, 7품과 6품은 한 품계 차이지만 참상관은 조회에 참여할 수 있는 권한이 있었다. 출사한 지 2년 만에 참상관으로 오른 것은 빠른 승진이었다. 그만큼 정조가 서얼 출신 검서관들을 후대했음을 말해 주는 것이다. 그러나 정조의 이런 후대에도 신분제에 대한 뿌리 깊은 고정관념은 쉽게 바뀌지 않았다. 그중 하나가 '나이 순서대로 앉는' 서치(序齒) 문제였다.

개국 초만 해도 성균관 태학생들과 지방 향학(鄕學)의 유학생들은 나이 순서대로 앉게 되어 있었으나 문벌이 성해지면서 신분별로 앉는 것으로 바뀌었다. 서얼은 아무리 나이가 많아도 어린 양반 아랫자리에 앉아야 했던 것이다. 서얼 출신이었던 영조는 재위 18년(1742) 3월 사도세자의 성균관 입학을 계기로 서치를 단행했다. 태학에서 적자와 서자를 구별하지 말고 나이 순서대로 앉으라고 명령한 것이다.

그러나 이에 대한 반발은 만만치 않았다. 이듬해(영조 19년) 4월에는 양반 출신 태학생들이 이에 반대해 권당(捲堂: 동맹휴학)을 단행했다. 영조가 주동자를 처벌하는 대신 성균관 대사성 김상로(金尙魯)에게 타이르도록 명하는 선에서 그쳤을 정도로 이 문제는 해결이 쉽지 않았다. 영조의 굳은 의지로 서치가 강행되었지만 언제든지 다시 불거질 수 있는 문제였다. 양반 유생들은 가정은 물론 사회 모든 부분에서 서얼들은 자신들의 아래에 있는데 유독 학교에서만 윗자리에 있어야 한다는 사실을 받아들이지 않았다.

서치에 대한 문제를 다시 제기한 인물은 정조 때 조정에 등장한 송시열의 후손 송덕상이었다. 정조 3년(1779) 4월 경연관 송덕상은 주강(晝講)에서 정조에게 이렇게 말했다.

정조가 거처하던 희정당

"서류들을 나이 순서로 앉게 하는 일에 대해서 신의 어리석은 의견도 다른 사람들과 다름이 없습니다. 그러나 한 번 선조(先朝: 영조)께서 처분을 내리신 뒤부터 방자한 마음이 생겨 주사(主嗣: 후사)를 빼앗아 바꾼 경우도 있고 혹은 적종(嫡宗: 종손)을 핍박하여 다투는 경우도 있으니 이는 실로 윤상(倫常)의 변괴입니다. 이제 만일 나이에 따라 좌차를 정하는 것을 허락한다면 또 장차 어떤 지경에 이르게 될지를 알 수가 없으니 이 점에 대해 생각하지 않을 수 없습니다."

송덕상은 송시열의 후손이란 무게가 있었다. 송시열을 정신적 지주로 삼는 노론에서는 송덕상을 절대적으로 추앙했다. 게다가 그는 홍국영의 천거를 받은 인물이었다. 정조로서는 삼고초려를 거듭해 겨우 조정에 세운 인물이었기 때문에 그의 주장을 단번에 물리칠 수 없었다.

"경의 말도 일리가 있다."

형식적인 답변이었으나 성균관에서는 큰 소동이 일어났다. 힘을 얻은 노론계 태학생들이 서얼들을 아랫자리로 내쫓았던 것이다. 이렇게 한 번 무너진 질서를 바로잡는 일은 쉽지 않았다. 정조가 이 문제를 다시 제기한 것은 왕권이 어느 정도 강해진 재위 15년(1791)째였다. 창덕궁 희정당(熙政堂)에서 성균관 대사성 유당(柳戇)에게 서치를 실시하라고 명했던 것이다.

"서치 한 가지 일만 들더라도 선조(先朝: 영조)의 말씀이 얼마나 엄중하였는가. 그런데 요사이 일명인(一名人: 서얼)을 구별하여 남행(南行: 음직들이 앉는 남쪽 자리)에 앉힌다고 하니, 어찌 될 법이나 한 말인가. … 국자장(國子長: 성균관의 대사성)이 선비를 가르치는 임무를 겸하고 있으니, 이를 바로잡는 것이 직책이 아니겠는가."

"지당하신 말씀입니다. … 이를 바로잡는 일은 조금이라도 늦춰서는 안 되는데, 아직까지 답습하고 있는 것은 반장(泮長: 대사성의 별칭)이 사대부들의 원성〔士怨〕을 사지 않으려는 데에도 그 원인이 있다 하겠습니다. 신이 마땅히 여러 성균관 유생〔諸生〕들을 효유해서 예전처럼 하지 못하도록 하겠습니다."

이는 단순히 성균관 유생들의 자리 배치 문제만이 아니었다. 사회 전반의 신분 차별 문제였다. 정조는 한 번의 명으로 서류 차별이 없어지지 않으리란 사실을 잘 알고 있었다. 그래서 정조는 다른 문제를 제기했다. 강원도 영월의 창절사(彰節祠)에 모신 선열들의 위패 순서 문제였다. 창절사는 단종 복위에 목숨을 바친 사육신과 강물에 던져진 단종의 시신을 수습한 영월의 호장(戶長) 엄흥도(嚴興道) 등 10위의 위패를 모신 사당이었다. 엄흥도는 나중에 공조참판에 증직되었으나 중인 출신이란 이유로 양반 출신들과는 분리하여 위패를 모셔 왔다. 정조는 성균관의 좌차 문제를 제기하면서 이 문제도 함께 제기했다.

"우리나라는 지체를 따지기는 하나 창절사의 위차(位次: 위패들의 순서)에서 엄 호장(嚴戶長: 엄흥도)은 이미 아경(亞卿: 참판)에 증직되었으니, 어찌 함께 모시지 못할 이유가 있겠는가."

좌의정 채제공은 정조의 말뜻이 무엇인지를 얼른 간파했다.

"엄 호장은 절의가 이미 우뚝 높고 또 중직까지 받았으니 지체는 애초 따질 것이 없습니다. … 나란히 놓되 맨 끝 순서에 두는 것이 좋을 듯합니다."

정조는 성균관에서 서류들의 자리 배치를 차별한 것은 송덕상이 반당(泮堂: 성균관 당상)일 때 잘못 만든 것이라며 성균관 대사성 유당과 동지성균관사 김문순(金文淳)에게 나이 순서대로 앉히라고 다시 지시했다.

"현관(賢關: 성균관)은 나이를 중히 여기는 곳인데 어찌 구별을 지어 나이순으로 앉히지 않겠는가. 차후로는 엄히 금하는 것이 옳다."

정조의 강력한 의지에 의해 성균관의 좌석 배치는 나이순으로 결정되었다. 그러나 이번에도 반발은 컸다. 성균관 유생들은 다시 권당까지 하며 시위를 했다. 정조는 대사성에게 거듭 효유하라고 명하면서 물러서지 않았다.

"삼대(三代: 중국 고대 하·은·주)의 제도에 평민의 준수한 자들도 천자의 원자(元子)와 함께 나이순으로 앉았는데 이들의 신분이 어찌 우리나라 사대부만 못해서 그렇게 했겠는가?"

정조는 성균관 대사성에게 학생들을 효유하라고 명하고 자신도 직접 나서 신분에 따라 앉게 한 규정은 송덕상이 잘못 만든 것이라고 하유하였다. 유생들은 결국 마지못해 권당을 풀고 돌아왔다. 자리 배치 하나가 이렇게 어려우니 서얼 문제 해결은 지난한 것이었다.

이런 소동이 끝난 직후 정조는 이덕무를 불렀다.

"태학에서 나이순으로 앉는 법이 비로소 실행되었는데, 오랫동안 억울한 생각을 품고 있던 많은 일명인의 마음이 과연 풀렸는가? 대체 형편이 어떠한가."

"신이 내각(內閣)에 출입하느라 사람을 만날 기회가 적어서 비록 자세히 알 수는 없으나 그 대강은 들었습니다. 이들은 아무 죄 없이 인류에 끼지 못하다가 이제 성세를 만나 오륜 중 장유유서(長幼有序)가 하루아침에 시행되는 것을 보자 기쁘고 감격한 나머지 '비로소 사람대접을 받게 되었다'고 말하지 않는 자가 없고 '오랫동안 가뭄이 든 것을 임금께서 걱정하여 이러한 덕정(德政)을 행하셨으니 하늘이 감동해 반드시 단비를 내릴 것이다'라고 말했는데, 하교하신 후 이틀 만에 단비가 내리다가 큰 비가 오자 '이것은 서치우(序齒雨)다'라며 축하했으니 이로 미루어 인정의 대체를 알 수 있습니다."

"이들의 기뻐함이 이같이 크단 말인가."

뿐만 아니라 이덕무는 서류들이 '부조(父祖) 중에 이런 좋은 일을 보지 못하고 먼저 타개하신 분이 계시다'면서 제사를 지내 고한다고 보고했다.

정조가 얼굴빛을 고치며 말했다.

"나는 이 일에 대해서 항상 우리나라의 풍속이 너무 여유가 없음을 한탄하였다. 이들(서류)이 생원·진사가 되는 것을 허락하지 않으면 모르겠지만 생원·진사가 되는 것을 허락해 놓고 노인을 도리어 소년의 뒷자리에 앉게 하니, 모범을 보여야 할 성균관에서 이렇게 해야 한단 말인가."

서류 문제에 대해서는 이덕무가 가장 정통하리라 생각한 정조가 다시 물었다.

"일명(一名)을 현직(顯職: 중요한 자리)에 나가지 못하게 한 것은 무슨 일 때문인가?"

"난신 정도전(鄭道傳)이 서얼이란 이유로 서선(徐選)이 서얼 자손에게는 현직을 허락하지 말자고 건의하여 법전(法典: 경국대전)에까지 실었으며, 또 간신 유자광(柳子光)이 사림을 일망타진한 것도 구실이 되었다고 합니다."

태종 15년(1415) 우부대언(右副代言) 서선이 정도전이 서류였던 것을 구실로 서얼 차별 법제화를 주장해 관철시켰으며, 연산군(燕山君) 4년(1498)

서자 출신 유자광이 무오사화(戊吾士禍)를 주도하자 다시 서얼 등용을 금지시켰다는 것이다. 정조는 이런 사례의 모순을 곧바로 지적했다.

"예부터 일명이 아니고서도 난역을 일으키고 권간이 된 자가 얼마인지 알 수 없는데 하필 정도전과 유자광 두 사람만이 난신과 간신이란 말인가? 더구나 이를 구실 삼아 무죄한 일명의 허다한 자자손손까지도 폐쇄하여 마치 거기에 연좌된 것같이 되었으니, 이 어찌 억울하고 원통한 일이 아니겠는가?"

그러고는 계속 말을 이었다.

"서선 이후에 또 서얼의 방색(防塞: 벼슬길 진출을 막는 것)을 주장한 자가 있는가?"

"성묘조(成廟朝: 성종)에 강희맹(姜熙孟)이 『경국대전』의 '서얼의 자손은 현직 임명을 허락지 않는다'는 구절을 해석할 때 '자손이란 자자손손을 이른다'고 했는데, 그해에 큰 가뭄이 들어 흉년이 되었다고 합니다."

"어느 책에서 그러한 내용을 보았는가?"

정조는 이덕무가 이렇게 세세한 내용까지 알고 있는 것이 신기했다.

"이익(李瀷)의 『성호사설』에 실려 있습니다."

이익은 『성호사설』 '서얼방한(庶孼防限)'조에 이런 내용을 썼다. 정조가 분개해 말했다.

"언젠가 들으니 서얼의 방색을 전적으로 주장한 자는 반드시 역적이 되고 또 대부분 재앙을 받게 된다고 하더라."(『청장관전서』 제71권)

정조는 한번 서얼이면 영원히 서얼이 되는 그릇된 현실을 용납할 수 없었다. 돌이켜 보면 조선에는 너무나 많은 차별이 있었다. 서류뿐만 아니라 서북(평안도)·관북(함경도) 사람들도 차별을 받았다. 정조가 도산서원에서 영남 사대부들을 위한 별시를 치러 주기 전까지 영남 사대부들도 과거 응시가 금지되는 차별을 받았다. 또한 여성들도 재가가 금지되는 차별을 받았고, 한번 노비면 영원히 노비가 되는 노비법도 차별이었다.

온갖 차별에 도전하다

정조는 평안도와 함경도 사람들의 차별 문제를 질책했다.

"왕자(王者)는 삼무사(三無私)의 뜻을 받들어 만백성을 공평하게 다스려야 하는 것이다. 우리나라 수천 리 땅은 멀고 가까움을 막론하고 모두 나의 신자이다. 기성(箕聖: 기자)의 고도(故都)였던 평안도나 용흥(龍興: 태조가일어난 곳)의 옛터인 함경도가 풍속과 인물에 있어 어찌 다른 도보다 갑자기 못해질 수가 있겠는가. 그런데도 근세에 들어와 갑자기 물리쳐 버리고는 등용하지 않아 스스로 포기하고 기꺼이 하류(下流)에 처해 있으니 이는 실로 조정의 잘못이다."(『홍재전서』 제31권)

삼무사는 『예기(禮記)』「공자한거(孔子閒居)」 편에서 공자가, "하늘은 사사로이 덮지 않고, 땅은 사사로이 싣지 않으며, 해와 달은 사사로이 비추지 않는다〔天無私覆, 地無私載, 日月無私照〕"라고 한 말을 가리킨다. 국왕의 정치는 사심이 없어야 한다는 뜻으로, 정조는 이를 통해 평안도·함경도 사람들을 차별하는 것은 왕자의 정치가 아니라고 말한 것이다.

정조는 여성의 개가 금지도 문제라고 생각했다. 정조는 이 문제에 대해 이덕무와 상의했다.

"송(宋)나라의 범중엄(范仲淹)은 그의 어미가 개가하여 주씨(朱氏) 성을 갖게 되었으나 덕이 크고 공이 많은 명신이 되기에 손색이 없었다. 대저 서얼에게 청환(淸宦) 현직(顯職)을 허락하지 않는 것과 과부에게 개가를 허락하지 않는 이 두 가지 일은 화기를 해치는 것 가운데 큰 것이라서 내가 항상 마음속으로 염려하면서도 아직까지 개혁하지 못한 일들이다.

법을 완화하여 개가를 허락하면 원기(寃氣)가 변해서 화기(和氣)가 되어 해마다 풍년이 들어서 집집마다 넉넉하고 사람마다 풍족할 것이니 어찌 가뭄을 염려하여 비 오기를 비는 일이 있겠는가? … 연전에『대전통편(大典通編)』을 찬수할 때 '개가한 자의 자손에게는 청환·현직을 허락하지 않는다'는 조문을 제거하려고 끝내 망설이다가 그만두었다. 이 조문의 유폐(流弊: 나쁜 풍속) 때문에 거짓 열부(烈婦)와 거짓 절부(節婦)까지 생겼으니 어찌 놀랍고도 가슴 아프지 않겠는가? 또 이 법은 이해득실로 따져 보더라도 많은 장정들을 잃게 되는 손해가 있는 것이다."

정조는 개가한 여성의 자손을 차별하는 법조항 또한 많은 문제를 갖고 있음을 물론 알고 있었으나 쉽사리 개정할 수는 없었다. 노론에서 격렬하게 반대할 것이기 때문이었다. 이덕무가 아뢰었다.

"성교가 지당합니다. 단지 허다한 백성들이 이로 해서 불안해할 뿐 아니라 또한 허다한 인재들을 잃게 됩니다. 조정에서 구태여 개가하라는 명을 특별히 내리지 않더라도『대전통편』에 실려 있는 조항만을 삭제해서 개가한 자의 자손이라도 뛰어난 자가 있으면 등용할 뿐 죄로 여기지 않되, 수절한 자는 특별히 정려(旌閭)를 세워 표창하는 것은 이치상 당연한 일입니다."

정조는 노비 문제에도 주목했다.

"우리나라의 노비법도 지극히 원통한 일의 하나이다. 기자(箕子)가 우리나라에 와서 법을 제정하였는데 '도둑질한 자는 훔친 사람의 노비로 삼되 속죄하려는 자는 1인당 50만 전을 내게 한다'고 했다. 비록 돈을 주고 속죄하여 평민이 되더라도 사람들이 이를 부끄럽게 여겼다 한다. 이러한 사실은 반고(班固)의『한서(漢書)』에 실려 있지만 어찌 천 년이고 백 년이고 자자손

손이 영원토록 노비가 되라는 법이 있겠느냐?"(『청장관전서』제71권)

정조는 조선에서 노비가 있게 된 역사적 연원을 고조선의 팔조법금(八條法禁)에서 찾았다. 『한서』 지리지 연(燕)조에 "사람을 죽인 자는 죽음으로 보상하고, 사람에게 상처를 입힌 자는 곡식으로 보상한다. 도둑질한 사람은 그 집의 노비로 삼는데, 속죄 받으려면 50만 전을 내야 한다"는 구절이 전하는데 "비록 속죄 받아도 풍속에서 수치스럽게 여겨 혼인하려고 해도 사람을 구할 수 없기 때문에 백성들은 서로 도둑질하지 않고 대문도 닫지 않았다"는 내용이 이어진다. 정조는 이를 언급하면서 비록 절도죄 때문에 노비가 되었더라도 어찌 그 자손까지 대대로 노비가 되어야 하느냐고 성토하는 것이었다.

정조는 "천하에 하소연할 곳 없는 매우 가긍한 자로는 우리나라의 사노비(寺奴婢)보다 더한 것이 없다"고 말하기도 했다. 정조 사망 직후 국가 소속의 공노비가 해방된 것은 정조의 이러한 평소 생각이 실현된 것이었다.

개혁에의 꿈

정조는 중하위직에 지나지 않는 규장각 검서관들과 많은 일을 의논했다. 실제 대우는 각신(閣臣)과 다를 바가 없었다. 정조는 이덕무와 박제가에게 이런 주문을 했다.

"『시경(詩經)』에 '꼴 베고 나무하는 천한 사람에게도 묻는다'고 했다. 그대들은 사람이 살아가는 데 이익이 되고 오래된 폐단을 제거할 수 있는 방도가 있거든 수시로 기록해 올리라. 채택할 만한 것은 『어제집(御製集)』에 편입하고 마땅히 '이덕무가 이르기를…', '박제가가 이르기를…'이라고 쓸

『일성록』 정조가 매일 반성한다는 뜻에서 작성하게 한 것이다.

것이니, 그대들에게도 영광된 일이 아니겠는가."(『청장관전서』 제71권)

'오래된 폐단을 제거할 수 있는' 개혁 방안을 이덕무나 박제가에게 묻는 이유는 분명했다. 정조는 명문대가 출신들에게서 개혁 방안이 나오기 어렵다는 사실을 잘 알고 있었다. 개혁 방안은 이덕무나 박제가처럼 실력은 있으나 신분 때문에 고통을 겪었던 인재들에게서 나오는 것이었다. 규장각 사검서는 단순히 이들의 처지를 동정해 등용한 것이 아니었다. 정조는 이들의 머릿속에 들어 있는 개혁 이론이 필요했다. 그래서 이들과 자주 대화했던 것이다.

검서관들은 너무나 바빴다. 정조는 경전 편찬 외에도 일기인 『일성록』과 『내각일기』 등을 편찬케 했는데 이는 고스란히 검서관들의 몫이 되었다. 생활은 크게 나아졌으나 검서관들은 쉴 틈 없이 일해야 했다. 특히 눈이 고생이었다. 정조 16년 박제가가 검서관직을 그만두기로 결심한 이유도 눈병 때문이었다. 박제가는 서유구(徐有榘)에게 보낸 편지에서 이 고민을 토로했다.

"5년 전부터 계속해서 밤을 지새웠더니 불행히 왼쪽 눈이 어두워져 보이지 않게 되었는데, 안경도 효과가 없었소. 갖고 있는 것은 오직 한쪽 눈뿐이오. 수개월 전부터는 어둠의 꽃이 또 피기 시작했소. 내각의 일(검서관)은 글을 베껴 쓰고 교정하는 일이 많은데, 두 가지 다 전적으로 눈에 의지하는 일이오. … 검서관의 용도는 눈에 있는데 눈이 어두우면 물러나는 것이 본래 합당할 것이오."

박제가는 "열 푼의 눈으로 한 푼의 직분을 수행할 때도 오히려 일을 완전하게 처리하지 못할까 두려워해야 하는데, 한 푼의 눈으로 열 푼의 일을 감당해야 하니 그 모양새가 어떻겠소?"라고 말하며 물러날 결심을 밝혔다.

그러나 정조는 그를 그냥 내버려 두지 않았다. 부여 현감으로 임명한 것이다. 박제가뿐만 아니라 이덕무를 적성 현감, 유득공을 포천 군수로 임명하는 등 검서관들을 지방관으로 삼아 백성을 직접 다스리는 기회를 주었다. 그러나 이들의 지방관 생활은 그리 순탄하지 못했다. 지방의 양반 사대부들과 자주 충돌했기 때문이다.

"양근 군수가 되었을 때였다. … 호족들은 기쁘면 백성들에게 술을 주지만 화가 나면 명분으로 꾸짖고 사사로이 묶고 마음대로 때렸다. 이를 비통하게 여긴 나는 법으로 바로잡았다. 한 연장자가 내 앞을 지나가면서 '자네가 다스린 지 수십 일에 양반 여덟을 태형에 처했으니 잘못되지 않을까?'라고 말했다. 나는 '나랏일을 보는 데는 『대전통편』 하나가 있을 뿐인데 그 책에서 양반만을 위한다는 구절은 못 보았습니다'라고 대답했다. 양근의 호족들이 매우 두려워했다."(유득공, 『고운당필기』)

그러나 현실에서 『대전통편』은 글자 그대로 적용될 수 있는 것이 아니었다. 유득공은 결국 파직까지 당해야 했다. 명분은 달랐지만 속내는 양반 사대부들과의 마찰 때문이었다.

양반 사대부들로부터 많은 차별을 겪었던 서얼 출신 지방관들은 양반의 시각이 아니라 백성들의 시각에서 세상을 바라보았다. 경기도 영평(永平)

현령으로 있던 박제가는 1798년(정조 22년) 정조가 농서(農書)를 널리 구한다는 윤음을 반포하자 「북학의를 올리는 응지상소」를 올렸다. 20년 전 『북학의』에서 주장했던 내용을 다시 피력한 것인데 지방관으로 직접 목도한 백성들의 비참한 정경을 개혁의 당위성으로 삼았다.

"신이 매번 이 산골 고을 백성들이 사는 모습을 볼 때마다 화전을 일구고 나무를 하느라 열 손가락 모두 못이 박여 있었지만 옷은 십 년 묵은 해진 낡은 솜옷이고, 그 집은 허리를 구부려야 들어갈 수 있는 움막이었습니다. 연기가 가득하고 벽은 바르지도 않았는데, 그 먹는 것은 깨진 주발에 담긴 밥과 간도 하지 않은 채소뿐입니다. 부엌에는 나무젓가락에 아궁이 위에는 항아리로 만든 솥이 있었습니다. 그 이유를 물어보자 무쇠솥과 놋수저는 이정(里正)이 몇 차례 꿔다 먹은 곡식 값으로 이미 빼앗아 갔다는 것입니다. 부역에 대해 묻자 노비가 아니면 군보(軍保)의 신분이라 250~60전을 관에 납부한다고 했습니다. 국가의 경비가 나오는 곳이 바로 여기입니다. 측은한 마음에 베를 짤 마음도 나지 않는 홀어미처럼 탄식이 나왔습니다. 그래서 지금의 도(道: 법)를 바꾸지 않으면 지금의 풍속 아래서는 하루아침도 살 수 없다는 생각이 들었습니다."

박제가는 백성들의 이런 비참한 생활을 개선하려면 대대적인 개혁이 필요하다는 생각에 평소 자신의 지론이었던 『북학의』를 올린 것이었다.

"특별히 이 현 하나만 그런 것이 아니라 모든 고을이 다 그렇고, 나라가 모두 그렇습니다. 이것이 바로 성상께서 개연히 분발하여 한 번 경장(更張: 개혁)을 생각하시고, 책문을 내려 열성적이고 진지하게 조언을 구하시는 이유입니다."

박제가는 이 글에서 "이제 농업을 일으키시려면 농업에 해가 되는 것을 먼저 제거한 후에 다른 말을 구하는 것이 좋습니다"라고 자신의 대책을 제

시행는데, 첫 번째가 유생을 도태시키는 일이었다. 농사는 짓지 않고 과거에만 몰두하는 유생들을 도태시켜 농업에 종사시켜야 한다는 것이었다. 두 번째는 수레 유통으로서 북학파의 전통적인 주장이었다. 세 번째는 병농일치제인 둔전(屯田)을 시행해 백성들을 군역의 부담에서 벗어나게 하자는 것이었다.

"신이 원하는 바는 이 고을의 백성이 편안히 살면서 생업에 즐겁게 종사하고, 붓도랑과 밭고랑이 제도에 맞으며, 가옥을 깨끗이 정비하고, 백성들의 용모가 단정하고, 말에 신의가 있으며, 기물이 견고하고 의복이 단정하며, 수목이 무성하게 자라며, 육축(六畜)이 잘 번식하는 것입니다. 남녀가 나태하지 않아서 각자 맡은 임무를 다하고, 공인과 상인이 모여들고, 도적들이 사라지고 … 한 개의 현이 이렇게 되면 온 나라가 이렇게 되어 풀이 바람에 쓰러지고 역졸(驛卒)이 소식을 전한 것처럼 바람같이 응할 것입니다. 신은 아침에 이를 보면 저녁에 죽어도 아무 유감이 없습니다."

검서관을 겸직하고 있는 영평 현령 박제가의 소원은 이런 것이었다. "아침에 도를 들으면 저녁에 죽어도 좋다"는 공자의 도(道)가 박제가에게는 이런 나라를 만들면 저녁에 죽어도 좋다는 꿈으로 있었다. 이는 정조의 꿈과 같은 것이었다. 서얼 출신 박제가가 어린 시절부터 가슴에 품었던 경세(經世)의 꿈은 정조가 세손 시절부터 품어 온 꿈과 같은 것이었다. 사검서와 정조의 신분은 크게 달랐지만 이처럼 꿈은 같았다. 그렇기에 사검서는 정조의 또 다른 동지들이었다.

8
장

송시열 후손 추대 사건

동인방은 성공을 자신했다. 송덕상을 대선생으로 추대하면 전국 각지의 노론 세력
이 대거 지지할 것이었다. 송덕상의 28세 난 손자 송계유까지 개입되어 있었기 때문
에 노론 세력들은 송덕상이 이 봉기에 깊이 개입되어 있다고 믿을 것이었다. 게다가
노론은 여전히 정조를 임금으로 인정하지 않고 있었다.

대로의 후손 송덕상

송덕상(宋德相)은 이제 때가 되었다고 생각했다. 더 이상 출사를 늦출 수만은 없다는 생각이 들었다. 실권자 홍국영이 적극적인 추파를 던지고 있기 때문만은 아니었다. 추파는 과거에도 여러 번 있었다. 하지만 그때와 지금은 시기가 달랐다. 새 국왕은 사도세자의 아들이기 때문이었다.

송덕상은 선정(先正: 문묘에 종사하는 유신) 송시열의 현손(玄孫)이란 이유로 남다른 대우를 받고 있었다. 25년 전인 영조 29년(1753) 좌의정 이천보(李天輔)의 천거로 세자익위사 세마(洗馬)가 내려진 것이 최초의 관직이었다. 하지만 송덕상은 나가지 않았다. 정9품 세마라니 당치 않은 소리였다. 송덕상은 이것이 시작에 불과하다는 사실을 잘 알고 있었다. 자신이 조정에 나가는 것과 그렇지 않은 것은 큰 차이가 있었다. 자신이 조정에 있는 것은 곧 선정 송시열이 그 조정을 지지하고 있다는 증표였다. 송시열은 집권 노론의 정신적 지주였다. 노론의 당익(黨益)을 지키기 위해 숙종에게 정면으로 맞섰다가 여든셋 노구에 사형당한 송시열은 배후 조종만 했던 다른 영수들과는 달랐다. 이런 송시열의 현손인 자신을 조정이 내버려 둘 수는 없었다.

영조 34년(1758) 우의정 신만(申晚)이 예를 갖춰 부를 것을 다시 천거한 것도 이 때문이다.

"송덕상은 학문이 정밀하고 깊은데도 정초(旌招)의 반열에 들어가지 못하였으니, 매우 애석한 일입니다."

'정초'는 대부(大夫)를 초빙할 때 새깃을 깃대 끝에 단 정(旌)을 가지고 부르는 것을 뜻한다. 그만큼 예를 갖춰 불러야 한다는 뜻이다. 영조 39년(1763)에는 세자시강원의 정7품 자의(諮議)가 다시 제수되었으나 송덕상은 역시 사양했다. 이때 영조는 관복 차림이 아니라 유학자 차림[儒衣]으로 나와도 좋다고 허락했다. 금세 물러가는 한이 있더라도 한 번은 조정에 나와서 알현하라는 뜻이었다. 영조 42년(1766)에는 정6품 조지서 별제(別提)가 제수되었으나 역시 사양했다. 이듬해에는 정5품 사헌부 지평(持平)이 제수되었다. 사헌부 지평은 이른바 청요직(淸要職)으로서 벼슬아치들이 선망하는 자리였다. 그러나 송덕상은 또 사양했다. 그러자 지나치다는 의견도 있었고, 송덕상이 실제 벼슬에는 아무런 뜻이 없다는 의견도 있었다.

영조 46년(1770)에는 다시 정4품 사헌부 장령(掌令)이 내려졌다. 사양할수록 높은 벼슬이 내려졌던 것이다. 영조는 계속 벼슬을 사양하는 송덕상에 대해 불쾌감이 생겼다. 그해 10월 영조가 영의정 김치인(金致仁)에게 물은 것은 이 때문이다.

"송덕상이 누구인가?"

김치인은 당황했다. 영조가 송덕상을 모를 리 없기 때문이었다. 영조는 그 어느 임금보다 보학(譜學)에 밝았다. 그런 영조가 보학의 기본 중의 기본인 선정신 송시열의 가계(家系)를 모를 리 없었다.

"선정신의 후손으로서 초선(抄選)된 자입니다."

영조는 깜짝 놀라며 되물었다.

"초선된 사람인가?"

임금이 아니라 대신과 이조의 인사권자가 합의해서 수행하는 인사가 초선이었다. 46년간 왕 노릇한 영조가 송덕상에게 제수된 사헌부 장령직이 자신의 명이 아니면 초선이란 사실을 모를 리가 없었다. 일부러 모르는 체하고 묻는 것이었다. 당황한 영의정 등이 자리에서 물러나 계단 아래로 내려갔다. 자리를 모면하기 위한 것이었다. 그때 영조가 갑자기 승지를 불렀다.

"외방에 있는 시종신(侍從臣)은 모두 체직시키고 서울에 있는 사람으로 비의(備擬)하라."

　시종신은 국왕을 항상 시종하는 신하를 뜻하는데, 보통 승정원·예문관이나 삼사(三司) 소속 관리를 뜻한다. 비의(備擬)는 3인의 후보자를 추천하는 것이다. 지방에 있는 시종신들을 '모두' 체직시키고 서울에 있는 사람으로 비의하라는 명은 마치 지방에 있는 모든 시종신을 겨냥한 것처럼 들리지만 실제로는 송덕상 한 사람만을 겨냥한 것이었다. 청요직을 내려도 거부하는 송덕상에 대한 괘씸함과 노론 대신들이 송시열의 후손에게 아부하는 듯한 자세가 싫었던 것이다. 이를 계기로 송덕상에게는 더 이상 벼슬이 내려지지 않았다.

　사양하던 벼슬이 중단되자 송덕상은 무언가 허전함을 느꼈다. 영조는 더 이상 선정신의 현손에게 기대지 않아도 좋을 정도의 왕권을 갖고 있었다. 선정신의 현손이 반드시 조정에 있어야만 하는 것은 아니었다. 그 후광이 없어도 자신은 얼마든지 임금 노릇을 할 수 있었다. 그래서 영조는 승하할 때까지 더 이상 송덕상에게 관직을 내리지 않았다.

　그런데 정조는 달랐다. 즉위하자마자 잇따라 송덕상에게 벼슬을 내렸다. 그 배경에 홍국영이 있음을 송덕상은 잘 알고 있었다. 정조의 성향은 자칫 반노론으로 가기 쉬웠다. 이를 막는 이가 홍국영이었다. 따라서 송덕상 자신이 나가 줘야 청년 실세 홍국영이 힘을 얻게 되어 있었다.

　즉위년(1776) 6월 정조는 전 장령 송덕상을 '특별히' 승정원 동부승지로 삼았다. 동부승지는 정3품으로 직급도 높았지만 임금의 후설(喉舌: 목구멍과 혀)로 불릴 정도로 임금을 지근거리에서 보좌하는 현직(顯職)이었다. 물론 홍국영이 배후에서 움직인 결과였다. 홍국영이 송덕상을 끌어들인 의도는 명백했다. 송덕상의 지지를 받아 자신이 노론의 적통이자 영수임을 자부하기 위해서였다.

그러나 송덕상은 직책이 내려졌다 해서 곧바로 나가기는 싫었다. 송덕상이 동부승지 사직 상소를 올리자 곧바로 정조의 비답이 내려왔다.

"선정(先正) 문정공(文正公: 송시열)의 후손으로서 산림에서 독서하며 가훈을 각별하게 지켜 왔다. … 내가 진실로 세상을 다스리고 백성을 구제[經世齊民]하려면 선정의 손자를 놓아두고 누구와 할 것이며, 산림의 선비를 놓아두고 누구와 하겠는가? … 그대는 시급히 마음을 돌리고 얼른 길을 떠나 옆자리에 있기를 목마르게 바라는 나의 뜻에 부응하라."

송덕상은 거부했으나 뒤이어 많은 벼슬이 내려졌다. 성균관 좨주(祭酒)와 이조참의까지 제수되었다. 이조참의는 문관에 대한 인사권을 거머쥔 요직 중의 요직이었다. 그러나 송덕상은 다시 한 번 거부했다. 그러자 정조는 이번엔 예조참의를 제수했다.

"이미 선정에게 전례가 있었으니, 이제 예법을 강구해야 할 때를 당하여 춘조(春曹: 예조)의 관원은 마땅히 산림의 선비를 기다려야 하겠다."

송시열이 효종 때 예조참판을 맡은 것처럼 예학에 밝은 송덕상이 예조에 나와서 예학에 관한 일을 처리해야 한다는 뜻이었다. 그러나 송덕상은 또 사양했다. 그렇다고 해서 모든 국사를 멀리한 것은 아니었다. 정조 2년(1778) 2월 사도세자의 모친, 즉 정조의 친할머니인 영빈 이씨의 묘소에 관한 일을 묻자 자세하게 답변한 것이 이를 말해 준다. 벼슬에 전혀 마음이 없지는 않다는 뜻이었다. 정조가 다시 내린 직책은 종2품 한성부 우윤(右尹)이었다. 종2품은 웬만한 급제가도 평생 오르기 힘든 자리였다.

송덕상은 이 역시 사양했다. 그런데 사직 상소의 내용이 애매했다. 벼슬에 뜻이 없는 것은 아니라는 속내가 상소에 배어 있었다. '보지 않은 책이 없다'는 정조가 그 행간의 의미를 모를 리 없었다. 재위 2년(1778) 윤6월 정조가 우참찬 김종수(金鍾秀)에게 송덕상 문제를 논의한 것은 이 때문이었다.

"저번에 우윤 송덕상이 차자에서 한 말을 보니 번연히 몸을 일으킬 뜻이 있는 듯했다. 어찌하여 한 번도 조정에 나오지 않는 것인가?"

"유자(儒者)들은 출처를 가볍게 여기지 아니하여 불쑥 나오지 못하게 되는 것입니다."

"학자도 하나의 심상한 사람이고 별다른 사람이 아닌데 번연히 한 번 몸을 일으켜 나오는 것이 어찌 출처에 있어 손상되겠는가? 한 번 나를 보러 오더라도 반드시 도리에 어그러지지는 않을 것이다."

정조는 내심 불만을 갖고 있었다. 초야에 은거한 유현(遺賢)이라 자처하지만 학문으로 따지면 자신보다 나을 것이 없다는 자부심도 있었다.

"우리 조정에서 가장 좋아하는 자는 산림(山林)의 선비들이다. 그러나 그들은 은거하면서 나오지 않는다. 바른 말이 필요한 때인데도 일하는 것을 볼 수 없으니 솜씨가 있는지 졸렬한지 증험할 수가 없고 뱃속에 그득한 것이 허(虛)한 듯도 하고 실(實)한 듯도 하다. 어느 누가 그들이 얕고 깊은 지를 헤아려 볼 수 있겠는가?"

김종수가 답했다.

"산림의 선비들은 그 책임과 명망이 매우 무거워서 경솔하게 출각(出脚: 두 번째 벼슬에 나감)할 수 없기 때문에 선뜻 나서지 않게 되는 것입니다. 그전부터 유자(儒者)들은 세상을 깨우칠 재질과 세상을 담당할 뜻이 없지 않으면서도 그렇게 하는 것입니다."

그해 10월 4일 정조는 다시 송덕상을 불렀다. 벼슬은 그대로 한성부 우윤이었다.

"내가 경을 도탑게 부른 것이 모두 몇 차례였는가? 그런데도 움직이지 않은 채 춥고 더운 것이 세 번 바뀌었으니 … 모두 나의 성신(誠信)이 미덥지 못한 소치이다. 돌아보건대 경에게 무슨 혐의할 것이 있겠는가? 경은 국가의 세신(世臣)이요 대로(大老: 송시열)의 손자로서 … 특별히 과인과는 함께할 수 없다고 생각해서 이렇게 돌아다보지 않는 것인가?"

정조는 송덕상이 나와야 하는 이유를 간곡하게 설명했다.

"지금은 날씨가 그리 춥지 않고 병도 나았을 것 같으니, 이런 때가 바로 길에 오르기에 알맞은 때인 것이다. 경은 마음을 고쳐 조정에 나와서 자리를 비워 두고 기다리는 생각에 부응하도록 하라."

이번에도 송덕상은 사양했으나 사양의 강도가 현저하게 약해졌다. 정조는 "경의 서계(書啓)를 보고 경이 마음을 바꿀 뜻이 있음을 알았으니, 마음에 위안이 됨을 어떻게 이루 다 견줄 수 있겠는가?"라면서 "경은 나의 간절하고 지극한 뜻을 생각하여 다시는 사양하지 말고 즉시 출발하여 올라오도록 하라"고 당부했다.

송덕상은 이제 나갈 때가 되었다고 판단했다. 마치 제갈량이 유비의 삼고초려에 세상으로 나가는 그런 심정이었다. 그런데 문제가 발생했다. 관직 임명장인 고신(告身)에 청나라의 연호가 쓰여 있었던 것이다. 송시열도 출사할 때 청나라 연호를 거부해 이미 망한 명나라의 연호와 연월로 고쳐 써 준 적이 있었다. 송덕상은 명나라 연호로 고쳐 써 달라고 요청했고, 정조는 받아주었다. 드디어 기나긴 줄다리기가 끝나고 송덕상의 출사가 이루어지게 되었다.

철인군주와의 대화

재위 2년(1778) 12월 12일.

송덕상이 비로소 조정에 나왔을 때는 이미 69세의 고령이었다. 정조는 희정당 경연 자리에서 송덕상을 상견례했다. 벼르고 벼르던 자리였다. 정조는 송시열에 대한 말로 첫 대면을 시작했다.

"경은 선정의 자손으로 오랫동안 정초(旌招)하는 반열에 있었는데, 자리를 비워 두고 기다린 끝에 이제야 연석(筵席)에 올랐으니 나의 기쁨이 실로 평소보다 갑절은 더하다."

"염치를 무릅쓰고 연석에 오르게 되었는데, 성교(聖敎)가 이러하시니 더욱 황송함과 감격을 이길 수 없습니다."

감격스런 상봉 장면 같았다. 초야에 묻혀 학문에만 몰두하던 은자가 극진한 예로 거듭 초빙하는 군주의 성의를 못 이겨 세상에 나온 격이었다. 정조는 효종과 송시열의 만남이 "천고의 군신들 사이에 있지 않던 것이므로 내가 항상 경앙(景仰)해 왔다"면서 자신은 매일 조석으로 송시열의 유고(遺稿)를 본다고 말했다.

"다행히 경이 선정의 자손으로서 선정의 유업을 닦았고 이제 또 등대(登對)하였으니, 이는 선정에게 자손이 있어서 선정에게 광영(光榮)이 있게 된 것이다. 경은 연로하여 억지로 분주한 책무를 맡기기는 어렵지만 근력은 건장하니 도성 가까이 머물러 있으면서 자주 강연에 올라 나의 미치지 못하는 것을 보충하라. 내게 큰 도움이 될 뿐만 아니라 경에게는 선정의 유업을 실추시키지 않는 것이 되고, 내게도 또한 효묘(孝廟: 효종)의 지사(志事: 북벌)를 잇는 것이 될 것이니, 어찌 다행스러운 일이 아니겠는가?"

이렇게 군신은 탐색전을 마쳤다. 이제 시작이었다. 정조는 본격적인 시험에 들어갔다.

"유자(儒者)가 어렸을 때 배우는 이유는 장성하여 행하려는 것인데, 그것은 특별하게 달리 공부할 것이 아니고 단지 성의(誠意)·정심(正心)에 관한 학문인 것이다."

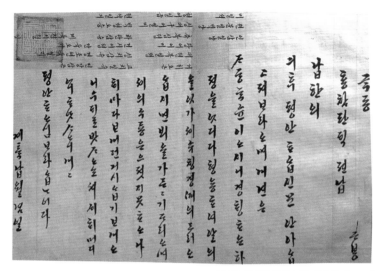

　정조는 성의와 정심에 대해서 자세하게 설명했다. 이는 모두 『대학(大學)』에 나오는 용어들로, 천하에 밝은 덕을 밝히려면[明明德] 어떻게 해야 하는가의 순서에 있어 핵심을 이루는 말들이다.

　천하에 밝은 덕을 밝히는 것은 유학에서 말하는 지극한 정치의 경지인데, 이 평치(平治)의 경지에 도달하기 위해서는 먼저 자신을 수양해야 한다. 『대학』 원문은 "옛날 밝은 덕을 천하에 밝히려는 자는 먼저 그 나라를 다스리고[古之欲明明德於天下者先治其國], 그 나라를 다스리려는 자는 먼저 그 집안을 다스리고[欲治其國者先齊其家], 그 집안을 다스리려는 자는 먼저 그 몸을 닦았다[欲齊其家者先脩其身]"고 전한다. '수신제가치국평천하(修身齊家治國平天下)'라는 말은 여기에서 나온 것이다. 천하에 밝은 덕을 밝히려는 자의 첫걸음은 바로 자신의 몸을 닦는 수신(修身)인데, 수신의 방법은 '그 뜻을 성실하게 한다'는 성의(誠意)와 '그 마음을 바르게 한다'는 정심(正心)으로, 바로 정조가 말하고 있는 것이었다.

『대학』원문은 "그 몸을 다스리려는 자는 먼저 그 마음을 바르게 하고〔欲脩其身者先正其心〕, 그 마음을 바르게 하려는 자는 먼저 그 뜻을 성실하게 하고〔欲正其心者先誠其意〕, 그 뜻을 성실하게 하려는 자는 먼저 그 아는 데에 이르게 하고〔欲誠其意者先致其知〕, 그 아는 데에 이르는 것은 사물의 이치를 밝히는 데 있다〔致知在格物〕"고 전한다. 수신하려면 먼저 그 마음을 바르게〔正心〕해야 하고, 그 마음을 바르게 하려면 먼저 그 뜻을 성실하게〔誠意〕해야 한다는 것으로, 결국 천하에 밝은 덕을 밝히려는 사람이 가장 먼저 가져야 하는 마음가짐은 바로 성의와 정심 두 가지였다. 성의와 정심은 자신을 닦는 수기(修己)뿐만 아니라 남을 다스리는 치인(治人)의 요체이기도 했다. 자신을 닦는 수기가 먼저이고 치인이 나중이다. 성의(誠意)를 다하기 위해서 군자는 자신을 속이지 않는 무자기(無自欺)와 혼자 있을 때도 삼가는 신기독(愼其獨)을 해야 했다. 『대학』은 "천자부터 서인까지 모두 수신(修身) 하나를 근본으로 삼는다〔自天子以至於庶人壹是皆以脩身為本〕"고 정의하고 있다. 천자나 서인이나 모두 수신을 근본으로 해야 한다는 말이다. 성의·정심을 설명한 정조는 송덕상에게 말했다.

"치국·평천하의 공을 이룩하려 하면, 이 성의·정심의 학문을 버리고서 무엇으로 할 수 있겠는가?"

정조의 말은 계속 이어진다.

"나는 별다른 장점은 없지만 어릴 때부터 품성이 그리 매우 나태하지 않아 성의·정심에 대한 공부에 유의(留意)하기를 상당히 좋아했다. 하지만 참으로 아는 것이 없이 한갓 외우는 습관으로 귀착되었다. 또 힘써 행하지 않고 단지 귀로 듣고 입으로 말하는 학문에 의뢰하였을 뿐이니, 이는 진실로 스스로 반성하여 깊이 부끄러워할 일이다. 내가 나의 거처를 성정당(誠

正堂)이라고 이름 지은 것은 내가 잘한다는 뜻이 아니라 배우기를 기약하는 뜻이고, 아침저녁으로 늘 보면서 그 뜻을 생각하기를 바란 것이다.”

치국, 평천하의 요체가 성의와 정심이므로 자신이 거처하는 곳의 이름을 성정당(誠正堂)이라고 지을 정도로 늘 성의와 정심을 생각한다는 것이다.

“경은 나이가 이미 70에 가까운 숙유(宿儒)이자 기구(耆舊: 원로)인데, 노인에게 묻는 것은 제왕의 훌륭한 일이다. 과인은 경을 만난 첫 연석에서 먼저 성정(誠正)의 학문을 가지고 경에게 말해 주기를 청하는 것이다.”

송덕상은 긴장했다. 이제 스물여섯의 젊은 군주치고 정학(正學: 유학)에 대한 내공이 상당했던 것이다. 송덕상은 이제 자신에게 넘어온 공을 받아 쳐야 했다.

“신이 들건대, 임금의 한 마음은 만화(萬化)의 근원이 되는데, 심술의 명암과 사정(邪正)은 실로 학문을 강론하는가 강론하지 않는가에 달려 있습니다. 학문하는 방도는 반드시 먼저 뜻을 세워야[立志] 하는데, 성인의 경지에 도달할 수 있고 삼대(三代)의 정치를 회복할 수 있다는 뜻을 세워야 합니다.”

송덕상은 정조에게 ‘성인’의 경지에 도달하고 ‘삼대’의 정치를 펼치겠다는 큰 뜻을 가지라고 충고하였다. 즉 정조 개인은 공자나 주공 같은 성인의 경지에 도달하고 조선은 고대 이상국가인 하 · 은 · 주(夏殷周)의 경지로 만들겠다는 뜻을 세우라는 말이었다.

“경이 처음의 연석에서 제일 먼저 입지(立志) 두 글자를 꺼내 과인에게 아름다운 혜언(惠言)을 주었으니, 감탄을 금할 수 없다.”

그러나 이는 의례적인 수사였다. 뜻을 세우라는 것이 그리 대단한 말일 수는 없었기 때문이다. 정조는 다시 질문했다. 이번에는 큰 도에 대해서 물었다.

"내가 경을 산림 속에서 초치해서 가빈(嘉賓: 귀한 손님)의 예로 대우하는 것은 주행(周行: 큰 도)에 관한 이야기를 듣고자 생각해서인 것이다. … 경은 혹시라도 금옥(金玉) 같은 말이 있으면 아끼지 말고 마음속에 담고 있는 말을 보이도록 하라."

정조가 큰 도에 대해 듣기를 원하자 송덕상은 노론의 전가의 보도를 꺼내들었다.

"성교가 여기에 이르니 흠송하여 감탄을 금할 수 없습니다. 국초에 황명(皇明)에 대해 군신과 부자의 의리가 있었으니, 정축년(인조 15년, 1637) 남한산성이 함락된 치욕과 갑신년(인조 22년, 1644) 황조(皇朝)의 옥사(屋社)의 변[명나라 마지막 황제 의종(毅宗)과 황후 주씨(周氏)가 목매어 자살한 사건]은 모두 백세(百世)토록 잊을 수 없는 것입니다. 우리 효종 성조(聖祖)께서 큰 뜻을 분발하여 장차 큰일을 하려 하셨습니다만, 황천(皇天)이 도와주지 않아서 갑자기 승하하셨으니, 이는 천하 만세의 통한스러운 일입니다."

청나라를 멸망시키고 명나라를 다시 세우지 못한 것이 천추의 한이며, 명나라를 다시 세워 임금의 나라로 받드는 것이 가장 큰 의리라는 말이었다. 전형적인 숭명(崇明) 사대주의 발상이었다.

첫 대면은 길었다. 시간이 많이 흐르고 있었다.

"경을 접견하는 연석을 처음 열었고, 또 추운 전각에서 입시하여 저녁 내내 수작(酬酢)하느라 매우 피로할 것으로 생각된다. 조금 물러가 있다가 다시 입시하도록 하라."

하루에 두 번 입대는 파격적인 은전이었다. 그만큼 송덕상을 높인 것이다. 송덕상이 다시 입시하자 정조가 물었다.

"경은 수원에 살고 있는가?"

"그렇습니다."

"경은 선정의 몇 세손이며, 직파(直派)인가?"

"4대손인데 신은 지파(支派)입니다."

정조는 도승지 홍국영에게 물었다.

"유신(儒臣)은 직명(職名)이 없어도 경연관으로 참석한 전례가 있는가?"

"있습니다."

홍국영은 이날의 만남에 대해 흡족했다. 『정조실록』의 사신(史臣)은 "송덕상이 처음 연석에 나오려 할 적에 여러 승지들과 옥당이 함께 들어가게 해 줄 것을 청했으나 물리치고 단지 홍국영과 함께 들어갔다. 이로부터 출입과 말하고 침묵하는 것을 일체 홍국영의 지시에 따랐다"고 비판하고 있다. 홍국영은 송덕상을 직접 챙긴 것이었다. 홍국영이 말했다.

"유신이 거처하는 곳이 성문 밖에 있기 때문에 혹 야대(夜對: 밤중에 신하를 만나는 것)하면 곤란한 점이 있을 것 같습니다."

마치 도성에 집이라도 한 채 하사해 달라는 투였다. 그러나 정조는 그러고 싶은 생각이 없었다.

"성 안에 거처할 만한 곳이 있으면 조속히 들어와서 거처하도록 하라."

송덕상이 답했다.

"성 안에는 거처할 만한 곳이 없습니다. 만일 야대하겠다는 명이 있으면 마땅히 미리 들어와 있겠습니다."

"가까운 시일 안에 다시 부르도록 하겠다."

첫 대면이 끝났다. 이미 밤이 깊어 있었다. 이날 첫 대면에서 송덕상은 '천리를 밝히고 인심을 바로잡으려면 먼저 역적을 토벌하는 것에서 시작해야 한다'고 말했고 정조는 '경의 말이 좋다'고 맞장구쳤다. 불과 몇 년 지나지 않아서 송덕상 자신이 토벌 대상인 역적으로 전락할 줄은 꿈에도 모르고 한 발언이었다.

그렇게 송덕상 시대가 열리고 있었다. 그러나 홍국영이 송덕상을 자신의 '당여(黨與)로 삼고 있었다'는 사신의 논평처럼 그것은 송덕상의 시대가 아니라 홍국영 시대의 또 다른 모습에 불과했다.

송덕상의 행보

송덕상이 바라는 관직은 도헌(都憲: 대사헌)이었다. 대사헌이 되어 거침없이 탄핵함으로써 조정의 기강을 세우는 것이 그의 목표였다. 대사헌이 조정 쇄신의 선구에 서는 것은 중종 때 조광조가 보여 준 모습이기도 했다. 송덕상의 이런 구상에 홍국영은 선뜻 찬성했다. 그것은 홍국영이 바라는 바이기도 했다.

홍국영은 이조를 움직여 송덕상을 주의(注擬: 후보로 추천함)하게 했다. 세 명 중 한 명의 후보였으나 홍국영이나 송덕상은 정조가 당연히 송덕상을 낙점할 것으로 생각했다. 그러나 뜻밖에도 정조는 송덕상을 선택하지 않았다. 풍교(風敎)를 바로잡는 것도 중요하지만 경연관으로서 임금에게 좋은 말을 진달하는 것이 더 중요하다는 논리였다. 정조는 이후에도 송덕상에게 비변사 제조처럼 품계는 높지만 특별한 일이 없는 한직을 제수했다. 오랜 승강이 끝에 출사했으나 정작 현직(顯職)에는 나가지 못하고 있는 형편이었다. 이는 송덕상이 바라던 바가 아니었다. 홍국영의 의도와도 어긋나는 것이었다.

그래서 둘은 송덕상이 대사헌에 적격임을 직접 입증하기로 했다. 정조 3년 (1779) 1월 송덕상이 역적 토벌을 주창하는 상소를 올린 것은 이 때문이다.

"정치달(鄭致達)의 아내와 김귀주는 곧 난역(亂逆)의 뿌리입니다. 삼가

바라건대 속히 건단(乾斷: 임금의 큰 결단)을 내려 쾌히 신민의 청을 따르소
서."

정치달의 아내 화완옹주와 정순왕후의 오라비 김귀주를 사형시키라는
상소였다.

"어찌 나의 마음을 그리도 양해하지 못하는가? 내가 헤아리지 않아서 그
러는 것이 아니다."

정조는 이 요청을 거부했다. 사실 송덕상에 대한 정조의 태도는 모호했
다. 비록 대사헌에는 임명하지 않았지만 송덕상의 다른 요청들은 대부분
들어주고 있었다. 정조가 송덕상에게 호조참판을 제수하자 송덕상은 선영
에 성묘할 수 있도록 휴가를 달라고 청했다. 정조가 이를 허락하자 옥당(玉
堂: 홍문관)과 성균관과 사학의 관학(館學) 유생들이 소장을 올려 송덕상의
고향 방문을 허락하면 안 된다고 요청했다. 낙향하면 돌아오지 않을 것이
라는 이유였다. 정조의 대우가 시원찮아 낙향하는 것 아니냐는 시위성 상
소이기도 했다. 과연 낙향한 송덕상은 사직 차자를 올렸다. 정조가 거부하
면서 빨리 올라오라고 명하자 송덕상은 다시 올라왔다.

정조 3년 4월 9일 송덕상은 경연 때 경연관이 앉아서 강(講)할 수 있게
하자고 권했다.

"근래 경연에서 옥당의 관원들이 엎드려 진강하기 때문에 목소리가 움츠
러들어 글의 뜻을 마음대로 다 말할 수가 없습니다. … 정희왕후(貞熹王后:
세조의 부인)께서 조정에 임했을 때 뭇 신하들이 감히 우러러보지 못했던 것
이 그대로 규례가 되어 버렸습니다만, 강연(講筵) 때에는 이 규례를 적용할
필요가 없습니다. 우리나라의 선정(先正)은 모두 앉아서 강할 것을 청하였
었으니, 지금 시행하도록 강구해야 합니다."

이 불손해 보이는 주청에 대해서도 정조는 그대로 받아들여 강연관들이

앉아서 진강할 수 있도록 허용했다. 그러자 송덕상은 이번엔 좌차(坐次) 문제를 제기하고 나섰다. 성균관이나 향교 등에서 나이 순서로 앉는 것이 문제가 있으니 신분에 따라 앉게 하자는 주장이었다. 정조는 송덕상의 주장에 '일리 있다'고 형식적으로 답했으나 이 사실이 알려지자 성균관에서는 난리가 일어났다. 노론계 학생들이 즉각 행동에 나서 나이 많은 서얼들을 아랫자리로 쫓아낸 것이다. 수염난 연장자라도 서류면 어린 적자들의 아래로 밀려나야 했다.

그러나 이때까지만 해도 송덕상의 행보에 문제를 제기하는 시각은 없었다. 감히 선정의 후손에게 시비를 걸 사람은 없었던 것이다. 하지만 정조 3년(1779) 5월 홍국영의 여동생 원빈(元嬪)이 사망했을 때 송덕상이 낸 상소는 사람들의 고개를 갸웃거리게 했다.

"마땅히 공제(公除)가 있어야 합니다."

공제란 한(漢)나라 문제(文帝)가 27일 만에 상복을 벗은 데서 나온 상례로서 임금이나 왕비가 죽은 뒤 26일 동안 정사를 중지하고 조의(弔意)를 표하는 것을 뜻한다. 그러나 일개 후궁의 상사에

공제를 쓰자고 주장하는 것은 상식 밖의 일이었다. 송덕상은 자신이 홍국영의 당여(黨餘)임을 만천하에 공개한 셈이었다. 이로써 물의가 일었으나 뒷공론일 뿐 정면에서 문제를 제기하는 사람은 없었다. 다만 공제를 실시하지 않는 것으로 그냥 넘어갔다.

그러나 다음 달 송덕상이 정조의 후사 문제를 거론하고 나선 상소는 차

창경궁 함인정 국왕과 신하들이 경연하던 장소이다.

원이 달랐다. 이 상소에서 송덕상은 "원빈이 많은 왕자를 낳기를 바랐으나 불운하게 세상을 떠났으므로 모든 일이 끝났다"고 한탄한 다음 정조의 후사에 대해 언급하면서 "(후사를) 널리 구하는 방도가 날이 갈수록 더욱 급하다"고 주장했던 것이다. 이는 새 후궁을 들여 왕자를 낳을 것이 아니라 양자를 들여서라도 빨리 후사를 이어야 한다는 말이었다. 송덕상은 이에 이어 "그 모양이나 도리에 있어서는〔至如某樣道理〕 아래 있는 사람으로서 가리켜 진달할 수는 없습니다"라고 했는데 이는 후사를 들이는 형식이나 방식 등은 아랫사람으로서 말하기 곤란하다는 뜻이었다. 이것은 마치 전권을 정조에게 주는 듯한 말투였지만 실제로는 후사로 삼아야 할 의중의 인물이 이미 있다는 뜻이었다. 그때 정조의 나이 스물여덟이었다. 청년 군주에게 새 여성을 간택하기보다 후사를 들이라고 요청하는 것은 '의중의 인물'이 있다는 의심을 사기에 충분했다.

정조는 송덕상이 홍국영의 사주를 받아 상소를 올렸다는 사실을 간파했다. 그러자 비로소 궁중의 흉흉한 소문들이 귀에 들어왔다. 홍국영이 원빈을 독살한 범인을 잡는다며 중궁전의 나인들까지 혹독하게 심문했다는 소문이었다. 심지어 왕비 효의왕후 김씨까지 압박했다는 말도 있었다. 그제야 비로소 정조는 홍국영과 송덕상이 의중의 인물을 자신의 후사로 삼으려 한다는 사실을 깨달았다. 그들이 낙점한 인물은 홍국영이 원빈 장사 때 국왕을 대신해 전을 올리는 대전관(代奠官)으로 삼았던 은언군의 아들 이담이었다. 홍국영이 이담을 완풍군(完豊君)으로 고쳐 부르며 '내 생질'이라고 부른다는 사실이 드러났다. 송덕상의 상소는 완풍군 이담을 정조의 후사로 삼으려는 목적에서 나온 것이었다. 『정조실록』(3년 9월 26일)은 홍국영이 "송덕상을 시켜 모양이 어떠하고 도리가 어떠한 자를 임금에게 권하게 하였는데, 바로 이담이다"라고 기록하고 있다. 인신(人臣)으로서 임금의 후사를 언급하는 그 자체가 역모였다.

송덕상은 2년 후 이 상소로 인해 자신이 역적으로 몰릴 줄은 전혀 생각하지 못했다. 홍국영과 함께 의중의 인물을 세워 영원한 세도를 누리는 꿈을 꿨을 따름이다. 정조는 이 둘을 분리시키기로 결정했다. 한꺼번에 둘을 공격하기에는 힘이 부족했던 것이다. 그래서 정조는 홍국영을 내치기 불과 보름 전인 재위 3년(1779) 9월 11일 송덕상을 이조판서로 삼았다. 그러자 송덕상은 사양 상소를 남긴 채 낙향하겠다고 말했다. 정조는 받아들이지 않았다.

"긴 말을 할 겨를이 없다. 곧 입성하여 함께 국사를 도우라."

그러나 송덕상은 도성문을 나가 고향으로 돌아갔다. 일종의 시위성 낙향이었다. 송덕상은 정조에게 '모양과 도리'에 합당한 인물을 빨리 후사로 삼으라고 시위하고 있는 것이었다. 송덕상은 자신도 있었다. 고향에 은거해 있으면 정조가 계속 사람들을 보내 빨리 올라오라는 전교를 보낼 것이라 확신했다. 그러나 정조는 아무런 전교도 보내오지 않았다. 오히려 이조판서를 제수하면 낙향할지도 모른다는 예상이 들어맞은 데 대해 흡족해하고 있었다.

전교가 오지 않는 가운데 불과 보름 후에 홍국영의 사직을 정조가 전격적으로 받아들이자 송덕상은 당황했다. 그러나 이때도 송덕상은 정조의 속뜻을 읽지 못했다. 그 그릇도 읽지 못했다.

홍국영의 사직에 분개한 송덕상은 10월 6일 이조판서의 직책으로 극간하는 상소를 올렸다. 이 상소에는 군주에게 할 수 없는 말까지 쓰여 있었다.

"마음을 비우고 사물을 대할 때에 인욕(人慾)이 혹 낍니까?"

정조가 욕심 때문에 홍국영의 사직을 받아들인 것이 아니냐는 표현이었다.

"듣건대, 도승지 홍국영의 물러가겠다는 청을 특별히 윤허하셨다 합니

『절작통편』 송시열이 『주자대전(朱子大全)』에서 중요한 글들을 뽑아 편집하고 간단한 주석을 붙인 책이다. 국립중앙도서관 소장

다. 홍국영의 한 몸은 성궁(聖躬: 임금의 몸)의 안위에 관계되고 국가의 휴척(休戚: 편안함과 근심 걱정)이 걸려 있는데, 성명(成命)이 내려졌을 때에 후설(喉舌: 승정원)의 신하가 복역(覆逆: 임금의 명이 잘못되었다고 다시 아뢰는 것)하지 않고 삼사의 관원도 다투어 간쟁하지 않았으며 대신도 말이 없고 재상도 방관하였으니 어찌 속으로 그가 떠나는 것을 다행히 여겨서 돌아보지 않은 것이 아니겠습니까?"

원빈 상사 때 공제를 요청한 상소에 이어 다시 한 번 자신이 홍국영의 사람임을 만천하에 공개한 상소였다. 송덕상은 정조가 자신의 상소를 거부할 수 없을 것이라고 자신했다. 이 조정은 정조의 조정이 아니라 자신의 조정이고, 홍국영의 조정이자 노론의 조정이었던 것이다. 그러나 정조는 송덕상의 질문을 비껴갔다.

"아! 지금 내가 기다리는 것과 조정에서 기대하는 것이 오직 경이 조정에 나오는 한 가지 일에 달려 있는데, 경은 어찌하여 오늘날의 국세(國勢)를 생각하여 곧 일어나서 조정에 나와 이 목마른 희망에 부응하지 않는가?"

홍국영 문제에 대해서는 한마디도 언급하지 않으며 송덕상을 다시 부른다는 말만을 했던 것이다. 송덕상은 이럴 수도 저럴 수도 없는 상황이 되었다.

설상가상으로 송덕상은 정조 앞에서 큰 망신까지 사게 되었다. 정조는 이 무렵 경연에서 『근사록(近思錄)』을 강독 중이었다. 『근사록』은 남송(南宋)의 주희(周熹)와 여조겸(呂祖謙)이 편찬한 성리학 해설서였는데, 강독이 거의 끝나가자 정조는 송덕상에게 사람을 보내 다음에 공부할 책을 골라 달라고 주문했다.

"『근사록』에 이어 『주서절작(朱書節酌)』을 강독하기를 청합니다."

송덕상의 답서를 받은 정조는 이상하다고 생각했다. 『주서절작』이란 책은 들어 보지 못했기 때문이다. 정조는 경연을 준비하는 홍문관에 『주서절작』이란 책에 대해 조사하라고 지시했다. 홍문관은 비상이 걸려 이 책에 대해 조사한 후 상주했다.

"『주서절작』이란 책명이 없으니 송덕상에게 다시 묻게 하소서."

송덕상에게 다시 물어보자 『절작통편(節酌通編)』을 잘못 대답한 것이라고 스스로 인책했다. 정조는 아무런 말도 없이 『절작통편』을 그대로 강독했다. 구두(口頭) 하문에 말로 답변한 것도 아니고 문서로 한 전교에 책 이름을 잘못 기재했다는 것은 있을 수 없는 일이었다. 학식 높은 유신(儒臣)이란 말이 얼마나 허명인지 잘 드러난 사건이었다.

송덕상의 위상은 땅에 떨어졌다. 게다가 정조는 12월 6일 귀경하지 않고 있는 이조판서 송덕상을 체차하고 이중호(李重祜)로 대신했다. 송덕상에게는 명예직에 가까운 지돈녕부사를 제수했다. 이것도 끝이 아니었다. 정조 4년(1780) 2월 노론 중진 김종수가 홍국영의 유배를 청하는 상소를 올린 것을 계기로 조정 신하들이 모두 나서 홍국영을 성토하는 것으로 상황이 급변했다. 이제 홍국영을 성토하지 않으면 일없이 국록(國祿)을 축내는 쪽에

속하는 것처럼 분위기가 바뀌었다. 지돈녕부사 송덕상도 여기에 가세하지 않을 수 없었다.

"아! 홍국영이 진 죄가 어찌 오늘날 상하가 미리 알았던 것이겠습니까? … 한 번 중신(重臣: 김종수)의 차자가 나오고부터 나라를 저버리고 세상을 속인 진정한 사실이 남김없이 드러났습니다. … 신이 간사한 정상을 일찍 간파하지 못하고 지각없이 망언한 죄가 나타났습니다."

절의를 자처하던 송덕상으로서는 또 한 차례 큰 망신이었다. 홍국영의 사직을 허락한 정조에게 '사물을 대할 때에 인욕이 혹 낍니까'라고 비난하던 자신이 거꾸로 '지각없이 망언'했다고 인책해야 했던 것이다. 하지만 정조의 비답은 따스했다.

"지난번 한 유신(儒臣)에 대한 비답에 이미 언급하였거니와, 과거에는 그 랬어야 했고 지금은 그래야 한다는 뜻을 다시 경을 위하여 말한다. 이것도 학자의 시의에 맞는 행동이다."

과거에 홍국영의 사직을 만류한 것도, 지금 홍국영을 공격하는 것도 모두 학자의 시의에 맞는 행동이란 뜻이다. 그러나 유신의 절의가 몇 달 사이에 정반대로 바뀔 수는 없는 노릇이었다. 송덕상의 처지는 군색해졌다.

스스로 홍국영의 당여임을 두 차례나 천명한 송덕상을 다시 부르자고 말하는 사람은 없었다. 송덕상은 점차 향리에 묻혀 잊힌 인물이 되어 갔다. 이런 상황에서 정조 5년 4월 홍국영이 세상을 떠났다. 홍국영의 죽음으로 송덕상의 출사는 한여름 밤의 꿈이 되고 말았다. 아니, 꿈이라면 차라리 좋았을 것이다. 그 앞에는 더 큰 시련이 기다리고 있었다.

공격받는 대로의 후손

홍국영 사망 보름 후인 정조 5년(1781) 4월 28일. 홍국영을 공격하던 예봉이 송덕상으로 향했다. 그 선봉은 다름 아닌 영의정 서명선이었다. 서명선은 상소를 올려 송덕상을 공격하고 나섰다.

"기해년(정조 3년) 5월(원빈 사망) 이후 온 나라의 신민들이 간절히 바라는 것은 오직 명문(名門)에 다시 간택해서 널리 저사(儲嗣: 후사)를 구하는 것이었는데, 홍국영이 몰래 다른 마음을 품고 대계를 저지시켰으니, 이는 지난 역사서에서도 찾을 수 없는 극악한 역적입니다. 그런데 그 권간에게 빌붙어 음모를 도운 자가 있으니 송덕상이 바로 그 사람입니다."

이 상소에서 서명선은 2년 전 원빈 사망 직후 송덕상이 올린 상소 구절을 문제 삼았다. "널리 구하는 방도가 날이 갈수록 더욱 급합니다. 그 모양이나 도리에 있어서는 아랫사람으로서 가리켜 진달할 수는 없습니다"라는 구절이었다. '그 모양과 도리〔某樣道理〕'라는 네 글자가 비로소 문제가 된 것이었다.

"그 모양이나 도리라고 한 네 글자는, 곧 대계(大計: 후궁을 들이는 것)를 저지시킨 뒤 차제로 행할 일인 것이고, 대계를 저지시킨 것은 대개 '모양 도리'의 장본(張本)으로 삼으려 했던 것이었습니다."

후궁을 들이는 것을 저지한 것은 '모양이 어떠하고 도리가 어떠한 자'를 후사로 삼기 위한 흉계였다는 뜻이다. 후사로 삼으려는 의중의 인물이 있었다는 말이다.

"홍국영이 간택에 대해 다시 거론해서는 안 된다는 이야기를 함으로써 그 스스로 헤아리기 어려운 정절(情節)이 탄로가 났는데도, 그 흉계가 먹히지 않을까 우려하여 끝내는 유신(儒臣)의 이름을 가진 자의 입을 빌려 상하를 위협하는 수단으로 삼았습니다. 그래서 스스로 소본(疏本: 상소문 원본)을 지어서 저 송덕상에게 주었는데, 더러 이를 목격한 사람이 있어 온 세상 사람들이 모두 그 이야기를 전하고 있습니다."

새로 후궁을 간택해 후사를 구하기보다 양자를 들이자고 했던 것이 송덕상 상소의 요체였다. 그런데 그 상소문 원본을 홍국영이 작성해 송덕상에게 주었다는 폭로였다.

"국가 만년의 큰 기업을 그들이 특별히 자신들의 흉악한 계획을 도모하기 위한 수단으로 삼으려 했으니, 생각이 여기에 미치면 담이 떨리고 모골이 송연합니다. … 이미 그 단서가 발현되었으니, 결단코 시일을 지연시키면서 한결같이 목숨을 부지하고 있게 할 수는 없습니다. 청컨대, 지돈녕 송덕상을 우선 절도(絕島)에 안치(安置)하소서."

'우선 절도에 안치하라'는 말은 뒤이어 사형이 뒤따라야 한다는 말이었다. '목숨을 부지하고 있게 할 수는 없다'는 데서 이런 의사가 분명히 드러난다. 다른 사람도 아닌 영의정이 직접 탄핵하고 나섰으니 보통 일이 아니었다. 게다가 서명선은 홍인한의 '삼불가지론'으로 세손이 위기에 빠졌을 때 상소를 올려 구해 주었던 인물이었다. 그러나 정조는 서명선의 권유를 거부했다.

"선정(先正)의 가문에 어찌 이런 일이 있다는 말인가? 그런데도 내가 오히려 관대하게 대하는 것이 어찌 아무런 뜻이 없겠는가?"

정조는 송덕상이 선정 송시열의 후손이기 때문에 용서하겠다는 논리를 전개했다. 그러자 서명선이 다시 주청했다.

"무신년(영조 4년 이인좌 사건) 때 선정(先正) 조광조의 후손도 형벌을 받아 죽임을 당한 자가 있었으니, 어찌 선정의 손자라 하여 용서할 수 있겠습니까?"

교리 서유성(徐有成)이 거들었다.

"송덕상은 유신의 이름을 지니고 홍국영에게 빌붙어서 심지어 네 글자의 흉언(凶言)을 내기에 이르렀으니, 그 마음의 소재가 헤아릴 수 없습니다. 청컨대, 송덕상에게 국청(鞫廳)을 설치하여 엄중히 심문하소서."

정조는 송덕상을 국문하자는 요청도 허락하지 않았다. 그러나 서명선의 상소로 조정의 분위기는 송덕상을 성토하는 쪽으로 바뀌었다. 여러 신하들이 같은 소리로 주청했다.

"이는 의심하고 시간을 끌 성질의 것이 아니니, 속히 대신의 청을 따르는 것이 실로 온 나라의 공통된 소망입니다."

"경(서명선)의 말은 실로 충분(忠憤)에서 연유한 것이다. 저 한 통의 소장은 크게 의리에 관계된 것이므로 나도 또한 어떻게 답해야 할지 모르겠다. 그러나 애석한 것은 선정(先正)의 가문에 이런 일이 있다는 것이다. … 그런데 경이 또 선정 조광조의 자손에 대한 일을 가지고 증거하니, 내가 또 대답할 수가 없게 되었다. 대의(大義)가 있으면 공의(公議)는 막기 어려운 것이니, 우선 먼저 관작을 삭탈하라."

존경 받는 유신에서 역적의 여당으로 몰락하는 순간이었다. 양사(兩司)에서는 송덕상의 국문과 절도 유배를 요청했으나 정조는 거부했다. 정조 5년(1781) 윤5월 9일에는 지평 이연급(李延伋)이 송덕상을 김귀주·정처(화완옹주)와 비교하는 상소를 올렸다.

"김귀주와 정처(화완옹주)가 난역(亂逆)의 근본이요, 소굴인데도 아직껏 천지 사이에 편안히 목숨을 보존하고 있으니 홍국영이라는 하나의 큰 흉역이 또 나온 것이 당연합니다. … 송덕상의 죄안에 대해서는 반드시 다시 나열할 것도 없습니다. 스스로 지었거나 베껴서 올렸거나를 막론하고 똑같이 명의(名義)에 죄를 얻게 된다는 것은 참으로 성상의 하교와 같습니다."

송덕상은 자신이 그토록 주벌하라고 요구했던 김귀주 · 화완옹주와 함께 나란히 성토 대상이 되었고 더 이상 내려갈 곳이 없었다.

그러나 송덕상은 앉아서 당하고 있지는 않았다. 비록 만신창이가 되었어도 선정의 손자라는 무게가 있었다. 한때는 국사(國師)의 위치에 있기도 했던 그였다. 그해 가을 호서(湖西: 충청도) 유생 연덕윤(延德潤) 등이 사도(四道)에 통문(通文)을 보내 반격에 나섰다. 송덕상을 장석(丈席: 스승)이라고 호칭하면서 신변(伸卞: 억울함을 변명함)해야 한다는 통문을 돌린 것이다. 역적으로 몰린 인물을 위해 통문을 돌린다는 것은 전례를 찾기 어려운 일이었다. 정조 5년(1781) 9월 14일 이들을 체포한 충청 감사 이숭호(李崇祜)는 밀계(密啓)를 올려 이 사실을 보고했다. 자칫 여파가 커질 것을 우려해 밀계로 보고한 것이었다. 대신과 삼사는 일제히 국청을 설치해 정법(正法)할 것을 요청했으나 정조는 신중했다.

"경솔하게 국청을 설치해서는 안 된다."

정조는 행 부사직(行副司直) 이병모(李秉模)를 심핵사(審覈使)로 삼아 사건을 조사하도록 지시하는 한편 송덕상을 삼수(三水)로 안치(安置)했다. 송덕상은 집에서 체포되어 유배길에 올랐다. 같은 날 홍문관 교리 김재찬(金載瓚)은 "오늘날의 화란의 근본이 되는 역괴(逆魁)는 곧 송덕상이 그 사람입니다"라면서 그의 사형을 목숨 걸고 요구하지 않는 양사 관원 전원의 삭직을 요구했다. 정조는 이 요청도 거부했다. 9월 29일에는 응교 이현영(李顯永)이 다시 송덕상의 사형을 주청했다.

"송덕상을 일찍 방형(邦刑: 사형)에 처해 그 수급(首級)을 팔방에 전하여 보였다면, 비록 호옥(湖獄: 충청도 옥)의 흉적들이라 할지라도 두려워할 줄 알게 되었을 것입니다."

정조는 거듭 거부했으나 삼사에서는 계속 송덕상의 사형을 요구했다. 이런 논란 속에서 홍국영이 사망한 정조 5년은 해가 넘어가고 있었다.

새해가 되자 송덕상 측은 또 반발하고 나섰다. 공산(公山)의 업유(業儒) 권홍징(權泓徵)이 정조 6년(1782) 7월 상소를 올려 "재야 선비의 말을 아랑곳하지 않는다"면서 조정을 비난하고 나선 것이다. '재야 선비'란 물론 송덕상을 뜻하는 것이었다. 삼사에서 송덕상을 사형시키라고 거듭 요구하는 상황에서 '재야 선비'의 말을 들으라고 주장하고 나선 것은 정조의 신하가 아니라 송덕상의 신하임을 공표한 셈이었다. 이 상소를 본 정조는 두려움을 느꼈다. 그는 두 포도대장을 불러 신칙(申飭)하였다.

"이 글은 흉악한 격문이나 다름이 없는데, 이것이 어찌 공산 사람이 만들 수 있겠는가? 서울에 필시 일이 있을 것이니, 경들은 마음을 놓아서는 안 될 것이다."

서울에 배후가 있다는 뜻이었다. 정조는 송덕상의 여당들이 쿠데타를 일으킬 수 있음을 우려했다. 그 정도로 송시열 후손의 뿌리는 깊고 넓었다. 같은 해 8월에는 호남 강진(康津)의 김정채(金貞采)가 비슷한 혐의로 적발되었다. 그는 남의 무덤을 몰래 파헤친 사굴죄(私掘罪)로 체포되어 관동의 평창군(平昌郡)에 유배가게 되었는데 그의 집을 수색하자 상소의 초고 두 서너 장이 나왔다. 모두 조정을 비난하고 인심을 선동하는 것이었다.

"하늘에는 해가 있고 궁궐은 깊다〔天日深宮〕."

"송덕상은 억울하다."

"홍국영은 공(功)과 죄(罪)가 똑같다."

삼사에서 역적으로 공격 받는 인물에 대한 옹호가 여러 곳에서 동시에 터지고 있었다. 이들에게 노론 당인이 아닌 임금은 임금이 아니었다.

위기의식을 느낀 송덕상 반대 유생들도 행동에 나섰다. 정조 6년(1782) 11월 2일, 충청도 유학 윤응열(尹應烈) 등 2천6백여 명과 황해도 진사 오희집(嗚希集) 등 2천4백여 명, 평산(平山) 유생 우상인(禹尙寅) 등 1천여 명이 상소를 올려 송덕상에 대한 사형을 요구하고 나선 것이다. 모두 6천여 명에 달하는 집단 상소였다. 여기에도 정조는 관대한 비답을 내리고 허락하지 않았다.

송덕상 문제로 국론이 둘로 갈려 있는 판국이었다. 삼사에서 사형을 요구하는 인물에 대해 한편에서는 조직적인 옹호 운동이 벌어지고 있었다. 이런 현상 자체가 유례가 없는 것이었지만 이보다 더 큰 사건이 기다리고 있었다. 송덕상을 대선생이라 부르며 추대하는 사건이 발생했던 것이다.

대선생 송덕상 추대 사건

정조 6년(1782) 황해도 평산(平山)에 사는 송덕상의 제자 신형하(申亨夏)도 송덕상을 옹호하다가 전라도 섬으로 유배가게 되었다. 황해도 해주에 살던 박서집(朴瑞集)은 신형하의 절개를 칭찬하는 시를 지었다가 전라도 금갑도(金甲島)로 귀양길에 올랐다. 그런데 금갑도에는 그보다 먼저 황해도 곡산(谷山) 출신의 문인방(文仁邦)이 유배되어 있었는데 그 역시 송덕상의 제자였다.

문인방이 귀양에 처하게 된 표면적 이유는 도참(圖讖) 때문이었다. 문인방과 백천식(白天湜)·김훈(金勳) 등은『승문연의(乘門衍義)』·『경험록(經驗錄)』·『신도경(神韜經)』·『금귀서(金龜書)』같은 도참서의 내용을 믿고 세상을 뒤엎으려 했던 인물들이었다. 이들은 양성(陽城)과 진천(鎭川) 등의 깊숙한 산골에 토굴을 만들거나 초막을 얽어 놓고 거처하면서 사람들을 모았다. 도참서에 '곧 난리가 난다', '하늘의 운수가 다했다'는 등의 말이 있다면서 백성들을 끌어 모은 것이었다.

　문제는 이들이 겉으로는 도참사상을 빌렸지만 속으로는 송덕상을 추대하려 했다는 점이었다. 이들은 정조 6년 4월 체포되었는데, 도참사상으로 백성을 현혹하는 것은 사형에 해당되는 중죄였지만 정조는 이들을 죽이고 싶지 않았다. 그때까지는 송덕상이 연루되어 있다는 사실도 드러나지 않고 있었다.

　"문인방·백천식 등이 범한 일은 만 번 죽여도 죄가 남지만 우선 너그러운 법전에 따라 사형을 감하고 정배(定配)하라. 배소(配所: 유배지)에 도착한 뒤에도 만일 그런 기량(伎倆: 재주)을 고치지 않는다면 의당 그곳에서 정

문인방 등의 유배지였던 금갑도 현재는 전라남도 진도군 접도이다.

법(正法: 사형)에 처할 것이지만, 만일 구습을 통렬히 고쳐 영구히 평민(平民)이 되겠다면 마땅히 사유(赦宥)하여 석방시키겠다. 이는 반드시 죽어야 하는 가운데서도 살릴 길을 찾으려는 의도에서인 것이다."

정조는 참서를 가지고 세상을 현혹시킨 이들을 유배로 감해 섬으로 보냈다. 그런데 문인방이 유배간 곳이 금갑도였다. 문인방은 송덕상의 제자 박서집이 같은 곳으로 유배 오자 크게 기뻐했다. 송덕상의 제자로서 동문(同門)이기 때문이었다. 문인방은 박서집에게 같은 집에 살자고 권했고, 박서집도 사양할 이유가 없었다. 유배객인 문인방과 박서집은 시국에 대한 많은 이야기를 나누었는데, 문인방의 정체가 드러나면서 박서집은 크게 놀랐다. 생각했던 것보다 훨씬 더 위험한 인물이었기 때문이다.

박서집은 신형하를 절의 있다고 칭찬한 시 한 수 때문에 귀양 온 일개 서생(書生)에 불과했다. 그러나 문인방은 달랐다. 문인방은 실제 군사를 일으켜 나라를 뒤엎으려는 계획을 갖고 있었다. 더 놀라운 것은 대선생 송덕상을 추대하려 한다는 점이었다. 도참사상은 포장이고 진짜 목적은 송덕상 추대였다. 문인방은 박서집이 송덕상의 제자인 점을 믿고 거사 계획의 많은 부분을 털어놓았다. 박서집은 이미 수많은 인물들이 포섭되어 있다는 사실을 알고는 경악했다.

포섭된 인물 중 한 명이 양양(襄陽) 임천리(林川里)에 사는 사족 이경래(李京來)였다. 그는 노론 정예당인이었던 이택징과 깊이 연계되어 있었다. 이경래의 오촌 조카가 이택징의 처였다. 이택징은 사간원 정언 같은 청요직에 있었는데, 송덕상을 옹호하는 통문을 돌리다가 구속된 충청도 유생들을 '호서의 역적'이란 뜻의 '호적(湖賊)'이라고 하지 않고 '호서의 유생'이란 뜻의 '호유(湖儒)'라고 썼던 인물이었다. 그는 '위(정조)에서 내린 처분의 광경을 생각하면 한바탕 웃음거리임을 깨닫겠다'는 등의 말을 했다가 난언

(亂言)죄로 정조 6년 7월 물고(物故)되었다.

문인방이 이경래와 만난 것은 10여 년 전인 영조 46년(1770)이었다. 문인방이 양양으로 찾아가 두 사람은 묘소 밑에서 함께 잠을 잤다. 영조 49년(1773) 가을에도 문인방은 양양으로 이경래를 찾아가 여러 날을 함께 지내면서 많은 이야기를 나누었다. 이때만 해도 이경래는 풍수에 대한 관심 정도를 가지고 있었으나 송덕상이 유배되면서 상황은 달라졌다. 이택징은 정조를 비난하다가 물고되었고, 이경래는 이런 시국에 큰 불만을 가졌다. 문인방이 이경래를 다시 찾았을 때 두 사람은 군사를 일으켜 정조를 쫓아내기로 합의했다. 그들 측에서는 반정(反正)이었다. 이경래가 도원수를 맡고 강원도에서 먼저 군사를 일으키면 다른 곳에서 호응하기로 계획을 짰다. 영원(寧遠) 내락림(內樂林)에 사는 도창국(都昌國)이 선봉장을 맡는 등 포섭된 많은 인물들의 역할 분담도 이루어졌다.

그런데 바로 이 무렵 문인방이 체포되었던 것이다. 문인방은 이런 계획은 철저히 감춘 채 단지 도참서에 의지해 백성을 현혹시킨 것만 인정해 금갑도에 유배되었다. 그리고 유배지에서 봉기 조직을 계속 확대해 나갔다. 박서집도 끌어들여 운량관(運粮官)을 맡겼다. 문인방은 성공을 자신했다. 송덕상을 대선생으로 추대하면 전국 각지의 노론 세력이 대거 지지할 것이었다. 송덕상의 28세 난 손자 송계유(宋季琉)까지 개입되어 있었기 때문에 노론 세력들은 송덕상이 이 봉기에 깊이 개입되어 있다고 믿을 것이었다. 게다가 노론은 여전히 정조를 임금으로 인정하지 않고 있었다.

이경래가 이 봉기에서 도원수가 된 것은 양양에 세력이 큰 사대부였기 때문이다. 그가 먼저 양양 군수를 죽이고 병장기를 빼앗은 다음 간성(杆城)을 공격하는 것이 첫 번째 계획이었다. 그 다음 강릉(江陵)을 빼앗고 원주(原州)로 향한 후 계속 동진해 동대문을 함락시키고 도성으로 들어가는 것이 이들의 목표였다. 거사 날짜는 갑진년, 즉 정조 8년(1784) 7월과 9월 사이로 정해져 있었다.

이렇듯 구체적인 일정까지 잡혀 있는 봉기의 전모를 알게 된 박서집은 갑자기 겁이 났다. 신형하를 위해 시 한 수 짓는 것과는 차원이 다른 역모였기 때문이다. 발각되면 자신은 물론 가족까지 주륙될 것이었다. 비록 자신이 노론이고 송덕상의 제자라고는 하지만 그 명분에 저와 가족의 인생까지 바치고 싶은 생각은 없었다.

박서집은 고변을 결심했다. 그는 고민 끝에 유배인들을 관할하는 배소관(配所官)에게 역모 내용을 알렸다. 호남 감사는 비밀리에 급히 장계를 올려 보고했고, 크게 놀란 정조는 문인방・백천식・박서집 등을 서울로 끌고 와 직접 국문했다. 송덕상 이야기가 나온 것은 재위 6년(1782) 11월 정조가 금위영에서 문인방을 친국(親鞫)하는 과정에서였다.

"신축년 9월에 또 이경래를 찾아가 보았습니다. 이경래가 말하기를 '우리 선생 송덕상이 조정에 죄를 얻어 뜻밖에 멀리 귀양을 가 지금 사태가 이미 급해졌으니, 빨리 거행함이 좋을 듯하다. 그대가 인재를 잘 모집하면 성사된 뒤에 장수든 정승이든 간에 크게 등용하겠다'고 하였습니다."

송덕상을 구하기 위해 군사를 일으키려 했다는 것이었다. 송덕상이 '귀양을 가 사태가 이미 급해졌다'는 말은 그 이전부터 추진하던 계획이라는 뜻이기도 했다.

체포되어 온 이경래는 자신이 이경래가 아니라 이해수(李海壽)라고 부인했다. 그러나 이경래를 아는 오상현(嗚尙顯)이 잡혀 오면서 거짓임이 드러났다. 이경래는 당초 혐의를 부인했다.

"비록 반역할 마음이 있더라도 누구를 위해서 하겠습니까?"

"네가 송덕상이 귀양 간 뒤에 '일의 기미가 매우 급박하니 빨리 거사를 해야 한다'고 말하지 않았는가?"

이 물음을 듣고 이경래는 비로소 문인방이 모두 자백했음을 알고 사실을 털어놓았다.

"문인방과 같이 계획을 세워 성읍(城邑)을 공략한 다음 서울을 침범하려고 한 적이 있습니다."

"네가 송덕상을 위해서 군사를 일으키려고 꾀한 것은 무엇 때문인가?"

"문인방을 통해서 송덕상의 일을 듣고 이미 문인방과 같이 일을 동모한 적이 있습니다."

이경래는 대선생 추대의 의미가 무엇인지 분명하게 말하지 않았다. 송덕상을 임금으로 추대하려 했다기보다 왕족 한 명을 국왕으로 삼은 다음 섭정하겠다는 계획이었을 것이다. 그러나 박서집이 중간에 변심함에 따라 모든 계획이 틀어진 것이었다.

이 사건으로 문인방·이경래·백천식·신형하 등은 사형당했고, 문인방이 태어난 곡산부는 현으로 강등되었다. 정조는 재위 7년(1783) 1월 15일 역적 토벌에 대한 하례를 받았다.

"문인방은 사술을 가지고 백성들을 현혹하였으니 난을 선동한 장각(張角)이나 다를 것이 없고 역사(力士)를 모으려고 여러 도를 돌아다녔으니 바로 임꺽정이 무리를 모았던 것과 같았다. 은밀히 백천식 등과 같이 맹서하고 백학산(白鶴山) 밑에다 소굴을 만들었는데, 다행히 박서집이 고변하는 바람에 금갑도에서 종적이 탄로났다. 처음에 전주 감영에서 자백을 하고 국문에서 다시 실토했다. 운량관을 누가 맡고 선봉장을 누가 맡는 등 부서가 이미 정해졌고, 도원수니 대선생이니 하는 호칭을 미리 정하였다. 별자리를 가리키면서 감히 흉악한 의논을 지어 내니 고금에도 없는 일이었다. 고을을 약탈하고 나서 도성을 침범하려고 하였는데 어디서부터 어디로 간다고 하였다. 이경래는 난적들을 이끌었고 역적들과 인척을 맺었다. 감히 문인방과 같이 마음을 합하여 당류를 결성하였고 송덕상을 위해 목숨을 바치려고 한 것은 역적을 스승으로 안 것이다."

이 사건에 관련된 송덕상의 제자들은 사형당했으나 송덕상은 아직 살아 있었다. 정조는 송덕상을 삼수 유배지에서 잡아와 의금부 감옥에 가두었다. 삼사에서는 그의 국문을 요청했다. 정조 7년(1783) 1월 5일 대사간 임시철(林蓍喆), 정언 어석령(魚錫齡) 등이 상소를 올려 송덕상의 처벌을 요청했다.

"흉적 송덕상이 나오자 윤리가 없어지고 난역들이 성행하였습니다. 천지에 닿는 그의 죄는 바로 홍국영과 하나에서 갈라진 것입니다. 그런데도 가두어 둔 지 한 달이 넘도록 한 번도 문초하지 않으시니, 성상의 의도가 어디에 있다는 것을 신이 참으로 알고 있습니다. … 그런데 이 역적들로 하여금 한결같이 목숨을 부지하여 느긋하게 세월을 보내게 하고 있으니 … 문인방과 이경래와 같은 무리가 어느 지역에서 몇 명이나 더 꾀를 부릴지 모를 것입니다. 여기까지 생각하면 어찌 두렵지 않겠습니까? 삼가 특별한 처분을 내리소서."

'특별한 처분'이란 물론 사형을 뜻하는 것이었다. 그러나 정조는 이 요청을 거부했다. 삼사에서도 과거 은전군 사건 때처럼 집요하게 간쟁하지는 않았다. 탄핵을 맡고 있으니 마지못해 탄핵한다는 투였다. 정조는 사형 요청은 물론 송덕상의 국문 요청도 거부했다. 그러던 정조 7년 1월 7일 송덕상은 드디어 옥사하고 말았다. 예순아홉의 나이에 몸을 일으켜 출사했다가 일흔넷의 노구로 옥사한 것이었다.

사간원 사간 김익휴(金翊休)와 홍문관 부교리 윤확(尹㬚)이 송덕상의 가족을 노비로 삼고 가산을 몰수하자고 청했으나 정조는 윤허하지 않았다.

그러나 삼사에서 계속 요청하자 송덕상의 아들 송환정(宋煥程)을 방답진(防踏鎭)에, 송환주(宋煥周)를 고돌산(古突山)에 귀양 보내 위리안치(圍籬安置)하게 했다. 배소에 가시 울타리를 치는 위리안치까지 시킨 것은 다시 송덕상의 제자들과 어울려 난을 일으킬까 염려해서였다. 그러나 송덕상에게 역률을 추시하고 그 가족까지 연좌시키자는 요청은 계속 거부했다.

선정의 후손이란 후광으로 화려하게 조정에 등장했던 송덕상은 불과 5년 만에 역적이란 공세 속에 숨을 거두었다. 그러나 그의 제자들, 즉 노론 당인들에게 송덕상은 역적이 아니었다. 그들은 정조의 신하가 아닌 송덕상의 신하일 뿐이었다.

정순왕후의 반격

"대왕대비께서 언문 전교를 내리셨습니다." 정순왕후 김씨가 한글 전교를 내린 것이
었다. 아무도 예상하지 못했던 언문 전교였다. 정조는 이미 성인이었기 때문에 대왕
대비가 국사에 관여하는 것 자체가 국법을 위반하는 것이었다. 그러나 느닷없이 내
려온 이 한 장의 전교는 정국을 소용돌이로 몰아갔다.

정조 10년(1786) 12월 1일.

대신들과 비변사 당상들은 빈청(賓廳: 회의실)에 모여 있었다. 비변사는 명종 때 삼포왜란을 계기로 만들어진 일종의 계엄사령부로서 대신을 비롯한 주요 부서의 당상관들이 그 구성원이었다. 모든 대신들과 주요 부서의 실세들이 모여 국가 현안을 논의하는 기구였는데 삼포왜란이 끝난 후에도 해체되지 않고 조선 후기까지 존속되고 있었다. 비변사의 존재 자체가 군약신강(君弱臣强)한 조선의 모습을 잘 보여 주는 것이었다. 주요 대신들이 모여서 결정한 것을 국왕이 거부하거나 뒤집기는 어렵기 때문이었다. 그래서 각 부서와 지방은 직속 상부 기관에 보고하기보다 비변사에 보고하는 것이 관례가 되어 있었다. 비변사에서 통과되면 그것으로 끝이기 때문이었다.

이날도 예전처럼 비변사에는 각 지방에서 보낸 보고서들이 수북이 쌓여 있었다. 그 보고서들을 검토하려는 순간 느닷없는 한 장의 전교가 빈청을 경악게 했다.

"대왕대비께서 언문(諺文) 전교를 내리셨습니다."

정순왕후 김씨가 한글 전교를 내린 것이었다. 아무도 예상하지 못했던 언문 전교였다. 정조는 이미 성인이었기 때문에 대왕대비가 국사에 관여하는 것 자체가 국법을 위반하는 것이었다. 그러나 느닷없이 내려온 이 한 장의 전교는 정국을 소용돌이로 몰아갔다.

"아녀자가 조정의 정사에 간여하는 것은 아름다운 일이 아니다. 그러나 나라가 망하려는 때를 당하여 성상이 위태롭고 나라가 위험한 것을 눈으로 직접 보고도 별것 아닌 작은 혐의를 우려해 끝내 한마디 말도 하지 않는다면 종사의 죄인이 될 뿐만 아니라, 하늘에 계신 선대왕의 영령이 어떻게 생각하시겠는가?"

여성의 정사 개입은 금지되어 있었지만 '종사'와 '선대왕의 영령' 때문에 할 수 없이 개입한다는 뜻이었다. 그렇다면 국법을 깨면서까지 언급할 수밖에 없었던 현안은 무엇이었을까?

"미망인이 병신년(1776, 정조 즉위년) 이후로 고질을 앓다가 근년에 와서는 날로 더욱 심해져서 조석 사이에 죽을 염려가 있었으나, 진실로 성상의 독실한 효성에 감격하고, 종사를 위해 모진 목숨을 보존해 왔다. 그런데 지금 한 번도 평소 가슴에 쌓인 것을 말하지 않았다가 하루아침에 죽어 버릴 경우 내가 눈을 감지 못할 한은 말할 것도 없거니와 돌아가 진실로 열성조와 선대왕을 뵐 면목이 없다. 그렇기 때문에 부득이 이렇게 언문의 전교를 내리게 된 것이다. 이 일은 오로지 종사를 위하고 성상을 보호하는 대의(大義)를 밝히려는 데서 나온 것이니 깊이 살펴보도록 하라."

이를 밝히지 않고 죽을 경우 지하에서 영조는 물론 역대 선왕들을 볼 면목이 없다는 '대의'는 다음과 같았다.

"… 하늘이 돈독히 도우시고 오르내리는 선왕의 영령들께서 도우셔서 임인년(1782, 정조 6년)에 원자가 탄생했으니 이는 실로 종사의 무궁한 경사로서 태산과 반석과 같은 나라의 형세를 믿을 수 있게 되었다. 그런데 천만 뜻밖에 5월에 원자가 죽는 변고를 만나 성상이 다시 더욱 위태로워졌으나 그래도 조금은 기대할 수 있는 소지가 있었다. 그러나 또 9월에 상(喪)을 당하는 변고가 있었다. 궁빈(宮嬪) 하나가 죽었다고 해서 반드시 이처럼 놀라고 마음 아파할 것은 없지만, 나라에 관계됨이 매우 중하기 때문이다."

'5월의 변'과 '9월의 변'은 문효세자의 죽음과 의빈 성씨의 죽음을 말하는 것이다. 문효세자는 정조가 후궁 성씨에게서 난 왕자로서 정조 6년 9월 탄생했는데 이듬해 세자로 책봉되고 성씨도 의빈으로 봉해졌다. 그러나 정조 10년(1786) 5월 문효세자가 갑자기 세상을 떠나고 그해 9월에는 회임(懷妊) 중이던 의빈 성씨마저 세상을 떠나고 말았다. 정순왕후는 이 두 사람의 갑작스런 죽음에 배후가 있다고 주장하는 것이었다. 정순왕후가 맨 먼저 그 배후로 지목한 인물은 정조의 조카 상계군 이담이었다.

"… 기해년(정조 3년)에 홍국영과 같은 흉악한 역적이 나와 감히 불측한 마음을 품었다. 그리하여 주상의 나이 30이 채 차지도 않았는데 감히 왕자를 둘 대계를 저지하고 상계군(常溪君: 이담)을 완풍군으로 삼아 가동궁(假東宮)이라고 일컬으면서 흉악한 의논을 마음대로 퍼뜨렸다. 주상이 그의 죄악을 통촉하고 즉시 쫓아내자 흉악한 모의가 더욱 급해져서 밤마다 그의 집에 상계군을 맞이하여 놓고 널리 재화를 풀어 무식한 무리들과 체결하였으므로 잠깐 사이에 변이 일어나게 되었다."

홍국영이 상계군을 임금으로 추대하려다 쫓겨났는데 그 후에도 '흉악한 모의'는 더욱 심해졌다는 것이다. 그러니 정순왕후의 전교는 상계군을 역모로 고변하는 글인 셈이었다. 그러나 상계군은 전교가 있기 열흘 전인 11월 20일 이미 세상을 떠난 인물이었다. 정순왕후는 이 사실을 모르고 고변했던 것일까? 조정 정세에 그 누구보다도 민감하고 그 누구보다 많은 정보원을 갖고 있던 정순왕후가 이 사실을 모를 리는 만무했다.

"… 이때에 상계군이 불의에 죽었으므로 비록 그에게 무슨 아는 것이 있는지 모르겠으나 방 안에서 죽어 걱정이 조금 풀린 것 같지만 대의가 펴지지 못하고 윤강이 없어진 것은 진실로 그의 생사에 차이가 없다. 이러고도 나라를 보존할 수 있겠는가? 전후의 흉악한 계교가 매우 낭자하여 흔적이 죄다 탄로났으나 주상의 지극한 인자함이 뭇 왕들보다 훨씬 뛰어나 돈독하게 살피고 매사를 비호하고 가는 곳마다 숨겨 주어 말하지 못하게 하였다. 그렇기 때문에 언문의 하교를 이미 누차 정서하여 늘 반포하려고 하였으나 대전(大殿)이 간곡히 만류하는 바람에 지금까지 참아 왔다만, 만약 언문의 전교를 끝내 반포하지 못할 경우 이 세상에 살 뜻이 없을 것이다."

이 전교를 반포하지 못할 경우 '세상에 살 뜻'조차 없다는 비장한 내용이었다.

"미망인이 실낱같은 한 가닥 목숨이 끊어지기 전에 어찌 차마 모르는 체 앉아서 보고 있겠는가? 봉해 둔 탕약을 지금 모두 되돌려 보내고 수라를 물린 뒤 겨우 정신을 수습하여 언문의 하교를 대충대충 썼다만 목이 메어 다 말하지 못하니, 자세히 보고 이 뜻을 안팎의 사람들로 하여금 잘 알게 하라."

정순왕후는 행여 아녀자의 국사 관여가 불법이라고 무시될 것을 우려해 이 전교를 내린 직후 다시 한글 전교를 내려 새삼 강조했다.

"이 언문의 전교는 대신만 보아서는 아니 된다. 누구를 막론하고 임금의 원수와 나라의 역적을 토벌하는 자가 있으면 나의 병이 곧 나을 수 있을 것이니 이 뜻을 승정원에 전하라."

모든 백성들에게 총궐기를 촉구하는 격문 같은 전교였다. 상계군이 이미 죽은 판국에 정순왕대비는 누구를 역적으로 지목해서 총궐기하라고 하는 것일까? 토벌해야 할 '임금의 원수와 나라의 역적'은 과연 누구일까?

그것은 바로 상계군의 아버지이자 정조의 동생인 은언군 이인(李裀)이었다. 사도세자가 숙빈(肅嬪) 임씨(林氏)에게서 난 아들로 정조의 이복동생인 그를 죽이는 것이 '임금의 원수와 나라의 역적'을 토벌하는 길이란 뜻이었다. 정조 1년 삼대 모역사건이 발생했을 때 노론 벽파의 총공세로 끝내 자진시킬 수밖에 없었던 은전군의 전철을 밟게 하려는 것이었다. 정순왕후는 음식을 끊는 단식(斷食)과 탕약을 끊는 단약(斷藥)까지 단행하며 투지를 불태웠다. 정조의 하나 남은 혈육의 목숨을 반드시 끊고 말겠다는 의지였다.

강화도 용흥궁 은언군이 살던 곳이다. 은언군의 손자가 철종이다.

　은언군 이인을 공격하는 정순왕후의 의중이 확인되자 노론은 기민하게
움직였다. 대비의 전교 당일 영의정 김치인, 좌의정 이복원, 우의정 김익 등
이 정조에게 역적 토벌을 요청하고, 정순왕후에게는 탕약을 들 것을 권유
하는 것으로 즉각 호응에 나섰다.

　상계군 이담의 죽음을 놓고 소문이 무성할 때였다. 노론 벽파가 편찬한
『정조실록』은 "이때에 이르러 갑자기 죽었는데〔暴死〕 한때 이인(李䄄)이 독
살했다고 떠들썩했다"고 전한다. 정조는 상계군이 죽자 예조의 반대를 무
릅쓰고 후한 부조를 하고 예로써 장사 지내게 했다. 그런데 지금 바로 그
부친을 죽이라는 주장이 터져 나온 것이었다. 은언군 또한 영조의 손자이
니 정순왕후의 손자이기도 했다. 정조는 느닷없이 은언군을 죽이라는 주청
을 거부할 수밖에 없었다. 그러자 다음 날에도 영의정 김치인 등이 이 문제

를 다시 제기했다.

"아! 국운이 불행하여 역적들이 거듭 발생하였습니다. 5월에 원자가 죽은 변이 생긴 뒤로 안팎의 인심이 어수선하여 안정되지 않고 있는데, 9월 이후로는 더욱 기대할 데가 없어졌습니다. 담(湛: 상계군)은 이미 죽었지만 화근이 그대로 있으므로 지금 역적을 느슨하게 다스려서는 안 됩니다."

김치인 등은 이미 죽은 상계군 이담의 관작을 삭탈해 족보에서 빼 버리고 그 아버지 은언군 이인과 그 가족을 외딴 섬에다 안치해야 한다고 주장했다. 정조는 그 계사를 불태우라고 명했다. 그러나 정국은 정조의 뜻대로 흘러가지 않았다. 이미 대비의 총괄기령을 받은 노론 신하들은 절대 물러서지 않았다. 정순왕후의 전교 한 장으로 정조가 수세에 몰리게 된 상황이었다. 같은 날 대사헌 윤승렬(尹承烈), 대사간 박천행(朴天行) 등이 더욱 강경한 주청을 올렸다.

"5월, 9월의 변고에 이르러 원망이 더욱 간절하고 의혹이 배나 증가했습니다. 조금 전에 왕대비께서 내린 언문의 전교를 보니 말씀이 간곡하고 의리가 엄중하였으므로 신들이 채 반도 못 읽어서 마음과 뱃속이 모두 떨렸습니다. 참으로 그 근본을 찾아본다면 첫째도 역적 담이고 둘째도 역적 담인데 국법을 시행하기도 전에 귀신이 먼저 잡아갔습니다. 그리고 역적과 서로 내통하면서 집에서 지시한 자는 그의 아비 이인인데, 그의 아비와 아우들이 태연히 있으니 화란의 근본이 여전히 그전처럼 존재하는 것입니다. 생각이 여기에 미치니 차라리 죽고 싶습니다. 죄를 하나하나 세어 가며 형벌을 시행할 수 없지만 결단코 소급해 법을 시행하지 않을 수 없습니다. 신들은 역적 담의 관작을 삭탈하고 그의 아비와 아우들은 추국청을 설치하여 내막을 캐낸 다음 시원스럽게 법을 시행해야 한다고 여깁니다."

정조는 이 계사 역시 삼사가 보는 곳에서 불태우라고 명하였다. 다음 날에도 삼사는 같은 주청을 했으나 정조는 받아들이지 않았다. 정조는 9년 전 은전군을 자진(自盡)케 한 전례를 반복하지 않겠다고 다짐하고 있었다. 그러나 정국은 정조에게 불리하게 흘러갔다.

정조는 한글 전교가 정순왕후의 사적 복수심에서 나왔다는 사실을 잘 알고 있었다. 작년(정조 9년) 정순왕후의 오빠 김귀주가 나주에서 세상을 떠난 데 대한 복수였다. 김귀주는 정조 즉위 직후 흑산도에 유배되었다가 정조 8년(1784) 왕세자 책봉에 따른 특사령으로 감등되어 나주에 이배되었고 그곳에서 죽었다. 그는 사도세자 살해에 많은 역할을 했지만 정조는 그에 대해서는 한마디도 하지 않고 다른 죄목으로 귀양을 보냈다. 그러나 정순왕후는 '내 오라비가 죽었으니 네 동생도 죽어야 한다'는 복수심으로 언문 전교를 내린 것이었다. 정조가 거부하자 정순왕후는 단식·단약 투쟁을 계속했다.

"조정에서 하는 일이 왜 이처럼 한심스럽단 말인가? 겉으로만 크게 떠벌리고 내용을 조사하는 방법은 지나쳐 버렸으니, 오늘날 신하들의 죄는 나라에 관계될 뿐만 아니라 결단코 그들을 아끼는 마음이 있어서 그런 것이다. 내가 무슨 마음으로 탕약과 수라를 들겠는가?"

정순왕후는 이 언문 전교로 단번에 정국의 주도권을 장악했다. 정조는 계속되는 공세에 수세에 몰릴 수밖에 없었다. 언문 교지 나흘째인 12월 4일, 정조는 경연에서 신하들과 만났다.

"자전께서 더욱 불평이 심하셔서 내가 앙청해도 한마디 말씀도 하지 않고 다만 나도 알 수 없다고 하교하셨는데 더구나 경들이겠는가?"

정조가 문효세자나 의빈 성씨의 죽음에 상계군이나 은언군이 관련되어 있다는 증거가 있느냐고 물었으나 '나도 알 수 없다'고 답변했다는 뜻이다. 정순왕후나 정조나 지금의 상황이 정치 공세에 불과하다는 사실을 서로 알고 있다는 이야기였다.

"담(湛)은 친애하는 정으로 보아 비록 매우 슬프지만 이미 종사가 중하다고 말하였으니 돌아볼 것조차도 없다. 그러나 그의 아비는 겨우 사람 형체만 갖추어 병 속에 살아가고 있는데 그에게 무슨 죄가 있겠는가? … 내가 음식을 먹지 않은 지 지금 며칠째이다. 경들이 이 말을 듣고도 어떻게 차마 전처럼 언급한단 말인가?"

정조의 말처럼 은언군이 사건의 배후라는 증거는 아무것도 없었다. 다만 정순왕후의 일방적인 주장만이 있을 뿐이었다. 그러나 노론 대신들은 대비의 하교를 핑계 삼아 은언군의 목숨을 끊어야 한다고 거듭 주장했다. 군부(君父)가 며칠째 식사를 못하고 있다는 사실도 아랑곳하지 않았다. 홍낙성(洪樂性)이 말했다.

"자전께서 나라를 걱정하여 특별히 대의를 밝히셨는데 전하께서는 사사로운 은정으로 반드시 비호하고자 사직의 중요함은 생각지 않으시니 신은 그지없이 걱정하고 개탄합니다. 그리고 자전께서도 그(은언군)를 사랑하는 생각이 없겠습니까만 대의로 단안을 내려 말씀이 엄중하였습니다. 전하께서는 왜 이러한 자전의 마음을 본받지 않으십니까?"

"자전께서 어찌 그(은언군)를 말씀하신 적이 있었는가? 경들이 청한 것은 한 단계를 넘어선 것이다."

그러자 홍낙성이 직접 반박했다.

"감히 묻겠습니다. 자전의 분부가 이미 죽은 사람(상계군)에 대한 것이 아니었다면 그 다음 단계는 과연 무엇이겠습니까?"

"결단코 그렇지 않다. 결단코 그렇지 않다. 나라가 망하더라도 나는 차마 그렇게 할 수 없다."

영의정 김치인 등이 다시 말했다.

"이번의 하교는 자상하고 간곡하여 우리 자전께서 나라를 위하시는 뜻을 우러러보고 있습니다. 그런데 임금의 원수와 나라의 역적을 아직도 밝혀 내지 못하고 있으니 신들은 실로 그 죄를 회피하지 못하겠습니다."

"경들에게 허물을 돌릴 것이 없다. 나 역시 이러한 일을 모르는데 누가 전하고 누가 들었으며 자전께서도 어디에서 들으셨단 말인가? 이번 언문의 전교는 천만 뜻밖에 나온 것이다."

'자전께서도 어디에서 들으셨단 말인가?'라는 말은 정순왕후가 아무런 근거를 대지 못하고 있다는 뜻이었다. 정조가 이렇게 반박하자 김치인이 한발 물러났다.

"신들은 어두워서 전혀 몰랐습니다만 전하께서는 반드시 짐작하고 계실 줄로 여겼습니다."

"나도 사실 듣지 못하였다."

판중추부사 서명선이 말했다.

"신들의 소청을 시원스럽게 허락해 주신다면 밝혀 낼 방법이 있을 것 같습니다."

국문을 허락해 달라는 말이었다.

"자전의 분부가 이와 같지만 처음부터 자취의 일을 집어 낸 것은 없다. 5월과 9월의 상(喪)의 변고에 어찌 다른 것이 있겠는가?"

정순왕후는 처음부터 아무런 근거를 제시하지 않았고, 5월과 9월에 왕자와 후궁이 죽은 것에는 아무런 의혹이 없다는 말이었다. 각신(閣臣) 김종수가 말했다.

"죄인이 이미 죽었으니 이미 죽은 죄인을 가지고 말할 것이 아니라 산 사람을 조사해야만 일이 풀릴 것입니다."

김치인 등이 물러가 다시 계사를 올리려고 하자 정조는 다시 불러 말했다.

"내가 경들에게 말한 것이 만약 행할 수 없는 일이라면 어떻게 강요하겠는가? 그처럼 우매하고 병든 사람이 어찌 참여해 알 수가 있겠는가? … 기해년(정조 3년)에 홍국영이 그의 아들을 기화로 여겨 외숙과 생질의 관계를 맺었는데 일이 여기에서 비롯되었다. 이것이 어찌 그 아비의 죄이겠는가?"

정조는 울먹이며 말했다.

"내가 비록 민첩하지 못하나 4백 년의 왕업을 물려받아 밤낮으로 걱정하고 두려워하였는데 차라리 말하고 싶지 않다. 나의 처지는 다른 사람과 다른데 지금 만약 또 서제(庶弟) 하나를 보존하지 못한다면….'

돌아가 면목 없을 사람은 정순왕후가 아니라 정조였다. 은언군을 살리지 못하면 지하에서 부친 사도세자를 뵐 낯이 없었다. 그러나 정순왕후가 사주하고 노론 대신들이 모두 벌떼같이 일어선 상황에서 은언군의 목숨을 보호하기는 쉽지 않았다. 정순왕후와 노론 대신들은 반드시 은언군의 목숨을 끊으리라 결심한 듯했다.

노론으로 불똥이 튀다

정순왕후가 언문 전교를 내린 지 닷새째 되는 12월 5일. 상복을 입은 한 노인이 대궐 안으로 들어가려고 시도했다. 용호영(龍虎營)의 장교가 이 노인을 제지하고 신원을 묻자 놀라운 사실이 밝혀졌다. 상계군 이담의 외할아버지인 송낙휴(宋樂休)였던 것이다.

"왜 대궐에 들어가려 하는가?"

"고변할 일이 있습니다."

고변은 역모를 고한다는 뜻이다. 고변이란 말이 나왔을 때 잘못 처신하면 목이 열 개라도 부족했다. 용호영의 장교는 곧바로 병조판서 김이소(金 履素)에게 달려가 보고했다. 김이소는 송낙휴를 조방(朝房 : 조신들이 조회가 시작되기를 기다리는 곳)에다 가두어 놓고 정조에게 즉시 뵙기를 청한다고 다 급하게 아뢰었다. 보나 마나 은언군 문제라고 생각했던 정조는 뜻밖에도 상계군 외조부의 고변 사건이란 보고를 받고 의아한 생각이 들었다. 정조 는 정순왕후와 노론에서 송낙휴를 움직여 또 다른 공세를 취하는 것이 아 닌가 의심했다. 그러면 송낙휴가 사위 은언군을 죽이는 데 가담하는 꼴이 되지만 왕실의 일은 사가(私家)와는 다르기 때문에 그럴 가능성을 배제할 수 없었다. 이렇게 의심이 들었지만 일단 '고변'이란 말이 나왔으므로 조사 하지 않을 수 없었다. 정조는 시임 · 원임 대신에게 송낙휴를 빈청으로 불 러 물어보라고 명했다.

이담의 외조부 송낙휴의 입에서 나온 말은 충격적이었다. 그리고 정국을 전혀 다른 방향으로 이끌고 갈 것이었다.

"담(湛)이 살았을 때, '김 정승이 살면 나도 살 것이고 김 정승이 죽으면 나도 죽을 것이다'라고 스스로 말했습니다. 구이겸(具以謙)이 황해 병사로 있을 때 후한 선물을 바치고 편지에 자신을 소인이라고 지칭한 것을 일찍 이 목격하였습니다. 담은 평소에 병이 없었는데, 김 정승에 대해 말한 며칠 후 갑자기 죽었으니 의심스럽습니다."

김 정승은 영의정까지 지낸 영중추부사 김상철(金尙喆)이었다. 김상철도 거물 중의 거물이었지만 송낙휴가 댄 이름 중에 더 큰 문제가 되는 인물은 구이겸이었다. 구이겸은 바로 군권을 장악하고 있는 구선복(具善復)의 아 들이기 때문이었다.

정조는 구이겸이란 이름이 나오자 이것이 사건의 큰 전기가 되리라 직 감했다. 어쩌면 이것은 화가 아니라 복이 될 것이었다. 지하에 계신 부친이

'천토(天討)'를 단행하고자 정순왕후로 하여금 언문 전교를 내리게 하여 이에 이르게 된 것인지도 모른다는 생각이 들었다.

구선복은 군의 최고 원로였다. 수십 년 동안 병조·형조판서와 어영대장·금위대장·훈련대장·총융사(摠戎使) 등을 역임한 군의 원로 숙장(宿將)으로서 온 나라의 군권을 장악하고 있는 인물이었다. 『영조실록』41년 5월조의 다음 구절이 군부에서 구선복 일가의 위상을 잘 말해 준다.

"구선복을 훈련대장으로 삼았다. 구선복은 구선행(具善行)의 종제(從弟)인데 교대로 병권을 장악하였으니, 당시 사람들이 영광스럽게 여겼다."

구선복 일가는 대를 이은 무신 명가였고, 구선복은 현직 훈련대장이었다. 송낙휴의 입에서 구이겸이란 이름이 나오자마자 영의정 김치인 등이 입대해 구선복의 파직을 청한 것은 이 때문이었다. 군권을 장악하고 있는 그가 관련되어 있다면 어떤 사단이 발생할지 알 수 없었다. 정조는 얼른 구선복의 자리를 이주국(李柱國)으로 대임시켰다.

이제 상황은 정순왕후와 노론 대신들의 의도와는 전혀 다른 방향으로 흘러가고 있었다. 정순왕후와 노론이 정조를 거칠게 압박할 수 있었던 이유는 노론이 군권을 장악하고 있었기 때문이다. 노론이 장악한 군권의 정점이 바로 구선복 일가였다. 그런 구선복의 아들 구이겸이 고변에 연루되어 이름이 거론되었으니 노론에 불리할 것은 분명한 일이었다.

구이겸은 당장 국청으로 끌려와 심문을 받아야 했다.

"네가 만약 구명겸(具明謙)과 내통한 것을 분명히 말하지 않을 경우 네가 죽을 뿐만 아니라 너의 아비도 너 때문에 죽을 것이다."

구명겸은 구이겸의 6촌 형제인데 그의 생질이 상계군 이담의 모친이었던 것이다. 또한 구명겸의 아들이 구이겸의 양자였다. 의심의 눈으로 보면 상계군을 추대하려 했다는 혐의를 받기에 충분했다. 게다가 구명겸은 작년(정조 9년)에 발생했던 이율(李瑮) 등의 역모 사건 때도 이름이 나왔던 인물이었다.

구이겸이 답했다.

"구명겸을 아낄 것이 뭐가 있기에 늙은 아비를 돌아보지 않겠습니까? 구명겸의 여동생이 구명겸의 집에 왕래하였다는 말은 이미 들어서 알고 있습니다만, 그들 남매가 사적으로 한 말을 제가 어떻게 들을 수 있겠습니까?"

"구명겸의 여동생이 구명겸의 집에 왕래한 것을 네가 이미 알고 있으니, 구명겸이 역적 담과 내통한 것을 네가 모를 리가 없다."

"구명겸의 여동생이 구명겸의 집에 왕래하였으니 구명겸이 그의 여동생을 통해서 역적 이담과 내통하였을 것입니다."

구이겸의 6촌 형제 구명겸이 끌려와 국문을 받았다.

"너는 불량한 무리들을 불러 모아 역적 이담과 내통하는 샛길 역할을 하였고 흉악한 아저씨(구선복)와 아우(구이겸)를 소개하여 역적 담(상계군)이 넘보는 소굴을 만들었다고 사람들이 시끄럽게 떠들어 댔기에 귀가 있는 사람은 모두 듣고 있다. 나라가 위태로우면 기회를 틈탈 수 있다고 여기고 유언비어가 비등하면 흉악한 계획을 부릴 수 있다고 여겨 배치하고 설치한 것이 지난봄 이율의 옥사 때보다 만 배나 더하였다. 네가 비록 말을 잘하지만 누구를 속일 수 있겠는가?"

구명겸이 답했다.

"역적 담과 인척을 맺은 뒤로 마음에 항상 두렵게 여겨 여동생은 끊어 버리지 못했으나 조문하는 일 외에는 찾아가 본 적이 없었습니다. 5촌 아저씨 구선복의 마음은 알지 못합니다. 구이겸은 사람 됨됨이가 매우 부족했지만 자식을 양자로 주었기 때문에 특별히 좋게 지냈습니다. 이인(은언군)과 이담에게는 소식을 통하지도 않고 찾아오지도 않았으니 소개하였다는 것은 매우 애매한 말입니다."

"너희들이 반정(反正)에 대해 여러 가지 계획을 세웠다고 하는데 사실대로 고하라."

"저의 선조가 반정 공신(反正功臣)이기 때문에 다른 반정에 대해서는 항상 좋게 여기지 않고 있는데 어떻게 감히 반정을 꾀한단 말입니까?"

"네가 역적 이율과 내통한 문적이 발각되었는데 무슨 말이냐?"

이 사건은 전년에 있었던 이율·홍복영(洪福榮) 역모 사건을 다시 등장케 했다. 그때 구명겸은 역모 사건의 주모자들에게 편지를 보낸 적이 있었는데, 바로 이를 묻는 것이었다. 구명겸이 답했다.

"명례동(明禮洞)에 살 때에 역적 이율의 집과 가까웠고 또 인척이 되기 때문에 왕복한 적이 있었습니다."

"역적 이율에게 사주(四柱)를 써 보내 지리산의 이인(異人)에게 전해 달라고 하지 않았는가?"

"이율이 '어떤 술객(術客)이 너의 사주를 보았으면 한다'고 하기에 써서 보냈던 것뿐입니다."

"이른바 이인(異人)이란 삼도(三道)에서 군사를 일으키려던 역적의 괴수이다. 네가 이율과 내통하여 사주까지 물어보았으니, 네가 음모에 참여하였다는 것은 묻지 않아도 알 수 있다."

"사주만 보냈을 뿐이지, 이인이 누군지는 모릅니다."

상계군 급사 사건은 급기야 이율·홍복영 역모 사건에 가 닿고 있었다. 이 사건은 『정감록』 역모 사건으로도 불리는 것이었다.

이율 · 홍복영 역모 사건

정조 9년(1785) 2월 29일.

전 판서 김종수가 위급한 변란을 보고하면서 『정감록』 역모 사건의 막이 올랐다. 전 현감 김이용(金履容)이 길에서 김종수를 만나 변란을 고변한 것이다. 김이용의 고변 내용은 이율과 양형(梁衡) 등이 역모를 꾸미고 있다는 것이었다. 정조는 역모를 고변한 김이용을 친국했다. 고변 내용에는 이율이 김귀주(金龜柱)와 김하재(金夏材)가 역적이 아니라고 말했다는 내용이 포함되어 있었다.

정순왕후의 오빠 김귀주는 아버지 김한구와 함께 사도세자를 죽이는 데 적극 가담하고 정조의 즉위를 방해한 노론 벽파의 핵심이었다. 김하재는 전 예조판서 김진규(鎭圭)의 손자이자 영의정 김양택(陽澤)의 아들로 대사헌까지 지낸 노론 중진이었다. 김하재는 정조 8년(1784) 7월 영희전〔永禧殿: 태조 · 세조 · 원종(元宗)의 초상을 모신 전각〕 고유제의 헌관(獻官)이었는데, 향실(香室)에 들어가는 길에 소매 속에서 작은 종이를 꺼내 예방승지 이재학(李在學)에게 넘겨주었다. 『정조실록』은 "이재학이 펼쳐 보니, 전부 임금에 대한 욕설로서 역사책에 볼 수 없었던 지극히 참혹하고 패악하고 흉악한 말들이었다"라고 적고 있다. 이재학은 곧 신고했고 끌려온 김하재에게 정조는 물었다.

"천지에 백성이 생긴 이래로 이렇듯 흉악한 글은 일찍이 없었다. 세상의 온갖 일들은 모두 천리와 인정에서 벗어나지 않는다. 너도 또한 조선의 신하이고 너의 집안으로 말하면 세족(世族)이요, 네 벼슬로 말하면 참판이다. 나라에서 너에게 무엇을 잘못하였기에 이런 때를 맞아서 차마 이렇듯 천고에 없는 변고를 저지르는가?"

"좋은 벼슬자리에 있을 때는 그런 마음이 없었는데, 최근 추천 대상에 올랐으나 의망(擬望)되지 않아서 정망(停望: 추천이 정지됨)된 것처럼 여겨져 그랬습니다."

"너도 선대왕(先大王)의 신하일 텐데 비록 나라를 원망하는 마음을 품었다고 하더라도 어찌 차마 이런 흉악한 말을 지어 낼 수가 있단 말인가?"

정조는 김하재를 꾸짖은 다음 그의 글을 대궐 뜰에서 불태워 버렸다. 김하재는 엄한 형문을 받은 후 사형당했다. 그런데 이율이 이런 김하재를 비호한 것이었다. 또 '김귀주는 역적이 아니다'라고도 말했다는 것이다. 김이용이 "어째서 김하재의 집을 역적이 아니라고 말합니까?"라고 묻자 이율은 이렇게 답했다.

"김가의 집은 본래 학문을 하는 집안이고, 그는 말과 행동이 단정했을 뿐이니 그의 집을 역적이라고 할 필요가 없습니다."

김귀주와 김하재를 역적이 아니라고 한 것보다 더 놀라운 사실은 이율이 김이용에게 보여 준 자신의 사주팔자였다. 사주를 잘 본다는 이인(異人)이 봐준 내용이었다.

"10년 동안 고생하지만 하루아침에 제후로 봉해진다."

'제후로 봉해진다'는 것은 곧 임금이 된다는 뜻이었다. 그런데 '제후로 봉해진다[封侯]'는 두 글자를 지운 흔적이 있었다. 김이용이 그 까닭을 묻자 이율은 '이 두 글자가 사람들의 안목을 번거롭게 할 수 있기 때문에 지워 버렸다'고 답했다. 김이용은 함경도 의흥(義興) 현감으로 가려다가 못 갔는데, 이를 두고 이율은 이렇게 말했다.

"그대가 의흥으로 가지 않은 것은 당신의 복이오. 만일 갔더라면 그대는 틀림없이 참사하였을 것이오."

"당신이 그것을 어떻게 아시오."

"이인(異人)의 말을 들으니, 내년 이후에 도적들이 사방에서 일어날 것인데, 북쪽의 도적들이 먼저 나오고, 그 뒤에는 나라가 장차 셋으로 갈라진다고 합니다."

조사 결과 이 사건에는 양반들뿐만 아니라 중인들과 일반 평민들도 대거 관련되어 있다는 사실이 드러났다. 문양해(文洋海)와 양형(梁衡) 같은 중인들과 문형채 같은 평민들이 이 역모 사건에 깊숙이 관련되어 있었다. 또한 이 사건은 전국적 조직망을 갖고 있었다. 문형채가 바로 내년에 군사를 몰고 내려온다는 북도의 원수였고, 그 아래 함경도 안변의 조상호, 강원도 통천의 유경일, 고성의 권생만 등이 대도독으로 해당 지역의 군사 동원을 맡게 되어 있었다. 군사를 일으키려는 날짜도 다 정해진 상태였다.

국청에서 문양해에게 물었다.

"대사를 도모하는 사람이 과연 누구누구인가?"

"홍가(洪哥)와 이가(李哥)가 대사를 도모하려 했다고 말했습니다."

"홍가와 이가란 누구인가?"

문양해의 답은 충격적인 것이었다.

"홍가는 바로 홍낙순의 아들 홍복영이고, 이가는 바로 이현에 사는 이율입니다. 요즈음에는 산속의 사람들이 이 일을 행하는 것이 매우 수상하기 때문에 의심스럽고 괴이하여 겁이 났습니다."

홍낙순은 바로 홍국영의 백부로서 홍국영이 실권을 잡고 있을 때 정승으로 있다가 홍국영의 몰락 이후 실각당한 인물이었다. 홍복영은 홍국영과 사촌 형제였다. 이들의 거점은 지리산 근처의 하동이었는데, 여기에 1백5칸에 이르는 대저택을 지어 놓고 거병을 획책했던 것이다. 홍복영이 1만 냥, 이율이 수천 냥을 내어 지은 저택이었다.

정조 9년(1785) 4월 이율과 문양해는 능지처참되고, 문형채는 군문(軍門)

에서 효시(梟示)되었으며, 양형은 심문 도중 사망했고, 홍복영은 그가 집을 지은 하동부(河東府)로 내려 보내져 사형당함으로써 이 사건은 종결되었다.

법망에 걸린 구선복

이렇게 종결된 사건의 불똥이 구선복 일가에게 튈 가능성은 상존해 있었다. 조사 과정에서 구선복의 조카 구명겸의 이름이 등장했기 때문이다. 구명겸은 군권을 장악한 구선복의 조카이자 좌포도대장 등을 역임한 군부의 실세였다. 그런데 그가 이율에게 자신의 사주를 주어 문양해에게 건네게 했다는 사실이 드러났다. 지리산의 이인에게 보내 삼도에서 군사를 일으킬 때 서울에서 호응할 대장의 운명이 좋은지를 묻게 했다는 것이다. 이 편지가 수사 도중 압수되었고 이는 서울에서 호응할 대장이 구명겸 자신이라는 증거로 사용될 수 있었다. 또한 주모자 중 한 명인 문양해가 구명겸도 연루되었다고 말했으므로 증거는 명백했다.

그러나 정조는 구명겸을 문책하지 않았다. 『정조실록』(10년 12월 9일)은 "조정에서 특별히 상정(常情)이 아닌 것으로 치부하였고 또 그의 집안을 위하는 뜻을 생각하여 별도로 도사(都事)와 종사관을 보내 옥중의 문양해를 조종해서 그가 만약 구명겸의 손수 쓴 편지를 보지 않았다면 끌어대지 못하게 다짐까지 받았다"라고 전하고 있다. 구명겸을 역모 가담 혐의로 처벌할 수 있는데도 처벌 대신 보호한 것이었다.

정조는 이율·홍복영 역모 사건을 구선복 일가에까지 확대하는 것이 유리하지 않다고 생각했다. 그렇게 되면 노론 주요 가문이 대거 가담한 역모 사건이 되는 것이었다. 실제 사방에서 군사들이 일어날 수도 있었다. 그래서 정조는 구명겸이란 이름이 국문 과정에서 나오지 않도록 움직이고 구명겸이 보낸 편지를 대궐 뜰에서 불살라 버렸던 것이다. 노론은 이에 안심했다.

그만큼 구선복 일가가 장악하고 있는 군권은 위협적이었다. 그래서 정조가 생각한 방안이 구선복 일가의 손에서 벗어난 경호부대를 새로 창설하는 것이었다. 이율·홍복영 역모 사건 직후인 재위 9년(1785) 7월 설치한 장용위(壯勇衛)는 이런 배경에서 탄생한 것이었다. 장용위는 나중에 장용영이라는 한 군문(軍門)으로 확대된다. 노론 대신들이 새 군문 설치에 의혹을 갖자 정조는 새로 군문을 설치한 것이 아니라 기존에 있던 출신청의 명칭을 바꾼 것뿐이라고 해명했다. 사헌부 장령 오익환(嗚翼煥)은 장용위 설치에 대해 이렇게 반대했다.

"지금 또 장용위를 설치하셨는데 그 요포(料布: 봉급)를 계산한다면 어찌 적다고 하겠습니까. 안으로는 금군(禁軍)과 무예청(武藝廳)이 있고 밖으로는 오영(伍營)의 장졸이 있어 빠진 곳 없이 빙 둘러 호위하여 방비가 매우 견고한데 전하께서는 무엇 때문에 필요 없는 장용위를 또 만들어서 경비를 지나치게 허비하십니까."

그러나 구선복 일가가 장악한 군권 때문에 신변의 위협을 느끼는 정조에게 자신의 직할 경호부대 창설은 목숨이 걸린 문제였다. 구선복의 부친 구성필(具聖弼)이 병마절도사를 역임했고, 구선복의 종형 구선행도 훈련대장과 병조판서를 역임했고, 그 아들 구현겸(具顯謙)도 통제사를 지낸 장군이었다. 더 큰 문제는 구선복이 사도세자 죽음에도 관련된 인물이란 점이었다.

이런 점을 잘 알면서도 정조는 즉위 초 구선복을 중용했다. 일단 그의 충성을 이끌어 내야 왕권이 안정된다고 생각했던 것이다. 정조는 즉위년 6월 20일에 구선복을 병조판서로 '특배(特拜)'했다. 특배란 대신들의 전형을 거치지 않고 임금이 직접 중비(中批: 특별 인사권)로 임명하는 것을 뜻한다. 그러자 다음 날 사헌부 지평 조덕윤(趙德潤)이 문제를 제기했다.

"본병(本兵: 병조)의 장관은 얼마나 중요한 소임입니까? 어제 구선복을 특배하셨는데 구선복은 곧 구벌(舊閥: 권세가문)에다 숙장(宿將: 오래된 장수)이고 또한 경력은 있지만 인망이 모두 맞지도 않고 묘당(廟堂: 의정부)의 추천이 있지도 않았는데 갑작스럽게 특별히 제수할 수는 없을 듯합니다. 청컨대 명을 도로 거두소서."

이에 대한 정조의 답변도 '숙장'이었다.

"구선복의 일을 중비로 한 것이 권의(權宜: 임시방편)임을 알고 있다만 특별히 구선복을 제수하였던 것은 그 사람이 숙장이기 때문이었다. 논한 바가 숨김이 없음을 볼 수 있으므로 특별히 어제의 하교는 정지한다."

구선복을 중비로 병조판서에 임명했다가 사헌부에서 문제 삼자 일단 병조판서 임명을 취소했다. 그리고 불과 닷새 후인 6월 26일에 구선복을 다시 병조판서로 임명했다. 이번에는 특배가 아니라 의정부의 품의를 거친 것이었다. 그만큼 구선복은 무장으로서 뚜렷한 족적을 남기고 있었다. 정조는 즉위년 8월 14일 정2품 병조판서 구선복에게 정1품 보국숭록대부(輔國崇祿大夫)의 품계를 주었다. 활쏘기 시합을 했는데 다섯 번 쏘아서 모두 명중시키는 오중(伍中)을 했기 때문이다. 정조는 구선복을 계속 군문에 두었다. 그러나 그 보직은 어지러울 정도로 자주 바뀌었다. 즉위년 9월 11일에는 병조판서 자리에서 어영대장으로 옮겼다가 이틀 후에는 한성부 판윤으로 전보하고 10월 11일에는 다시 어영대장으로 복귀시켰다. 이후에도 구선복에 대한 인사는 정신 차리기 어려울 정도로 자주 시행된다. 주로 병조와 형조, 그리고 한성부의 관직들이었다. 이런 잦은 보직 이동은 그로 하여금 다른 생각을 하지 못하게 하기 위한 것이었다.

구선복을 함부로 제거할 수는 없었다. 그가 군부 내에 심어 놓은 수하만

해도 수를 셀 수 없었기 때문이다. 게다가 그를 제거하면 노론에서 즉각적으로 위협을 느낄 것이었다. 노론이 최후로 믿는 것은 구선복이 장악하고 있는 군권이었던 것이다. 여차하면 반정이란 명목으로 군사를 동원할 수 있었다.

그러나 이번에는 경우가 달랐다. 노론의 최고 영수인 정순왕대비의 언문 교서로 시작된 사태였다. 언문 교서를 노론 당론을 관철하라는 당명으로 받아들인 노론의 모든 신하들이 은언군을 사형시키고 상계군에게 역률을 추가하자고 시위하는 중이었다. 이런 와중에 구선복 일가가 상계군뿐만 아니라 은언군과도 관련 있는 것으로 드러나고 있었다. 구선복의 아들 구이겸이 상계군에게 자신을 소인이라고 일컫는 편지를 보내고, 은언군에게도 선물을 보냈다고 했다. 정조는 작년 이율·홍복영 역모 사건 때 구명겸을 보호한 것이 마치 이때를 위해서 아껴 둔 것처럼 일이 돌아가자 새삼 신령의 가호를 느꼈다.

정조 10년(1786) 12월 6일. 고변자 송낙휴를 국문한 국청에서는 구이겸을 불러 상계군·은언군과의 관계에 대해 심문했다.

"기해년(정조 3년) 이후로 담(상계군)이 흉악한 역적질을 한 것을 아녀자도 알고 있는데 편지에 소인이라고 일컫고 선물을 많이 바쳤으니 그 마음이 어디에 있다는 것을 길 가는 사람도 알 것이다."

"인(은언군)에게는 전부터 지방 병사(兵使)들이 해마다 문안드렸고 역적 담에게는 편지로 문안을 드린 적이 없었습니다. 그런데 세찬(歲饌: 새해 선물)을 가지고 간 부하가 서울에서 담에게 선물을 바치고 왔습니다. 그 이유를 물었더니 '서울의 의논이 그의 아비만 찾아보고 그를 찾아보지 않으면 안 된다고 하였기 때문에 찾아가 선물을 바쳤'고 답했습니다."

상계군에게 편지나 선물을 바친 것은 자신이 아니라 부하라는 것이었다.

"서울의 의논이란 어느 곳을 말하는가?"

"저는 전혀 모릅니다."

"평안 병사로 있을 때에도 선물을 바치었는가?"

"두 해 동안 다 선물을 바치었습니다."

"편지에 왜 소인이라고 일컬었는가?"

"편지는 서울에서 써서 보냈기 때문에 소인이라고 일컬었는지의 여부는 모릅니다."

역시 자신의 부하가 써 보냈다는 답이었다.

"너의 가까운 친척 가운데 역적 담과 혼인한 자가 분명히 있다. 너의 집과 내통하는 샛길이 여기에 있다고 많은 사람들이 손가락질을 하고 있으니 이 많은 사람들의 입을 막을 수 없다. 이 지경에 이르렀는데도 어물어물 넘기려고 하는가?"

구이겸이 답했다.

"역적 담의 어미는 구명겸의 생질입니다만 실로 서로 내통한 일은 없습니다. 비록 구명겸의 아들을 저의 양자를 삼았으나 사는 곳이 조금 떨어져 있었으므로 구명겸의 일은 아는 것이 없습니다."

"구명겸이 역적 담과 내통한 것은 숨길 수 없고 구명겸의 아들이 또한 너의 아들이 되었는데 영(營: 군대)에 같이 있으면서 모의한 것을 어찌 모를 리가 있겠는가? 이번에 자전의 하교 가운데 반정(反正)이란 말은 누구를 두고 한 말인가? 이것이 모두 너의 무리들이 온갖 방법으로 흉악한 꾀와 은밀한 꾀를 부렸기 때문이다. 천하에 어찌 이런 일이 있단 말인가?"

"아비와 자식이 나라의 후한 은혜를 받았는데 무엇을 구하기 위해 반정을 꾀하겠습니까? 구명겸에 있어서는 불행하게도 제가 그의 아들을 양자로 들였습니다만, 그가 담과 내통하였는지의 여부를 제가 어떻게 알 수 있겠습니까?"

"너와 구명겸은 6촌 친척이고 또 그의 아들을 양자로 들였으니, 상리(常理)로 미루어 보아 서울의 의논이란 반드시 구명겸의 말일 것이다."

아들 구이겸과 조카 구명겸이 관련되었으므로 구선복도 빠져나갈 수 없었다.

12월 8일 드디어 구선복이 끌려와 국문을 받았다. 구선복에게 적용된 혐의는 여러 가지였지만 중요한 것은 두 가지였다. 정조 3년 홍국영과 함께 상계군을 추대하려 했는가 하는 것과 작년(정조 9년) 이율·홍복영의 옥사에 연관되었는가 하는 점이었다. 조사 과정에서 구선복이 관상가(觀相家)에게 누군가의 운명을 물었다는 사실이 밝혀졌다. 그 사람이 과연 누군가가 문제였다. 국청에서는 구선복이 상계군의 운명을 물어본 것이라고 주장한 반면 구선복은 상계군이 아니라 자신의 운명을 물었다고 주장했다. 상계군의 운명을 물었다면 역모의 증거로 사용될 수 있었다.

"너는 지위가 상장(上將)에 이르렀고 이미 나이 70인데 다시 무엇을 바랄 것이 있기에 관상(觀相)과 운명을 이야기했겠는가? 비록 아무리 늙더라도 한정이 없는 것이 욕심이지만 너 자신의 운명을 물어보았을 리가 없다. 먼저 물어본 것은 어떤 사람의 관상이었고, 누구의 운명이었는가?"

구선복이 답했다.

"역적 담은 저와 인척 관계이니 상통할 길이 있었습니다. 일찍이 숙위소(宿衛所: 홍국영이 금위대장으로 입직하던 곳)에서 담의 얼굴을 한 번 보았는데, 얼굴색이 누랬고 허술하게 생겨서 귀기(貴氣)가 없었습니다. 그 뒤에 하례드리는 반열에서도 잠시 보았는데 색태(色態)가 괴이하였으므로 결국 좋은 얼굴이 아니라고 여겼습니다. … 올 10월에 강진(康津)의 관상가 여맹철(呂孟喆)이 찾아왔기에 제가 언제 죽을 것인지만 물어보고 다른 사람의 관상에 대해서는 언급하지 않았습니다."

"담의 관상에 귀기가 있는지의 여부는 왜 살펴보았는가?"

"담을 완풍군(完豐君)이라고 일컫고 홍국영이 대사를 꾸밀 때인데, 어찌 의도적으로 그에게 귀기가 있는지 여부를 살피지 않을 수 있겠습니까?"

그러나 구선복은 이때만 해도 자신이 이 사건으로 제거될 것이란 생각은 하지 않았다. 군부는 여전히 그의 휘하에 있었던 것이다. 구선복이 국문을 받던 12월 8일에 양사(兩司)에서 올린 연명 상소는 구선복의 군부 내 위치를 단적으로 보여 준다.

"구선복이 태연히 길거리에 앉아 사람들을 널리 접견하고 장교를 지휘하여 군호(軍號: 암호)를 알렸으니, 그의 기세가 거세다는 것을 볼 수 있습니다. 그 역시 엄중히 가두고 조사하소서."

구선복은 여전히 군부를 장악하고 있었으므로 자신이 무사할 것이라고 여겼다. 그러나 지금은 상황이 달랐다. 노론 전체가 은언군을 처단하라고 요구하는 상황에서 불거진 사건이었다. 노론이 그와 함께할 수 없는 상황이었다.

구선복은 첫 번째 국문에서 혐의 사실에 불복했지만 아들과 조카가 명백하게 관련되었기 때문에 빠져나가기 어려웠다. 아들 구이겸이 상계군과 은언군에게 편지와 선물을 보낸데다 조카 구명겸은 작년 이율 · 홍복영 역모 사건에도 관련돼 있었던 것이다.

드디어 구명겸이 먼저 자백했다. 그의 가장 큰 혐의는 이율 등이 군사를 일으킬 때 대궐에서 호응하기로 한 대장이 바로 그 자신이라는 것이었다.

"단안을 내릴 것은 바로 대궐에서 호응하기로 한 것에 있으니, 역적의 장수는 마땅히 군법으로 다스려야 한다. 추국청의 죄인 구명겸은 삼영(三營)의 장신으로 하여금 남문 밖에 삼군을 모아 놓고 조리돌린 다음 효수(梟

首)하라."(『정조실록』 10년 12월 9일)

같은 날 구선복도 혐의를 시인할 수밖에 없었다.

"저는 모년(某年) 이후 용납받지 못할 죄를 지었다는 것을 스스로 알고 항상 의구심과 원망하는 마음을 가지고 있었습니다. 10년간 나라의 은혜가 망극하였으나, 항상 스스로 의심하는 뜻과 끝없는 욕심을 길러 왔습니다."

『실록』에서 모년(暮年)이라고 하면 왕이 늙었을 때를 뜻하지만 '모년(某年)'이라고 하면 바로 사도세자가 죽은 임오년(영조 38년)을 뜻하는 것이다. 이 비극적인 사건 하나가 이토록 긴 어둠을 드리우고 있는 것이었다. 사도세자를 죽이는 데 가담했던 구선복은 끝내 정조의 신하가 될 수 없었다. 그 수많은 관직을 제수받고도 안심하지 못했던 것이다.『정조실록』은 구선복이 군권을 장악한 상황을 이렇게 설명한다.

"군권을 장악한 것을 바탕으로 불량한 무리들을 불러 모았는데, 변방의 장수로부터 장교에 이르기까지 부하를 안팎에다 배치해 두었으며, 긁어먹은 재화로 널리 뇌물을 주고 틈을 엿보며 좌우로 발걸음 하였다."

구선복이 이런 식으로 군권을 장악하고 사방에 자신의 심복들을 배치했기 때문에 정조가 그토록 두려워했던 것이다. 구선복은 전년의 이율 · 홍복영 역모 사건과도 관련되었음을 시인했다.

"을사년 봄 삼도에서 군사를 일으킬 때에 안에서 호응할 대장은 저의 조카 구명겸이었는데 이번 역모를 할 때에 제가 시임 대장으로 스스로 주관하여 반정(反正)한다고 일컬어 측근의 변고가 조석간에 발생할 뻔하였습니다."

이렇게 구선복은 자신의 죄를 시인하고 능지처사 당했고 구명겸은 군법에 따라 효시 당했다. 구선복의 아들 구이겸은 정조가 사형 대신 제주도 유배로 감해 주었지만 대신들이 거듭 부당하다고 주청해 과천에서 목을 베게 했다. 군권을 장악하고 정조를 위협하던 구선복 일가는 전혀 뜻하지 않은 사건으로 패가망신하고 말았다. 정조는 훗날 구선복에 대한 감회를 격하게 토로했다.

"역적 구선복으로 말하면 홍인한보다 더 심하여 손으로 찢어 죽이고 입으로 그 살점을 씹어 먹는다는 것도 오히려 헐후(歇後)한 말에 속한다. 매번 경연에 오를 적마다 심장과 뼈가 모두 떨리니 어찌 차마 하루라도 그 얼굴을 대하고 싶었겠는가. 그러나 그가 병권을 손수 쥐고 있고 그 무리들이 많아서 갑자기 처치할 수 없었으므로 다년간 괴로움을 참고 있다가 끝내 사단으로 인하여 법을 적용하였다."(『정조실록』 16년 윤4월 27일)

이렇게 정순왕후 김씨가 정조의 핏줄인 은언군을 죽이기 위해 시작한 언문 전교 사건은 군권을 장악했던 노론 숙장(宿將) 구선복 일가를 몰락시키는 것으로 결론지어졌다. 정조에게는 실로 뜻하지 않은 반전이었다. 정조는 재위 16년 5월 22일 중희당에서 여러 신하들을 만나 이렇게 말했다.

"역적 구선복의 일은 그의 극도로 흉악함을 어찌 하루라도 용서할 수 있겠는가만 역시 그 스스로 천주(天誅)를 범하기를 기다린 연후에 죽였던 것이다."

천주(天誅)! 하늘이 주벌한다는 뜻이다. 정조는 사감으로 복수하지 않았다. 임금의 자리에서 사감을 품어서는 안 된다고 생각했다. 임금은 하늘, 땅, 해와 달이 사사로운 마음이 없다는 삼무사(三無私)의 정신으로 정사에 임해야 하고 그러면 언젠가는 하늘이 대신 복수해 줄 것이라고 믿었다. 그것이 이런 뜻밖의 상황에서 나타났던 것이다.

구선복 일가까지 제거하게 된 정조는 사건이 일단락되었다고 판단하여 그해 12월 10일 추국을 파했다. 그러나 이는 정조만의 생각일 뿐이었다. 노론 쪽에서는 은언군을 죽이려다가 자신들의 든든한 우익만 사라진 셈이었으므로 이대로 멈출 수는 없었다. 아직 은언군이 살아 있으니 승부가 끝난

66세의 영조는 15세의 신부를 두 번째 부인으로 맞아들인다. 그 혼례 과정을 기록한 『정순왕후가례도감의궤』 부분. 가운데가 정순왕후의 연이다.

것은 아니었다. 다음 날 관학 유생과 외방 유생 여럿은 상소를 올려 은언군 토벌을 청했다. 정조는 상소를 불태워 버렸다. 같은 날 영의정 김치인을 비롯해 백관이 모여 이인을 토벌할 것을 청했다. 정조는 이 또한 거절했다.

"나의 마음에 이미 정한 바가 있다."

삼사와 승지들까지 나서 은언군의 처벌을 청하자 정조는 단식으로 맞섰다. 굶어 죽더라도 은전군처럼 만들지는 않을 결심이었다. 곤란해진 대신들은 정순왕후에게 가서 정조의 마음을 돌려줄 것을 요청했다.

"성상의 마음이 굳게 정해져서 미망인의 말로는 돌리기 어려우니 조정의 일을 어찌 해야 할지 모르겠다."

대신들이 다시 아뢰자 정순왕후가 답했다.

"지금도 간곡히 권하였으나 차마 듣지 못할 말을 들었다. 성상의 마음을 돌리기 어려울 것만 같으니 너무나도 애가 탄다."

대신들이 세 번째 아뢰자 정순왕후는 짜증 나는 듯이 대답했다.

"미망인도 저녁 수라를 들지 않고 성상에게 권하였다."

구선복 일가가 제거된 여파는 아직 남아 있었다. 노론 대신들은 단식 투쟁에까지 나선 군주에게 무작정 은언군의 사형을 요구할 수만은 없었다. 정작 위협적인 존재는 은언군이 아니라 자신들이라는 것이 실제로 입증되었기 때문이다.

이렇게 해서 정조는 하나 남은 이복동생을 보호할 수 있었다. 군주이면서도 이복동생 한 명을 보호하기 위해 단식까지 해야 하는 것이 정조의 현실이었다. 언제라도 정순왕후의 명만 있으면 총궐기할 준비를 갖추고 있는 노론 세력이 그를 둘러싸고 있었다. 정조는 노론 이외의 인물들을 키우는 것이 이런 정치 지형을 바꾸는 근본 대책이라고 판단했다.

이를 위해 정조는 남인들을 주목했다. 남인들을 중용해 국정의 파트너로 삼으려 한 것이다. 그래서 기회 있을 때마다 남인들을 등용하려 하였다. 그러나 그 남인들은 다른 문제로 발목이 잡혀 있었다. 바로 천주교였다.

남인과 천주교

천주교를 둘러싼 이념 논쟁이 이런 식으로 계속되면 남인들이 불리할 수밖에 없었다. 성리학 유일사상의 나라 조선에서 천주교는 분명 사학이었다. 사학을 신봉하는 남인들은 조정에서 모두 쫓겨나야 했다. 진산에서 부모의 신주를 불태운 사건이 벌어졌으므로 남인들이 축출되는 것은 시간문제였다.

최초의 천주교 사태—을사추조사건

정조 9년(1785) 봄 형조의 금리(禁吏)들은 명례방(明禮坊: 명동)을 지나다
가 이상한 집을 발견했다. 사람들이 계속 들락날락거리는 그 집은 역관 출
신 김범우(金範禹)가 사는 곳이었다. 노름판이 벌어지고 있다고 확신한 금
리들은 증거를 잡기 위해 김범우의 집에 몰래 잠입했다. 그러나 그곳에서는
예상했던 노름판이 아닌 이상한 의식이 벌어지고 있었다. 양반 차림의 한
사내가 방 한가운데서 의식을 집전하고 있었다. 이벽(李檗)이었다. 그의 뒤
쪽 벽에는 이상한 그림들이 붙어 있었다.

금리들은 잠시 망설였다. 중인집이지만 모인 인물들은 양반이 더 많았
기 때문이다. 이승훈(李承薰)과 권일신(權日身)·권상학 부자, 그리고 정약
전·정약종·정약용 삼형제도 참석하고 있었다. 물론 집주인 김범우와 여
러 중인들도 있었다. 약간 망설이던 금리들은 현장에 진입했고 화상(畵像)
과 서적들을 압수해 형조에 바쳤다. 천주교 서적과 화상들이었다. 조선 천
주교인의 실체가 추조(秋曹: 형조)에 의해 최초로 발각된 '을사추조적발사
건(乙巳秋曹摘發事件)'은 이렇게 시작되었다.

형조판서 김화진(金華鎭)은 비변사 제조로 있던 정조 8년(1784) 남인 영
수 채제공을 공격하는 연명상소를 올렸다가 파직당한 후 이듬해 2월 형조
판서에 임명된 인물이었다. 그는 이 의식에 참여한 양반들이 모두 남인들이
라는 사실을 알고 있었다. 이 사건을 확대하면 자칫 남인을 공격한다는 의
심을 살 수 있었다. 김화진은 정조가 남인들에게 우호적이라는 사실을 떠
올리며 이 사건을 확대하는 것이 현명하지 않다고 생각했다. 그리하여 집
주인 김범우만 옥에 가두고 다른 관련자들은 모두 석방했다.

그러나 석방자 중에는 풀려난 것만으로 만족하지 못한 인물이 있었다.

권일신이 바로 그런 인물이었다. 권일신은 아들 상학과 매부 이윤하(李潤夏: 이수광의 8대손), 그리고 이총억(李寵億)과 정섭(鄭涉) 등 다섯 사람을 데리고 형조로 들어가 화상을 돌려 달라며 항의했다. 김화진은 크게 놀랐으나 형식적으로 꾸짖은 다음 천주교 화상을 내주었다. 김화진은 김범우만 충청도 단양으로 유배 보내고 천주교 서적 소각령을 내리는 것으로 사건을 일단락 지었다. 성리학의 나라 조선의 형조판서로서는 온건한 사건 처리였다.

이벽 초상

그러나 이는 앞으로 천주교를 둘러싸고 전개될 수많은 사건의 서막에 불과했다. 이 사건의 직접적 뿌리는 2년 전(정조 7년) 겨울 북경에서 선교사를 찾아갔던 이승훈에게 있었다. 이승훈은 사신 황인점(黃仁點)의 서장관(書狀官)이 된 아버지 이동욱(李東郁)을 따라 북경에 간 것이었는데, 북경에 간 이유 자체가 천주교 신부를 만나 영세를 받기 위한 것이었다. 조선의 자생적 천주교 조직을 주도하던 이벽으로부터 권유 받은 사항이었다.

이벽이 천주교를 접하게 된 것은 그의 고조부 이경상 때문이었다. 이경상은 심양에서 인질로 잡혀 있는 소현세자를 모셨는데 소현세자가 북경에서 선교사 아담 샬에게 받은 천주교 서적 일부가 이벽의 집안에 전해져 왔던 것이다. 이벽은 이런 서적들을 통해 천주교를 접하고 스스로 천주교 신자가 되었으며, 자생적 천주교 조직을 만들었다. 그리고 이승훈을 북경으로 보내 영세를 받게 했던 것이다.

북경에 도착한 이승훈은 다른 수행원들처럼 서점과 골동품이 가득한 유리창(琉璃廠)이 아니라 북당(北堂: 북천주당)을 먼저 찾았다. 북당의 그라몽〔J. J. de Grammont. 중국명 양동림(梁棟林)〕 신부가 이승훈의 방문을 받고 크게 놀란 것은 당연했다. 그 전에도 조선 사신 일행이 호기심이나 학문 교류를 위해 천주당을 방문한 적이 있었으나 이승훈은 지적 호기심이 아닌 신앙 때문에 찾아왔기 때문이다. 이때의 상황에 대해 「황사영백서(黃嗣永帛書: 1801년 신유박해 때 천주교도 황사영이 이를 중국 베이징 주교에게 알리고자 비단에 적은 글)」는 이렇게 설명하고 있다.

"이승훈은 이벽이 기특히 여기던 선비였다. 계묘년(1783)에 아버지 이동욱을 따라 베이징에 갈 때, 이벽이 이승훈에게 일러, '베이징에 가면 천주당이 있고 천주당에는 전교자인 서양 선비(신부)가 있을 터이니, 신경(信經)을 구하고 아울러 영세하기를 청하도록 하라. 그러면 서양 선비가 자네를 무척 사랑할 것이다. 그리고 여러 성물(聖物)을 많이 얻어 가지고 와야 하며 결코 빈손으로는 돌아오지 않도록 하여라' 하였다. 이승훈은 이벽의 말대로 베이징 천주당에 도착하여 세례받기를 청하였다."

그라몽 신부가 이승훈을 만난 것은 아담 샬 신부가 소현세자를 만난 때로부터 130여 년 후였다. 소현세자가 독살당하고 세자와 함께 조선에 왔던 중국인 환관과 궁녀 등 천주교도들이 귀국한 후 신부가 조선 땅을 밟은 적이 없었는데, 이승훈이 직접 찾아와 영세받기를 자청하니 그라몽 신부는 놀랄 수밖에 없었다.

북경에서 이승훈은 필담으로 그라몽 신부에게 천주교 교리를 더 깊이 배웠고, 정조 8년(1784) 양력 2월 영세를 받았다. 이승훈의 세례명은 베드로(Peter)인데, 베드로처럼 조선 천주교의 주춧돌이 되라는 의미였다. 이때 북경에 있었던 선교사 방따봉(de ventavon)은 이승훈에게 세례를 주는 장면을 자세히 설명하고 있다.

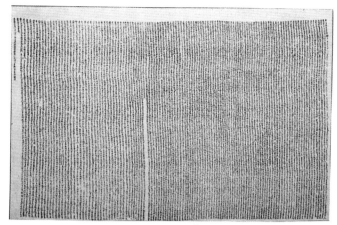

「황사영백서」 교황청에 보관되어 있다.

"성세(聖洗)를 주기 전에 그에게 많은 문제를 물어보았는데, 그는 모두 잘 대답하였습니다. 우리는 그중에서도 만일 국왕이 그의 행동을 못마땅하게 생각해 신앙을 버리라고 강요하면 어떻게 할 결심이냐고 물어보았습니다. 그는 서슴지 않고 자신이 '진리를 명백히 아는 이 종교를 버리기보다는 차라리 모든 형벌과 죽음까지도 감수하겠다'고 대답했습니다. 우리는 또 '복음이 가르치는 순결은 여러 여자를 데리고 사는 것을 용인치 않는다'는 것도 잊지 않고 알려 주었더니, 그는 '법적인 아내밖에 없고 또 다른 여자를 결코 얻지 않겠다'고 대답했습니다."

이승훈은 이렇게 세계 천주교사상 선교사가 파견되기 전에 스스로 신부를 찾아 영세를 자청한 최초의 인물이 되었다. 이승훈은 이벽의 당부대로 많은 천주교 서적과 십자가·성화(聖畵), 그리고 과학서적 등을 가지고 귀국했다.

귀국한 이승훈은 이벽과 권일신에게 세례를 주었다. 이승훈과 이벽은 아직 신부 외에 영세를 주는 것을 천주교 교리가 허락하지 않는다는 사실을 모르고 있었다. 이벽에겐 요한, 권일신에겐 프란체스코란 세례명이 주어졌다. 이벽의 세례명 요한에는 예수의 앞길을 예비했던 세례 요한이란 의미가 담겨 있었고, 권일신의 세례명에는 사도 프란체스코처럼 새로운 땅에 천주교를 전파하라는 의미가 담겨 있었다. 달레(Dallet)가『한국천주교회사』에서 말한 '세 전교자'는 바로 이벽 · 이승훈 · 권일신이었다.

이승훈의 영세를 계기로 조선의 천주교는 크게 확장되었다. 이승훈 · 정약용과 친분이 있던 예산의 홍낙민(洪樂敏)이 입교했고, 역관 김범우는 전라도 진산의 윤지충(尹持忠)을 입교시켰고, 권일신은 매부인 이윤하와 친구인 조동섬, 그리고 외숙이었던 홍교만도 입교시켰다. 권일신은 또한 충청도 아산 지역인 내포(內浦)의 평민 이존창과 전라도 전주 출신의 유항검도 입교시켰다.

이승훈이 영세를 받고 돌아온 지 1년이 채 안 되어 천주교는 서울과 경기는 물론 충청도와 전라도 지방에까지 확산되었다. 이벽 · 이승훈 · 권일신이 중심이 된 자생적 신앙공동체가 전국적으로 확산되는 중이었다. 이들은 교회 조직까지 만들었다. 연장자인 권일신이 주교로 선출되었고, 이승훈과 중인 이존창 · 유항검 · 최창현 등이 신부로 선출되었다. 이벽도 신부로 선출되었을 것이다. 이 당시 천주교인들은 세례를 준 인물을 신부(神父)라고 불렀고, 천주교 교리를 가르쳐 준 인물을 대부

순암 안정복 「천학고」 유교의 입장에서 천주교를 비판적으로 설명하고 있으며, 『순암집』 권17에 수록되어 있다. 국립중앙도서관 소장

(代父)라고 불렀다. 정조 9년(1785) 명례동 김범우의 집에서 열렸던 천주교 의식은 자생적인 조선 천주교회가 개최했던 미사 장면이었다.

을사추조적발사건은 도성 한복판에 천주교 조직이 있다는 사실을 입증한 것으로 조야(朝野)에 큰 충격을 주었다. 노론을 중심으로 천주교 금압 주장이 높아갔다. 남인들이라고 모두 천주교를 받아들인 것은 아니었다. 이익의 제자이자 권일신의 장인이었던 안정복(安鼎福)은 정조 9년에 쓴『천학고(天學考)』와『천학문답(天學問答)』에서 천주교를 사학이라고 비판했으며, 이가환도 이벽의 끈질긴 설득을 뿌리치고 천주교 입교를 거부했다.

남인 일각에서 천주교 문제를 가문과 당파 차원에서 다룬 것은 그 교리의 옳고 그름을 떠나 정치적 고려가 내포되어 있었다. 정조 시대를 맞아 남인의 오랜 불운이 끝나고 정계에 진출할 수 있으리라는 기대가 높아진 상황이었다. 천주교 문제는 이런 고조된 분위기에 찬물을 끼얹을 수 있었다. 이승훈의 아버지 이동욱은 모든 친척들을 불러 놓고 이승훈이 보는 앞에서 천주교 서적을 불태웠다. 이승훈의 동생 이치훈은 천주교 비판의 선봉에 섰다. 이벽의 부친 이부만(李溥萬)은 종친회의에 불려가서 많은 질책을 받고 돌아와 아들에게 배교를 요구했다. 이벽이 거절하자 이부만은 집안의 대들보에 목을 매달았다. 일종의 시위성 자살 행위여서 곧 가족들에게 발견되어 살아났으나 부친이 자신 때문에 자결까지 시도했다는 사실이 이벽에게 큰 상처가 되지 않을 수 없었다. 고립된 이벽은 두문불출하다가 정조 9년(1785) 음력 6월 사망했는데 독살 당했다는 소문도 있었다. 이처럼 천주교에 대한 첫 논란은 남인들의 자기 방어 차원에서 이루어진 남인 내부의 소동이었다.

남인들의 우려대로 천주교 문제를 남인 제거용으로 이용하려 한 것은 집권 노론이었다. 정조의 후의로 세를 넓히고 있는 남인들에게 위기감을 느끼고 있던 노론은 천주교가 정조와 남인들을 공격할 수 있는 좋은 소재임을 간파했다.

을사추조적발사건이 발생하자 성균관 태학생들이 가장 먼저 천주교를 공격하고 나섰다. 정조 9년(1785) 3월 태학생 정서(鄭澈)·이용서(李龍舒)는 사학(邪學: 천주교)을 엄하게 배척할 것을 요구하는 통문을 돌리고, 친척과 친구들에게도 '천주교인들과 완전히 절교하라'며 목소리를 높였다. 태학생들의 이런 운동을 기다렸다는 듯 사헌부 장령 유하원(柳河源)이 천주교 금지를 요구하는 상소를 올렸다.

"관상감(雲臺)의 역관(象胥) 무리들이 서양책들을 가져오기 시작한 지 여러 해가 되는데, 날로 백성들을 속여 이것을 믿는 무리들이 많아졌습니다. 소위 이들의 도(道)라는 것은 하늘이 있다는 것만 알고, 임금이나 부모가 있는 줄을 알지 못할 뿐만 아니라, 천당이니 지옥이니 하는 말로써 백성들을 속이고 세상을 현혹시키니, 그 해독은 홍수나 맹수보다도 심합니다. 마땅히 법사(法司: 형조·의금부·한성부)로 하여금 더욱 강하게 금지해야 할 것입니다."(『정조실록』 9년 4월 9일)

정조의 비답은 모호했다.

"이른바 서양 천주교의 서책(書冊)에 대한 일은 진짜로 그러하다. 너의 말이 옳으니, 아뢴 대로 시행할 것이다."

천주교를 억압하겠다는 비답 같지만 실제로는 '천주교 서책'만 금하게 하겠다는 뜻이었다. 실제로도 조정 차원의 탄압은 없었다. 정조는 천주교에 대한 공격이 남인들에 대한 정치적 공세를 포함하고 있다는 사실을 잘 알고 있었다. 그렇기 때문에 정조는 천주교 문제를 정치적이 아니라 사회적·철학적 차원으로 접근했다.

"정학(正學)이 밝아져서 사학(邪學)이 종식되면 상도(常道)를 벗어난 이런 책들은 없애려 하지 않아도 저절로 없어져서 사람들이 그 책을 연(燕)나라 초(楚)나라의 잡담만도 못하게 볼 것이다. 그러니 근본을 바르게 하는 방법이 급선무이다. … 그 책을 불사르라고 청한 말이 좋지 않은 것은 아니나 만약 한 책이라도 빠뜨리는 것이 있을 경우 도리어 법과 기강을 손상시킬 것이다. … 다만 집에 간직하고 있는 자들로 하여금 물이나 불에 던져 넣도록 하고, 명을 어기는 자는 드러나는 대로 심문해 처리하라. 사대부 중에 한 사람도 오염되는 이가 없으면 화복설(禍福說)에 흔들린 어리석은 백성들도 스스로 깨닫고서 깨어날 것이니, 조정에서 이 일에 많은 힘을 쓸 필요가 없다."(『정조실록』 12년 8월 6일)

천주교 서적이 있는 집은 알아서 소각하라는 것이었다. 정조는 국법으로 천주교를 탄압하는 것을 반대했다. 그는 천주교를 이용하려는 노론의 정치적 음모를 잘 알고 있었다. 그렇다고 성리학의 나라 조선에서 '천주교를 허용한다'고 말할 수는 없었다. 그래서 창안한 논리가 '정학이 바로 서면 사학은 저절로 소멸한다'는 것이었다. 이는 노론에 대한 역습이기도 했다. 성리학을 정학으로 신봉하는 노론 인사들이 바로 서면 사학은 저절로 없어질 것이라는 뜻이기 때문이다. 다시 말해 사학이 성행하는 것은 성리학자들의 처신이 바르지 않아서라는 말이었다.

정조는 이런 논리로 천주교에 대한 국가 차원의 금압 요구를 거부했다. 그러나 천주교를 정국의 현안으로 만든 것은 다름 아닌 남인들이었다. 남인 일각에서 가장 거세게 천주교를 공격하고 나선 것이다.

남인 분열되다

정조 11년(1787) 겨울, 성균관 학생 정약용은 성균관 근처 반촌(泮村)에 있는 김석태(金石太)의 집으로 향했다. 자형 이승훈과 강이원(姜履元)을 만나기로 약속했기 때문이다. 김석태의 집에 모인 세 사람은 의관을 정제하고 천주교 의식을 거행했다. 2년 전인 을사추조적발사건으로 사대부 사회에 반 천주교 분위기가 조성되었으나 이들은 개의치 않았다. 오히려 이들은 그런 분위기를 시대 흐름에 뒤떨어진 것으로 낮춰 보았다.

의식을 치르는 도중 인기척이 나서 문을 열어 보니 이기경(李基慶)이었다. 이기경은 같은 남인으로서 한때 천주교에 관심을 갖고 직접 한 권의 책을 베끼기도 했으나 을사추조적발사건 이후 반천주교로 돌아선 인물이었다. 이승훈 등은 얼른 책상 위의 물건을 수습한 후 이기경을 맞아들였다. 방 안에 들어온 이기경이 물었다.

"모인 지 이미 오래되었는데 표(表)를 몇 수나 지었는가?"

이승훈과 강이원이 선뜻 대답을 못하는 가운데 정약용이 답했다.

"이것뿐이라네."

정약용의 손에는 두 항목에 대해 지은 표 두어 수가 들려 있었다.

"와서 모인 것이 며칠인데, 겨우 이것뿐인가?"

셋은 얼버무리고 말았다.

공격하는 이기경이나 방어하는 이승훈 · 정약용이나 모두 남인들이었다. 을사추조적발사건은 남인들을 분열시킨 것이었다. 이제 남인은 천주교를 고수하는 쪽과 극력 반대하는 쪽으로 나뉘어 있었다.

며칠 후 성균관에서 제주도에서 진상한 감귤을 유생들에게 나누어 주는 것을 기념해 치르는 감제(柑製)가 열렸다. 이승훈이 백지를 제출하는 것을 본 이기경이 놀라서 그 이유를 물었다. 이승훈의 대답은 놀라운 것이었다.

"천주학에서는 천주 이외에 다른 신을 제사하지 않네. 비단 제사하지 않을 뿐만 아니라 비록 글로 짓는다 해도 큰 죄로 치네."

이 날의 과제(科題)는 '한(漢)나라 분유사'였는데, 분유사는 한 고조 유방이 처음 봉기한 풍현의 사당으로서 토지신(土地神)에 대한 제사를 지내는 것을 뜻했다. 토지신에 대한 문제이기에 백지를 제출했다는 이승훈의 답변이었다. 토지신은 역대 제왕들이 제사 지내는 당연한 대상이었기에 이기경은 경악했다. 밤새 논박했어도 이승훈이 수그러들지 않자 이기경은 홍낙안(洪樂安)을 찾아갔다. 홍낙안도 남인이었지만 천주교에 대해서는 적대적이었다.

이기경에게서 이승훈 · 정약용 · 강이원 등이 천주교 교리를 연구하더라는 말을 들은 홍낙안은 이 사실을 사방으로 다니며 비난했다. 이 때문에 천주교에 대한 논란이 다시 거세졌다. 홍낙안은 이기경보다 더 적극적으로 천주교를 반대했다. 반천주교는 그에게 일종의 신념이었다. 그는 음력 정월 초7일 성균관 유생들을 상대로 치르는 인일제(人日製)에 합격해 정조를 알현하게 된 것을 계기로 천주교 서적 소각을 요청했다.

"천주교를 금지하지 않으면 황건적(黃巾賊)과 백련교(白蓮敎)의 난 같은 것이 발생할 것입니다. 그러니 우선 그 서적을 소각해야 합니다."

태학생 홍낙안이 정조에게 직접 천주교 금지를 요청한 이 사건은 정미년(1787. 정조 11년)에 있었다는 이유로 정미반회사건(丁未泮會事件)이라 불린다. 이를 신호로 천주교에 대한 공격이 잇따랐다. 정조 12년(1788) 8월 사간원 정언 이경명(李景溟)이 천주교를 금지시킬 것을 요청했고, 비변사까지 가세했다.

"서학서를 은밀히 베끼거나 전해서 유혹하는 자가 있으면 중죄로 다스리겠다는 뜻을 밝혀 주소서."

정조는 이런 요구들에 대해 겉으로는 처벌을 공언했지만 실제 행동으로는 나서지 않았다. 이런 방식으로 예봉을 피해 나간 것이다. 정조를 괴롭게 하는 것은 이기경과 홍낙안 같은 일부 남인들이 천주교 공격의 선봉에 서 있다는 점이었다. 천주교 문제가 정조와 노론, 남인을 둘러싼 고도의 정치 방정식이라는 사실을 인식하지 못하는 이들은 그저 사학(邪學)이란 시각 하나만으로 천주교를 바라보았다. 그래서 정조는 천주교를 빌미로 남인들을 조정에서 쫓아내려는 노론과 천주교를 사학으로 비판하는 남인 일각에 동시에 맞서야 했다. 드디어 천주교 문제를 내세워 노론이 본격적으로 가세할 조짐을 보이기 시작했다.

정조 12년 8월 2일 사간원 정언 이경명(李景溟)이 상소해서 다시 천주교 금압을 요청했다.

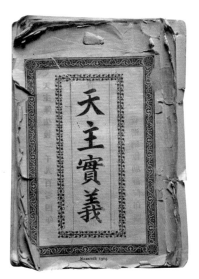

「천주실의」

"오늘날 세속에는 서학(西學)이 진실로 일대 변괴입니다. 근년 성상의 전교에 분명히 게시(揭示)하였고 처분이 엄정하셨으나, 시일이 지나자 그 단서가 점점 성하여 서울에서부터 먼 시골에 이르기까지 서로 속이고 유혹하여 어리석은 백성과 무지한 촌부(村夫)까지도 그 책을 언문으로 베껴 신명(神明)처럼 받들면서 죽는다 해도 후회하지 않는다 합니다. 이렇게 계속된다면 요망한 학설로 인한 말류(末流)의 화가 어느 지경에 이를지 모르겠습니다. 조정에서 여러 도의 방백(方伯: 감사)과 수령들에게 엄히 신칙하여 서학이 다시 성해지는 폐단이 없게 하소서."

이 상소를 읽은 정조는 다음 날 대신들과 비변사의 관련 당상을 불렀다.

"어제 이경명이 서학의 폐단을 극력 말하는 상소를 올렸는데 폐단이 과연 어느 정도인가?"

좌의정 이성원(李性源)이 아뢰었다.

"신은 그 학설에 대해서는 잘 모릅니다만 종전에 처분한 뒤에도 여전히 그칠 줄을 모른다면 다시 엄금하지 않을 수 없습니다."

우의정 채제공이 아뢰었다.

"이른바 서학 학설이 성행하고 있으므로 신이 『천주실의(天主實義)』라는 책을 구해 보았더니, 바로 이마두(利瑪竇: 마테오 리치)의 교리문답집으로 인륜을 손상하고 파괴하는 설이 아님이 없음이 양묵(楊墨)이 도를 어지럽히는 것보다 심했습니다. 거기에 천당과 지옥에 관한 설이 있기 때문에 지각 없는 촌백성들이 쉽게 현혹됩니다만 금지하는 것도 또한 어렵습니다."

양묵은 제자백가 중의 양자와 묵자로 불리는 양주(楊朱)와 묵적(墨翟)인데, 양자는 이기설(利己說)을 주장하고 묵자는 겸애설(兼愛說)을 주장했으며 둘 다 맹자(孟子)에게 이단(異端)으로 배척당했다.

정조가 말했다.

"내 생각에는 우리 도〔吾道〕를 밝히고 정학을 크게 천명한다면 이런 사설(邪說)은 스스로 일어났다가 스스로 없어질 것〔自起自滅〕이다. 이를 믿는 사람을 교화시키고 그 책을 불살라 버린다면 금지할 수 있을 것이다."

정조는 여전히 천주교도 처벌 대신 교화를 주장했다. 천주교 탄압을 거부한 것이다.

"이들의 설이 을사년(을사추조적발사건)에 크게 성행했는데, 김화진이 형조판서로 있을 때에 대략 수색해 다스린 것처럼 유사(有司)의 신하에게 맡기는 것이 옳을 것이다. 만약 큰 사건으로 만들어 조정으로 올리면 어찌 크게 되어 버리지 않겠는가. 대저 좌도(左道)를 가지고 사람들의 귀를 현혹시키는 것이 어찌 서학뿐인가? 중국에도 육학(陸學: 육상산)·왕학(王學: 왕양명)·불도(佛道)·노도(老道) 같은 유파가 있었지만 언제 금령을 내린 적이 있었던가? 그 근본을 따져 보면 오직 유생들이 독서하지 않는 데서 발생한 일일 뿐이다."

정조는 천주교를 조선에서 이단으로 치는 육상산·왕양명의 육왕학이나 불교, 도교와 같은 반열에 놓아 비교했다. 절대적인 이단에서 상대적인 이단으로 격하시킨 것이다. 그러면서 중국에서도 이런 유파에 대해 금령을 내린 적이 없다는 논리로 금령을 내릴 것을 거부했다. 그리고 서학이 성행하는 책임을 유생들이 독서하지 않는 것에 돌렸다. 정조는 이 자리에서 서학에 빠져드는 원인을 '난잡한 문체(文體)'와 '소설'이라고 규정지었다. 문체반정의 조짐이 싹트고 있었다.

"근래 문체가 날로 더욱 난잡해지고 또 소설을 탐독하는 폐단이 있기 때문에 서학이 유입되는 것이다. 우리나라의 문장은 나라를 세운 이후 모두 육경(六經)과 사자(四子)에 오랫동안 노력하는 가운데서 나왔으므로, 비록 길을 달리한 때가 있었지만 모두 경학(經學)에 바탕을 둔 문장의 선비들이었다. 근일에는 경학이 청소한 것처럼 없어져서 선비라는 자들이 장구(章句)의 문장을 따서 과거 볼 계획이나 하고 있고, 그렇지 않으면 이런 이학(異學)의 사설(邪說)에 빠지고 있으니 어찌 크게 탄식할 일이 아닌가."

우리나라는 육경(六經), 즉 『시경』·『역경』·『서경』·『춘추』·『예기』·『악기』(『악기』 대신 『주례(周禮)』를 넣기도 함)와 사자(四子), 즉 공자·증자·자사·맹자의 학설을 연구하고 문장을 익혔는데, 근래 이런 풍조가 없어지고 '난잡한 문체'와 '소설'이 득세하면서 천주교가 유입되었다는 것이다. 정조는 영의정 김치인과 함께 경학을 진작시킬 방안을 연구해 보라고 말하는 것으로 이날 회의를 마쳤다.

"경들은 영상에게 가서 사기(士氣)를 배양(培養)해서 폐습을 변화시킬 방도를 생각하라. 그리고 이른바 서학에 대해서는 다만 서울과 지방의 유사 신하에게 맡겨 잘 금지하도록 하라."(『정조실록』 12년 8월 3일)

'서학에 대해서는 다만 서울과 지방의 유사 신하에게 맡기라'는 말은 정부 차원에서는 금령을 내리지 않겠다는 뜻이었다. 정조는 이처럼 굳세게 천주교 금압 요구를 거부하고 있었다.

천주교와 제사 문제

정조는 천주교를 서양의 선진 학문을 받아들이는 과정에 부수된 부작용으로 인식했다. 그 장점은 흡수하되 단점은 배제하면 되는 것으로 판단한 것이다. 성리학의 나라 조선의 군주가 이렇게 유연한 사고를 갖고 있었던 것과는 정반대로 원리주의자들이 장악한 로마 교황청이 경직된 교리 해석에 경도되면서 조선 천주교도들이 골목길 끝으로 몰리는 상황이 다가오고 있었다. 바로 제사 문제였다.

을사추조적발사건이 발생하기 2백여 년 전인 1583년 마테오 리치가 중국 남부 광동성에 첫발을 디디면서 중국 선교를 시작한 예수회는 동양 전통사상의 바탕 위에서 천주교를 전교하려는 유연한 자세를 갖고 있었다. 하느님(God)을 동양 전통의 상제(上帝)로 번역한 것이 이를 말해 준다. 이런 방식의 번역을 격의(格義)라고 하는데 천주교 신앙과 중국 전통사상을 융합하려는 시도였다. 예수회 신부들은 중국에서 필요로 하는 천문 등의 과

학기술을 갖고 있었고 동양의 전통을 존중하는 유연한 자세를 취하고 있었기 때문에 국가 권력과 마찰을 일으키지 않으면서 전교해 나갈 수 있었다.

그러나 예수회 외에 도미니크파(Dominican)와 프란체스코파(Francescan)가 들어오면서 사정은 달라진다. 이들은 예수회의 유연한 전교 방침을 영합주의(迎合主義)라고 비판하며 교황에게 금지를 요청하는 의견서를 보냈다. 17세기 중반부터 이 문제를 놓고 예수회와 도미니크파·프란체스코파 사이에 논쟁이 벌어지는데 18세기 들어 경직된 신앙관을 가진 교황들이 거듭 등장하면서 예수회의 입지는 축소되어 갔다.

로마 교황 클레멘스 11세(Clemens XI)와 베네딕토 14세(Benedictus XIV)는 18세기 초·중반 거듭 성명을 발표해 동양에서 조상의 제사를 엄금시켰다. 특히 1742년에는 로마 교황 베네딕토 14세의 훈령(訓令)으로 중국 내 예수회의 전교 활동이 금지되었고, 심지어 1773년에는 예수회 본부가 한때 해산당하기까지 했다. 그 결과로 조선에서 을사추조적발사건이 발생하기 한 해 전인 1784년에는 천주교가 중국에서 박해를 받기 시작했다.

조상 제사 문제는 조선 천주교인들의 초미의 관심사였다. 로마 교황청이 조상에 대한 제사를 우상 숭배로 보느냐 효도를 중시하는 조선의 한 관습으로 보느냐에 따라 조선 천주교가 갈 길은 극명하게 갈리게 되어 있었다. 조상 제사만 허용된다면 기존 정치·사상 체제와 큰 마찰 없이 천주교를 발전시켜 나갈 수 있었다. 그러나 제사를 거부한다면 조선 사회에서 천주교가 뿌리 내리는 일은 불가능했다. 이승훈과 권일신은 역관 윤유일(尹有一)을 북경으로 보내 제사 문제에 대한 북경 주교의 해석을 요구했다. 정조 14년(1790) 청나라 건륭제의 팔순을 축하하는 사신 일행을 따라 윤유일이 북경에 갔을 때 북경 주교였던 구베아[Alexandre de Gouvea. 중국명 탕사선(湯士選)]는 프란체스코파 소속이었다. 구베아 주교가 윤유일에게 준 답변 한마다는 훗날 조선에서 천주교가 처하게 될 운명을 결정짓는 것이었다.

"제사는 우상 숭배이고 하느님을 믿는 것과 위배된다."

그때까지 조선의 천주교인들에게 천주교 신앙과 제사는 대립적 관계가 아니었다. 이 역시 유학의 부족한 점을 보완한다는 보유론(補儒論)의 연장 선상에 있었다. 하느님을 신앙하는 것과 조상을 존경하는 것은 서로 배치 되지 않는 것으로 해석했다. 그러나 원리주의자들이 장악한 교황청과 북경 교구는 이 둘을 서로 배치된다고 해석했다. 이 경직된 해석이 조선의 천주 교 신자들에게 얼마나 큰 비극을 초래할지는 감안하지 않았다.

천주교의 공식 견해가 전해지자 조선의 천주교인들은 발칵 뒤집혔다. 자로(子路)가 귀신에 대해 물어보자 공자가 "사람의 일도 모르는데 어찌 귀신의 일을 알겠느냐"고 답한 데서 알 수 있는 것처럼 유교는 종교가 아니었다. 유교(儒敎)의 교(敎)자는 종교란 뜻이 아니라 성인(聖人)의 가르침이란 뜻이었다. 그러나 교황청과 북경 교구는 조상에 대한 효도의 형식인 제사를 금함으로써 유학과 천주교의 공존을 불가능하게 만들었다. 을사추조적 발사건으로 일차 시련을 당한 조선의 천주교인들은 북경 주교 구베아의 제사 금지 훈령으로 더 큰 시련을 눈앞에 두게 되었다. 이제 조선에서 천주교는 순교를 각오하는 사람만이 믿는 종교가 될 것이었다. 이런 상황에서 발생한 것이 진산사건이었다.

정조 15년(1791, 신해년) 전라도 진산(珍山)에서 충격적인 소문이 들려왔다. 진사 윤지충(尹持忠)과 그의 내외종사촌 권상연(權尙然)이 제사를 폐지하고 부모의 위패(位牌)를 불태웠다[폐제분주(廢祭焚主)]는 소문이었다. 윤지충이 어머니 권씨의 장례 때 조문까지 거부했다는 이야기가 덧붙여졌다. 사실이라면 조선 개국 이래 유례를 찾아볼 수 없는 초유의 사태였다.

이 이야기는 장례에 참석했던 사람들의 입을 통해 서울까지 흘러들어 왔다. 소문을 접한 홍낙안·이기경·목만중(睦萬中) 등 남인 계열의 반천주교 인사들은 흥분했다. 홍낙안은 진산 군수 신사원(申史源)에게 편지를 보내 윤지충과 권상연의 가택 수색과 체포를 요구했다. 그리고 성균관에 통문을 돌려 천주교를 성토했다. 사헌부 지평 한영규(韓永逵)가 이에 호응해 처벌을 요구하고 나섰다.

"서양의 간특한 설이 언제부터 나왔으며 누구를 통해 전해진 것인지 모르겠으나, 세상을 현혹시키고 백성을 속이며 윤리와 강상을 없애고 어지럽히는 것이 어찌 진산의 권상연·윤지충 양적(兩賊)과 같은 자가 있겠습니까. 제사를 폐지하는 것으로도 부족해서 위패를 불태우고 조문을 거절하는 것으로도 그치지 않고 그 부모의 시신을 내버렸으니, 그 죄악을 따져 보자면 어찌 하루라도 이 하늘과 땅 사이에 그대로 용납해 둘 수 있겠습니까."

'제사 폐지', '위패 소각', '조문 거절' 등은 유교 국가 조선에서 상상도 할 수 없는 일이었다. 지평 한영규는 진산 군수도 처벌해야 한다고 주장했다.

"해당 고을 수령에 대해 말하면 자기 경내에서 이런 일이 벌어졌으니 얼마나 큰 변고입니까. 마땅히 조정에 급히 알려 다스려야 할 것인데도 전혀 놀라는 일이 없이 태연하게 있다가 도리어 유생의 통문이 먼저 태학에 이르게 만들었으니, 그 윤리를 짓밟은 행위가 이보다 더 심할 수 없습니다. … 청컨대 진산에 구금한 죄수 윤지충과 권상연 등을 빨리 법조(法曹: 형조)로 하여금 엄히 조사하여 사실을 알아내 나라의 법을 제대로 세우고 해당 군수는 귀양 보내는 형벌을 시행하게 하소서."

한영규가 사건 당사자들 외에 진산 군수 신사원의 처벌까지 주장하고 나선 이유는 명백했다. 이 사건을 지방 관아가 아닌 중앙의 형조에서 처리하게 하려는 속셈이었다. 천주교 문제를 형조에서 직접 처리하게 함으로써 전국적인 사건으로 만들겠다는 계산이었다. 그렇게 되면 천주교를 믿는 남인 신서파들에게 불똥이 튈 것이었다. 사간원 사간 이언호(李彦祜)와 헌납 이경운(李庚運)이 같은 요구를 하고 나섰다. 정조는 이런 속셈을 잘 알고 있었다.

"이단의 피해는 홍수나 맹수보다 더 심하니, 만약 발견되는 대로 엄히 징계하지 않는다면 세도(世道)와 사문(斯文)을 위해 걱정되는 것이 과연 어떻겠는가. 이것이 일전에 특별히 한 장의 윤음을 내린 이유이다. 그러나 전하는 소문을 일일이 다 믿을 수 없고, 또 용서할 수 없는 죄든 아니든 간에 설혹 그 소문이 사실이라 하더라도 상도를 어기고 법을 범한 시골의 하찮은 한두 명을 처리하는 것은 한 명의 도신(道臣: 감사)이면 충분하다. 법을 바르게 집행하여 죽여도 좋고 형장을 쳐도 좋은 일이지만, 이는 모두 사실을 따져 살핀 뒤에 할 일이다. 그러나 법조(法曹)로 하여금 해당 도의 일까지 대신하게 한다면 진실이 호도될 걱정이 있을 뿐만 아니라 공자께서 '이단을 공격하면 해로울 뿐이다'라고 말한 것에도 위배된다."(『정조실록』 15년 10월 23일)

정조는 이 사건의 형조 이첩을 반대했다. 소문이 사실이라 하더라도 해당 감사가 처리하면 된다는 것이다. 형조로 이첩되면 가혹한 고문을 통해 관련자를 모두 색출하려고 할 것이다. 그러면 이 사건의 여파는 남인 신서파에게 미칠 것이 분명했다. 그러나 홍낙안은 물러서지 않았다. 그는 좌의정 채제공에게 장문의 편지를 보내 이 사건의 엄중 처리를 요구했다.

"합하(閤下)께서는 오늘 진산의 양적(兩賊)의 일을 어떤 변괴라고 보십니까? … 오늘날 도성(都城)의 경우를 먼저 말하면 친구 사이의 사대부와 선비들은 대부분 거기에 물들었고 … 특히 총명하고 재주 있는 선비들이 열에 여덟아홉은 거기에 빠져 버려 남은 자가 거의 없습니다. … 이전에는 나라의 금법이 무서워 골방에서 모이던 자들이 지금은 환한 대낮에 멋대로 돌아다니며 공공연히 전파하며, 이전에는 깨알같이 작은 글씨로 써서 겹겹으로 덮어 상자 속에 숨겨 놓았던 것을 지금은 공공연히 간행해서 경외에 반포하고 있습니다. … 오직 저 윤지충의 무리들은 오히려 감히 스스로를 오랑캐와 짐승에 붙이면서, 조상의 신을 소귀신, 뱀귀신에 빙자하여 제사를 폐지하는 것도 모자라 초상을 당하더라도 혼백(魂帛)을 세우지 않고 부모가 죽어도 조문을 받지 않으며, 심지어는 그 조상의 신주를 불태우기까지 합니다. 조문하는 사람에게 대답하기를 '축하할 일이지 위로할 일이 아니다'라고 합니다. 아, 실로 가슴 아픈 일입니다. 천리가 생긴 이후 어찌 이런 변괴가 있었겠습니까. … 참으로 다스리고자 한다면 … 마땅히 큰 길거리에 목을 매달아 놓고 적의 무리를 호령하며 그 집터를 파서 못을 만들고 그 고을을 혁파하기를 마치 역적을 다스리는 법처럼 한 뒤에야 이단을 믿는 자들이 조금이나마 목을 움츠릴 줄 알게 될 것입니다."

홍낙안은 선비들 대다수가 천주교에 빠졌다고 주장했다. 열에 여덟아홉이 빠졌다는 것은 과장이겠지만 실제 천주교 서적은 널리 유통되고 있었다. 안정복은 『천학고』에서 이렇게 말하고 있다.

"서학서는 전조 말년부터 이미 우리나라에 들어왔는데 이름 있는 벼슬아치나 지식인들 중에 보지 않은 사람이 없었다. 이를 제자백가나 불가(佛家), 도가(道家)의 부류로 여겨 서가의 완상물로 구비해 놓고 있었다."

천주교 서적이 지식인의 서가에 구색을 갖추어 놓고 구경하는 일종의 완상물이 되었다는 것이다. 그러나 홍낙안은 천주교 신자를 역적처럼 다스려야 한다고 주장했다. 홍낙안의 편지를 받은 채제공은 다음 날 차자를 올려 이 사건에 대한 자신의 견해를 피력했다.

"삼가 양사가 함께 제기한 논계를 보니 이단을 물리치는 논의가 실로 사람으로 하여금 감복하게 합니다. 그러나 그 말은 오로지 홍낙안이 쓴 장문의 편지를 근거로 삼은 것인데, 이른바 장문의 편지란 바로 신에게 보낸 것입니다. 신이 이미 그 속사정을 알고 있는 이상 어찌 침묵을 지킬 수 있겠습니까."

채제공은 홍낙안의 편지를 받은 당사자이기 때문에 이 사건에 대해 누구보다 잘 안다면서 상황을 설명했다.

"이번에 홍낙안의 편지를 받고서 비로소 호남에 권상연·윤지충 두 자가 사판을 태워 버린 일이 있었다는 것을 알았으니, 심장이 놀라고 간담이 떨려 반드시 천벌을 빨리 내리게 하고픈 생각이 어찌 낙안보다 못하겠습니까. … 권·윤의 죄가 과연 전하는 자의 말대로라면 이는 오랑캐나 짐승만도 못한 짓으로서 사람으로 인정하지 못할 자이니, 나라에 떳떳한 형벌이 있는 이상 다시 더 논의할 여지도 없습니다. 그러나 애석하게도 낙안의 글은 옳은 말을 하면서도 잘 가리지 못하고 문제 이외의 것을 부질없이 언급하였습니다. … 바라건대 전하께서는 엄하게 대처하고 밝게 살피시어 어느 한쪽으로 치우치지 않는 정치를 밝히소서."

채제공은 홍낙안의 주장이 과장이라고 생각했다. 설마 부모의 신주를 불태웠으랴 짐작한 것이다. 채제공이 이렇게 생각하는 데는 근거가 있었다. 진산 군수 신사원이 형에게 보낸 편지에서 신주소각설은 잘못 전해진 것이라고 썼다는 사실을 알게 된 것이다. 그래서 채제공은 이 사건을 그리 심각하게 인식하지 않고 정조에게 보고했다.

"장례 때 가난한 자는 형편상 예를 제대로 갖추지 못할 수도 있는 것입니다. … 두 죄수의 죄는 신문해 보면 밝혀질 것입니다. 만약 억울한데도 죄를 받는다면 어찌 불쌍하지 않겠습니까."

채제공은 윤지충이 가난하기 때문에 예를 다 갖추지 못하고 장례를 치른 것이 과장되었다고 생각한 것이다. 정조가 물었다.

"지금 사특한 설을 중지시키고 편벽된 이론을 막는 책임은 오로지 경에게 달렸다. 어떻게 하면 그들로 하여금 저절로 일어났다가 저절로 소멸되어 모두 스스로 새롭게 되는 길을 얻게 할 수 있겠는가?"

"지금 그 학술에 대해 특별히 시행할 방도가 없고 또 근거를 잡아 조사할 만한 형적도 없습니다. 오직 드러나는 자부터 다스려 그 책을 태워 버리고 그 책에 빠진 사람들을 사람답게 만들면 자연 수그러들 것입니다."

"비록 그 책을 물이나 불 속에 던져 넣는다 하더라도 만약 몰래 감추어 두는 자가 있으면 어찌 모두 수색할 수 있겠는가."

"진 시황의 형법으로도 서책을 전부 금지하지 못했는데, 몰래 감추어 두는 것을 어찌 모두 다 금지시킬 수 있겠습니까. 그리고 금지령을 너무 엄하게 세워 사형으로 처결한다면 도리어 법이 시행되지 않을 것입니다. 금지조항을 명백하게 보여 주어 스스로 사라지도록 하는 것보다 좋은 것이 없습니다. … 모든 일이 지나치면 문제를 일으키는 법이니, 우선 내버려 두고 따지지 않는 것이 좋겠습니다."

"진산의 두 죄수는 사실을 조사한 뒤 만약 억울하다면 어찌 꼭 죄를 따질 것이 있겠는가. 해당 고을 수령은 늙은 학구(學究)라 말할 수 있으니, 어찌 깊이 책망할 것이 있겠는가."

정조와 채제공은 진산 사건을 온건하게 처리하기로 합의했다. 내용이 과장되었다고 생각한 것이다. 그러나 사태는 정조와 채제공의 바람대로 흘러가지 않았다. 실제 사건 내용이 두 사람의 생각과는 사뭇 달랐기 때문이다.

드러나는 진상

정조와 채제공이 온건 처리 방침을 결정한 다음 날인 10월 26일, 진산 군수 신사원은 윤지충의 집을 수색했다. 윤지충은 경기도 광주로, 권상연은 충청도 한산으로 피신한 뒤였다. 신사원은 수색 과정에서 신주함이 비어 있는 것을 보고 크게 놀랐다. 신사원은 윤지충의 숙부를 잡아 가두었고, 이 소식을 들은 윤지충과 권상연이 자수했다. 신주함이 비어 있는 것을 확인한 신사원은 윤지충을 꾸짖었다.

"너에 대해 중대한 소문이 돌고 있다. 네가 이단에 빠졌다는 것이 사실이냐?"

"저는 결코 이단에 빠지지 않았습니다. 다만 천주교를 믿는 것은 사실입니다."

"그것이 이단이 아니란 말이냐?"

"아닙니다. 그것은 모두 바른 말입니다."

윤지충은 천주교가 이단이 아니라 정교(正敎)라고 주장했다.

"너는 부모로부터 받은 몸에 형벌을 받고 죽음을 당하게 하려느냐. 뿐만 아니라 너 때문에 네 삼촌이 늘그막에 옥에 갇혔으니, 그것이 효도의 본분을 다하는 것이냐."

"삼촌이 갇히셨다는 소식을 듣자마자 밤에도 쉬지 않고 달려와 사또에게 자수했습니다. 이것이 효도의 본분을 지키는 것이 아닙니까?"

신주함이 빈 것을 발견했으므로 진산 같은 지방 관아에서 처리할 일은 아니었다. 신사원은 윤지충과 권상연을 공주 감영으로 이송했다. 감영에 도착했을 때는 어두운 밤이었으나 감사 정민시는 횃불을 켜 놓고 신문했다. 핵심은 역시 신주였다.

"신주를 불살랐느냐."

"군수가 제집을 수색했을 때 문서에 기록한 대로 주독(主櫝: 신주를 넣어 두는 궤)이 아직 있습니다."

신주를 넣어 두는 궤가 아직 있다는 대답이었다. 추궁의 핵심은 신주가 어디 있는지 여부였다. 신사원은 빈 주독 네 개만 있었을 뿐 위패는 없었다고 보고했다. 정민시가 추궁하자 권상연은 땅에 파묻었다고 진술했다. 증인을 대라고 하자 혼자 했으며 그 뒤에 산사태가 났기 때문에 찾을 수 없을 것이라고 말했다.

그러나 윤지충이 불살랐다고 자백하면서 사태는 험악하게 변해 갔다. 정민시가 꾸짖었다.

"네가 신주를 부모처럼 공경하였다면 땅에 묻는 것은 혹 괜찮다 치더라도 그것을 불사르다니 그런 일이 있을 수 있단 말이냐."

"만약에 제가 그것이 제 부모라고 믿었다면 어떻게 불사를 마음을 먹을 수 있었겠습니까. 그러나 그 신주에는 제 부모의 아무것도 없다는 것을 분명히 알기 때문에 불사른 것입니다. 하기는 그것을 땅에 묻건 불사르건 먼지로 돌아가기는 마찬가지입니다."

감사 정민시는 윤지충과 권상연을 형틀에 묶었다.

"네가 매를 맞아 죽어도 그 교를 버리지 못하겠느냐."

"만약에 제가 살아서건 죽어서건 가장 높으신 아버지를 배반하게 된다면 제가 어디로 갈 수 있겠습니까."

"만약에 네 부모나 임금님이 너를 재촉한다면 그 말씀을 따르지 않겠느냐."

이 질문에 둘은 아무런 대답도 하지 않았다.

"너는 부모도 모르고 임금도 모르는 놈이다."

"저는 부모님도 임금님도 잘 알고 있습니다."

유교 국가에서 신주를 불태운 이상 무부무군(無父無君)이라는 비난을 피할 수는 없었다. 둘은 장례 때 조문을 거절하고 슬퍼하는 대신 즐거워했다는 혐의에 대해서도 신문을 받았다. 윤지충이 부인하자 관찰사 정민시는 윤지충의 동네 사람들에게 묻게 했다. 수사 결과 윤지충의 주장대로 회격〔灰隔: 관과 광중(壙中) 사이에 회를 넣어 다지는 것〕과 횡대(橫帶: 관을 묻은 뒤 광중의 위를 덮는 널조각)를 예법대로 했다는 사실이 밝혀졌다.

그러나 신주 소각이 사실로 드러났기 때문에 조야는 충격을 받았고, 여론이 들끓었다. 정조도 채제공도 더 이상 온건론을 펼 수는 없었다. 정조는 다음 날인 11월 8일 '위정학(衛正學: 정학을 보위하라)'을 주창하면서 윤지충과 권상연을 사형에 처하라고 명령했다. 더 이상 머뭇거리다가는 정조의 사상이 의심받을 수 있었다. 그러면 심각한 이념 논쟁에 빠질 것이었다. 이를 방지하기 위해 정조는 위정학을 천명한 것이었다.

윤지충과 권상연은 정조 15년(1791) 11월 13일 전주 풍남문 밖 형장에서 참수되었다. 천주교도라는 이유로 사형당한 최초의 인물들이었다. 을사추조적발사건 때 중인 김범우가 단양으로 귀양 갔다 죽은 지 5년 만의 일이었다. 뿐만 아니라 진산군(珍山郡)은 현(縣)으로 강등되고 진산 군수 신사원은 유배형에 처해졌다. 초기에 느슨하게 대응했다는 이유였다.

확대된 전선

홍낙안과 이기경은 여기에 만족하지 않고 더욱 맹렬하게 천주교 공격에 나섰다. 신주 소각 사실이 드러난 이상 더 이상 진산 고을만의 일이 아니었

전주 풍남문 윤지충과 권상연이 사형당한 곳이다.

다. 사건은 서울로 번져 들었고 이승훈과 권일신이 주공격 대상으로 떠올랐다. 조정에서도 더 이상 모르는 체할 수만은 없었다. 조사 명령이 내려졌고 이승훈과 권일신은 의금부에 출두했다. 이승훈이 의금부에 출두한 11월 8일은 윤지충 · 권상연이 사형선고를 받은 날이었다. 이승훈은 홍낙안의 진술을 반박했다.

"홍낙안이 저를 모함한 것은 무릇 세 조목입니다. 하나는 (서학)책을 사왔다는 것이고, 하나는 책을 간행했다는 것이고, 하나는 성균관에서 회합했다는 것입니다."

이승훈은 책을 사 왔다는 첫 번째 혐의에 대해 부인했다.

"제가 부친을 따라 연경에 갔을 때 서양인의 집이 웅장하고 볼 것이 많다는 소문을 듣고 여러 사신들을 따라 한 차례 가 보았습니다. 서로 인사를 하고 바로 자리를 파할 무렵에 서양인이 곧 『천주실의』 몇 질을 각 사람 앞에 내놓으면서 마치 차나 음식을 접대하듯 하였는데, 저는 애초에 펴 보지도 않고 돌아오는 여장에다 넣었습니다. 그리고 말이 역상(曆象)에 미치자 서양인이 또 『기하원본(幾何原本)』 및 『수리정온(數理精蘊)』 등의 책과 시원경(視遠鏡: 망원경) · 지평표(地平表) 등의 물건을 여행 선물로 주었습니다. 귀국한 뒤에 뒤적여 보았습니다만 점차 말들이 많아지자 을사년 봄에 저의 부친이 친족들을 모아 놓고 그 책을 모두 태워 버리고, 여러 의기(儀器)들도 역시 모두 부숴 버렸습니다. 그리고 저도 드디어 이단을 통렬히 배척하는 글을 지었습니다. … 홍낙안의 뜻은 제가 이미 태워 버린 책을 가지고 오늘날 이단이 나오게 된 근본으로 삼으려고 하는 것이 틀림없습니다."

이승훈은 서학서를 사 온 것이 아니라 서양인들이 주는 것을 그냥 가져왔는데, 물의가 일자 모두 태워 버렸다고 말했다. 서학서를 간행했다는 혐의에 대해서도 이승훈은 부인했다. 서학서를 간행했다면 이는 사 온 것보다 더 큰 문제였다. 조직적으로 유포하려 한 것이기 때문이다.

"저는 낙안의 문계(問啓)를 본 뒤에야 비로소 책을 간행했다는 말이 있다는 것을 알았는데, 이는 비단 아무 증거가 없을 일만이 아닙니다. 공연히 근거 없는 말을 만들어 억지로 남에게 씌우면서 그가 모를 리가 없다고 한다면 천하에 어찌 살아남을 사람이 있겠습니까. 그가 한 말을 그가 스스로 알 것입니다."

누가 서적을 간행했는지는 홍낙안이 알 것이라는 반론이었다.

"성균관에서 회합했다는 일에 대해 말씀드리겠습니다. 책을 태운 뒤로는 애당초 한 권의 책자도 없었는데 책을 끼고 갔다는 말은 정말 터무니없습니다. 홍낙안이 증인으로 내세운 사람이 바로 그 친구인 이기경이고 보면 이미 공평한 증인이라고도 할 수 없습니다. 이기경의 생각이 음험하고 말이 허황된 것은 낙안보다도 열 배나 됩니다."

이승훈은 세 가지 혐의에 대해서 모두 부인했다. 책을 사 오지도 않았고, 간행하지도 않았으며, 성균관에서 서양서를 보지도 않았다는 주장이었다. 이승훈이 강하게 부인하자 정조는 석방시켜 스스로 반성하도록 하라고 처분했다. 더 이상 물의가 일지 않게 관대하게 처리한 것이었다.

다음은 권일신이었다. 그 역시 홍낙안이 승정원에서 교주라고 주장했기 때문에 체포되어 온 것이었다.

"사학이 성행하고 있는 것은 책의 간행 여부나 베껴 쓴 것 때문이 아니라 교주(教主)가 있기 때문입니다. 양근(楊根)의 선비 권일신이 바로 교주입니다."

그러면서 홍낙안은 권일신이 장인 안정복이 죽었을 때 근처에 살면서도 가지 않았다고 비난했다. 안정복이 천주교를 비판했기 때문에 조문도 가지 않았다는 것이다. 의금부에 끌려온 권일신은 자신이 교주라는 홍낙안의 주장에 반박했다.

"홍낙안은 저의 8촌 족조(族祖)인 권부(權孚)의 외손입니다. 비록 얼굴을 보지는 못하였으나 안부는 서로 통하였는데, 교주라는 이름을 저에게 돌리다니 실로 무슨 까닭인지 모르겠습니다."

그는 안정복의 장례 때 자식들이 문상가지 않았다는 주장에 대해서도 마찬가지로 변명했다.

"그런 말은 모두 시속의 부박한 자들이 만들어 낸 것입니다. 제 자식이 외조부의 장례에 참여하지 않은 것은 마침 제가 중병에 걸려 사경에 처했기 때문입니다. 그러나 초상 때에는 두 아들이 모두 가서 호상(護喪)하였고, 또 장사 지낸 뒤에도 계속 왕래를 했으니 애초부터 서로 어긋난 일이 없었다는 것을 알 수 있을 것입니다."

그러나 권일신은 천주교 자체를 부인하지 않았다. 그래서 그에게는 고문이 가해졌다. 재차 물을 때마다 매가 추가되었다. 그는 다섯 번째 공술에서 비로소 천주교에 대한 본심을 털어놓았다.

"제가 만약 그것이 진정 사학이라고 생각한다면 어찌 그것이 요사스럽다고 말하기를 어려워하겠습니까. 그 책 가운데 '밝게 천주를 섬긴다'든가 '사람들에게 충효를 느끼게 한다' 등 몇 구절의 좋은 말 외에는 다른 것은 실로 보지 못하였습니다. 그러니 어떻게 억지로 요서(妖書)라고 하겠습니까."

천주교가 충효를 느끼게 하는 좋은 학문이라는 주장이었다. 그에게는 계속 매가 가해졌다. 천주교가 사학이라는 것을 인정하지 않았기 때문이다. 그는 심한 매를 맞은 후인 일곱 번째 공술에서야 비로소 천주교를 사학이라고 증언했다.

"서학은 대체로 공맹(孔孟)의 학문과 달라 인륜에 어긋날뿐더러 나아가 제사를 폐지하고 사람의 마음을 빠뜨리게 하였으니, 이 점에 있어서는 사학입니다."

'이 점에 있어서는 사학'이라는 답변은 의미심장한 진술이었다. 그 점을 제외하면 사학이 아니라는 뜻이기 때문이다. 그래서 의금부는 정조에게 이렇게 주청했다.

"그가 교주라는 칭호에 대해서는 극구 변명을 하면서도, 유독 야소(耶蘇: 예수)에 대해서는 끝내 사특하고 망령되다고 배척하는 말을 하지 않았습니다. 엄한 매를 치면서 묻는데도 전과 같은 말만 되풀이하니, 그가 그 학문에 빠져 미혹되었음을 알 수 있습니다. 교주와 서책에 관한 두 가지 혐의에 대해 그의 변명을 믿을 수가 없으니, 더욱 엄히 형문(刑問)해서 반드시 자백을 받아야 하겠습니다."

혹독하기로 소문난 의금부의 신문이었다. 더욱 엄히 형문한다면 장하(杖下)의 귀신이 될 것이 뻔했다. 정조는 이렇게 결정했다.

"왕정(王政)에서 힘쓰는 바는 사람을 사람답게 만드는 것이 제일 크다. 그 집에 관원을 보내 잡서들을 가져와 형조의 뜰에서 태워 버리고, 그는 사형을 감해 제주목(濟州牧)에 위리안치하라. 제주 목사에게 명해서 초하루와 보름에 점고할 때 글이나 말로 반드시 사학을 비난하고 배척하게 하고 자주 감시하는 사람을 보내 그 행동거지를 살피게 하라. 만일 개전의 모습을 보이지 않거나 혹 다른 사람에게 전교하는 경우에는 목사가 직접 신문을 하고 결안을 받아 먼저 참(斬)한 뒤에 아뢰도록 하라."

마치 목사에게 생사여탈권을 준 듯하지만 사실은 권일신을 살리기 위한 명령이었다. 부모의 신주를 불태운 천주교도에게 사형을 선고한 날에 천주교도임을 자백한 권일신을 사형에 처하지 않은 것 자체가 관대한 처분이었다. 그러나 정조의 호의로 제주목에 유배된 권일신은 이듬해 봄 세상을 떠나 순교자가 된다. 가장 먼저 순교한 중인 김범우와 윤지충·권상연에 이은 네 번째 순교자였다.

정조와 채제공은 당혹스러웠다. 공격자나 피해자가 모두 남인이었기 때문이다. 노론에서는 조정에 진출한 남인들을 제거하기 위해 천주교를 주목하고 있는데, 바로 그 문제를 두고 남인들끼리 싸우는 형국이었다. 천주교를 둘러싼 이념 논쟁이 이런 식으로 계속되면 남인들이 불리할 수밖에 없었다. 성리학 유일사상의 나라 조선에서 천주교는 분명 사학이었다. 사학을 신봉하는 남인들은 조정에서 모두 쫓겨나야 했다. 진산에서 부모의 신주를 불태운 사건이 벌어졌으므로 남인들이 축출되는 것은 시간문제였다. 이기경·홍낙안 같은 젊은 남인들이 문제를 제기한 것으로도 사태는 크게 번지고 있었다. 여기에 집권 노론이 가세하면 끝장이었다. 정조는 국면을 전환시켜야 한다고 생각했다. 더 이상 천주교 문제가 정국의 가장 중요한 현안이 되어서는 안 되었다.

이런 생각에서 정조가 제기한 것이 '문체(文體)'였다. 이때만 해도 노론은 물론 남인들도 천주교와 문체를 연결시키는 정조의 속뜻이 무엇인지 알지 못했다. 천주교 문제가 불거지기 전부터 정조는 문체를 강조했으므로 그저 그런 인식의 연장선상으로 파악하고 있었을 뿐이다. 그러나 문체야말로 정조가 천주교 문제에 접근하는 핵심논리라는 사실이 점차 드러나고 있었다. 문체반정(文體反正)의 기치가 드디어 높여진 것이었다.